多元文化与教育丛书

学习场域的再制与建构

不同家庭背景大学生的学习投入研究

Reproduction and Construction in the

LEARNING FIELD

Research on the Learning Engagement of College
Students from Different Family Backgrounds

周 菲◎著

科学出版社

北 京

内 容 简 介

本书遵循科学的研究原则，采用混合研究方法，以社会学相关理论为观照，详细阐释了家庭背景对大学生学习投入影响的过程。同时，对学习投入的结构、家庭背景的影响效应、结构制约的机制和路径、主体能动性发生的过程和本质等进行了深入考察，进而对高等教育实践过程中的相关问题展开了深入探讨，包括验证主观家庭背景指标在学习投入研究中的重要作用；阐明家庭背景对大学生学习投入影响的隐蔽化和趋弱化特征；梳理影响家庭背景与学习投入关系的中间变量以及论证"结构制约"与"主体建构"双向作用过程；提出"强结构""弱结构"的概念，并结合教育实践深入分析了不同家庭背景学生的学习投入情况。

本书可供高等教育学、教育社会学、学生工作等相关领域的管理者、专家学者以及本科生、研究生参阅。

图书在版编目（CIP）数据

学习场域的再制与建构：不同家庭背景大学生的学习投入研究/周菲著. —北京：科学出版社，2022.12
（多元文化与教育丛书）
ISBN 978-7-03-074571-2

Ⅰ.①学… Ⅱ.①周… Ⅲ.①大学生–学习–研究 Ⅳ.①G645.5

中国版本图书馆CIP数据核字（2022）第253912号

责任编辑：朱丽娜 高丽丽/责任校对：郑金红
责任印制：李 彤/封面设计：润一文化

科 学 出 版 社 出版
北京东黄城根北街16号
邮政编码：100717
http:// www.sciencep.com

北京建宏印刷有限公司 印刷
科学出版社发行 各地新华书店经销
*
2022年12月第 一 版 开本：720×1000 1/16
2022年12月第一次印刷 印张：17
字数：293 000
定价：99.00元
（如有印装质量问题，我社负责调换）

"多元文化与教育丛书"序

　　经过各位老师的共同努力,"多元文化与教育丛书"即将出版,我们感到非常高兴并对分册作者致以由衷的感谢。

　　文化是人类事件的一切结果。既然是结果,就有精华也有糟粕,教育的任务是梳理、选择、认定文化的精华并加以传承、再造。我们主要关心的是人类心智的全方位的情况,探究不同区域的历史、文学、艺术、法律等规则的自然形成规律。不同区域的人与自然交往产生的结果都是人类文化的一部分。在文化中探索教育的文明功能比任何单一的头脑所能筹划得更加高远,也只有从人类经验的全部资源来讨论未来才会更加客观地提出建议。

　　《认知博弈模型与心智发展研究——基于"克智"论辩研究的视角》一书,以"克智"为个案,研究认知博弈模型及心智发展。"克智"论辩既是一种言语行动、对话艺术,也是彝族民众讲述传统、探求知识、明辨事理、回顾历史的一种口头对话方式。该书在实地考察"克智"论辩的基础上,梳理了各学科对论辩的研究,指出各自的贡献与局限。根据历史研究和"克智"论辩的实践逻辑,探讨了"论辩中的心智发展"及"论辩-思考"的关系,涉及"人类精神生长"的基本问题,作者从"兴""忆""衍""生""理""律""效"等七个维度给出了自己的思考,以期深化对这种"苏格拉底式对话教育"的认识,促进学校教育的变革。

　　《学习场域的再制与建构:不同家庭背景大学生的学习投入研究》一书,系统研究了家庭背景与高校学生学习投入的关系及作用机制。以此为重心,该书遵循科学的研究原则,采用多种研究方法,以社会学相关理论为观照,详细阐释了家庭背景对大学生学习投入影响的发生过程,对学习投入的结构、家庭背景的影响效应、结构制约的机制和路径、主体能动性发生的过程和本质等方面进行深入考察，进而对高等教育实践过程中的相关问题进行深入探讨，得出较为合理的研究结论。

《基础教育国际化的教育价值研究》基于价值认识的视角，以马克思的世界历史理论为理论基础，从"价值生成、价值定位和价值实现"三个方面回答了教育国际化的教育价值。该书研究从历史角度梳理第二次世界大战以来教育国际化的政策演进逻辑，从实践角度全面把握我国教育国际化推进现状，从理论角度解释教育国际化的认识基础，形成"历史-实践-理论"三维分析教育国际化教育价值生成框架；提出新时代背景下教育对外开放要加强互联互通、人才培养培训、传播好中国声音等建议，回答了未来教育国际化的价值取向与实践策略。该书期望能为负责教育国际化工作的教育行政部门、深化教育国际化研究工作及推进教育国际化的实践者们提供理论与实践参考。

丛书从不同侧面探索了多元文化与教育运行的基本规则。规则不同于规划，规划虽然来自现实的调查，但更带有个人或者规划群体的主观意识。规则的形成源于一代一代人为了生存所拥有的打算和对别人的预期，并在相互沟通、相互理解其预期中形成的生存原则。对规则的追究就是对人类文明的归纳和提炼，这是人文科学研究的基础，也是实现文明进步的前提。我们希望丛书对筹划中国未来多元文化与教育有所贡献；希望丛书能够得到广大读者的认同，并能在同行中引起一定的反响。

巴登尼玛

序

　　教育公平是我国当前教育政策关注的重点。教育公平既是阻断贫困代际传递、实现共同富裕的手段，也可以为我国现代化建设提供更多高质量的人力与智力支撑。随着社会的发展，人们对教育公平的关注也越来越深入，从关注入学机会的起点公平转向关注过程、质量及教育结果的公平，从关注资源投入到关注学生的学习体验和学习收获。此外，教育公平也成为评价教育质量的重要指标，越来越多的人关注到了弱势群体的教育机会和受教育体验。

　　周菲的专著《学习场域的再制与建构：不同家庭背景大学生的学习投入研究》的选题正是基于这样的时代背景。该书以社会学理论为观照，以"结构-主体"这一经典社会学概念范畴为框架，以"家庭背景""学习投入"为切入点，扎根于学生的学习实践进行深入分析。具体而言，该书围绕家庭背景（结构）对学习投入（行动）的影响，对三个递进的问题进行了探究：第一，大学生学习投入是什么？第二，家庭背景对学习投入的影响如何？第三，家庭背景对学习投入的影响何以发生？

　　作者采用量化研究和质性研究相结合的混合研究方法，在重新编制大学生学习投入问卷的基础上，分析了家庭背景对学习投入的影响、学习投入对教育收获的影响，以及家庭背景通过自我效能感而影响学习投入的机制，并运用质性方法探索了家庭背景影响大学生学习投入的其他机制。

　　该书得出了一系列有意义的研究结论：第一，家庭背景会影响大学场域中大学生的学习投入和教育收获，在一定程度上体现出"结构再制"的特点，其中主观家庭背景的影响大于客观家庭背景，且强结构（包括强优势结构和强劣势结构）的"结构再制"更为显著。第二，家庭背景对学习投入的影响是通过一系列中介起作用的，包含外部支持、动力支撑和规则理解三类。第三，家庭背景对学习投入的影响是一个双向互动的过程，"结构再制"与"反向影响"并存，即家庭背景对大学生学习投入的影响并非完全"机械式"的单向复制，学生的主体能动性反过来也在影响着其结构位置。

该书的贡献表现为：第一，具体而细致地分析了大学场域中不同家庭背景对大学生学习投入影响的复杂过程，一方面厘清了结构下的行动逻辑，即家庭背景影响学生学习投入的三种机制；另一方面澄清了行动对原初结构改变的可能性及其发生，即个体逆袭、抵制或顺应的条件。第二，该书并非仅仅停留在对现象的分析层面，而是进行了一些深入的思考，如从家庭背景的秩序序列和改变可能性两个方面，提出"强结构"和"弱结构"效应；区分了客观家庭背景与主观家庭背景的作用，等等。第三，该书剖析的家庭背景对学生学习投入的影响机制，对政策实践有重要启发。教育作为社会公平的调节手段，可以通过对中介机制的介入和干预，进而改变个体家庭背景的结构性桎梏，最大限度地发挥教育促进社会流动和公平的正向功能。

综上所述，这是一项比较优秀的研究，整体上体现出了作者较为扎实的理论功底和研究能力，提出了一些新的、富有启发性的思想和观点，并体现出了教育学研究的人文关怀。

周菲是我带的第一名学术型博士生（2012—2015年），她的博士论文荣获南京大学2016年度"优秀博士论文"荣誉，并获全国第十二届高等教育学优秀博士学位论文提名奖（此届共选出5篇优秀论文、5篇提名奖论文）。基于博士论文，她还在《教育研究》《高等教育研究》等期刊上发表了一些高质量的学术论文。现欣闻源于她博士论文的专著即将出版，我甚为高兴，希望她再接再厉，不断学习与提升，做出更多更好的研究。

是为序。

余秀兰

于南京

目　　录

第一章

绪　论

第一节　本书的研究缘由

一、高等教育入学机会公平的变革

公平与质量是当代高等教育永恒的主题，几乎所有与高等教育相关的话题都可以纳入公平与质量的分析框架。入学机会作为获得高等教育"入门券"的重要方式，长期以来一直受到公众、舆论和学界的广泛关注。从历史发展来看，伴随高等教育从精英阶段向大众化阶段的转变，主要有三个原则对高等教育入学政策产生了决定作用。[①]第一个原则被定义为"遗传能力"。该原则认为高等教育入学机会应专门留给那些被挑选出来接受大学教育的学生，因为只有他们具有接受高等教育的能力。具备这种能力的人主要是来自上层社会的家庭且居住在城市中的男性。因此，只有属于社会统治阶层的人才能被挑选出来接受大学教育。入学规则演变的第二个原则以强调"权利平等"为特征。根据这一原则，所有关于性别、种族、民族及社会阶层等的障碍都被消除了。在这一时期，高等教育的原则是入学权利应该由"纯粹的能力"来决定。第三个原则以强调"机会公平"为特征，在当代大多数西方国家占主导地位。该原则

---

① 菲利普·G. 阿特巴赫，佩蒂·M. 彼得森. 新世纪高等教育：全球化挑战与创新理念[M]. 陈艺波，别敦荣，主译. 青岛：中国海洋大学出版社，2009：39-40.

认为，除了形式上的权利平等，还有必要考虑机会结构的差异，这一观点得到越来越多人的认同。在这一阶段，由于认识到接受高等教育的机会虽然需要通过不同程度的竞争获得，机会却总是青睐那些经济资源、社会资源及文化资源占优势的群体，以强调公平为准则的肯定性法规得到了推行。这一转变表达了这样一种思想——"能力"评估需要充分考虑学生达到的学术水平与他们达到这一水平所必须面对的社会障碍之间的距离。

上述原则也对我国高等教育入学机会的变革产生了重要影响。1999年实施的高等教育扩招政策为来自劣势家庭的孩子提供了更多进入大学的机会。据统计，我国1989年农村大学生占大学生总数的43.4%，2016年，农村户籍大学生招生占比超过60%。①全国高校农村新生比例呈现逐年上升趋势。

近年来，在追求高等教育公平价值转向的过程中，我国高等教育入学政策开始受到第三种原则的影响和冲击。2013年5月，李克强主持召开国务院常务会议，会议决定扩大农村贫困地区定向招生专项计划，将2012年面向集中连片特困地区的1万名重点高校招生计划增至3万名，招生区域包括所有国家级扶贫开发重点县，招生高校覆盖所有"211工程"和中央部属高校特别是知名高校。②与此同时，"支援中西部地区招生协作计划"等其他政策并举。高考加分政策的进一步完善，国家财政拨款、奖助学金、助学贷款以及学费减免等经济帮扶措施执行力度的进一步加大，确保了"使更多优质高等教育资源惠及农村、边远、贫困、民族地区的农家子弟"③的真正落实。在国家政策的推动之下，一些部属重点院校的农村生源比例在经历了持续下降之后也在近几年重新开始回升。④补偿政策的制定实施、录取政策的分类倾斜、成本分担模式的深化和多元化有力地推进了公平理念的具体实践，这使得高等教育入学机会的阶层差异总体上在缩小的同时，各层次大学中学生家庭背景的差异性与多元性逐渐显现出来。

---

① 陈宝生. 国务院关于高等教育改革与发展工作情况的报告[EB/OL]. 2016-08-31(2022-07-03). http://www.npc.gov.cn/zgrdw/npc/cwhhy/12jcwh/2016-09/01/content_1996369.htm.

② 李克强主持召开国务院常务会议[EB/OL]. 2013-05-16(2022-07-03). http://politics.people.com.cn/n/2013/0516/c1024-21497277.html.

③ 李克强主持召开国务院常务会议[EB/OL]. 2013-05-16(2022-07-03). http://politics.people.com.cn/n/2013/0516/c1024-21497277.html.

④ 中国新闻周刊. 清华农村生源重新超两成，寒门出贵子更容易了吗？[EB/OL]. 2020-09-17(2022-08-02). https://baijiahao.baidu.com/s?id=1678054755572807179&wfr=spider&for=pc.

二、高等教育质量评估的价值转向

伴随着高等教育的扩招和入学机会差异的缩小，受教育人口的数量不断增加。人们在关注教育公平的同时，也开始关注高等教育的质量问题。不同的高等教育质量观决定了对高等教育质量的评价方式有所不同。在一些发展中国家，由于面临公共补贴与财力限制、入学人数增多及基础设施短缺或损坏等问题，许多院校的教学质量和课程标准都不甚理想，一些人开始对院校扩张过快带来的师资和基础设施短缺的问题进行批判。[①]出于对院校教学质量的担忧，一些国家开始实施评估与认证机制。认证机制的复杂性以及参与认证院校的多元化，促使评估逐渐打破传统单一的模式，继而出现了两种不同的价值转向。

在第一种价值转向中，一个明显的趋势是将评估的重心由教育投入转移到教育结果上。最初，大多数评估机制将重心放在教育投入的数量上，比如，考察学校生师比或者高学历教师的数量，后来将重心转向了绩效指标和产出[②]，包括大学科研成果、获得的奖励、学生就业率乃至毕业生薪资回报率等。这种评估转向促使一系列客观的操作化指标得以制定，改变了过去质量评估杂乱无序的状况，在某种程度上促进了大学理念和教育责任的回归。然而，它仍然是有缺陷的，最直接的后果之一便是导致一些大学开始疯狂地追逐指标，对指标以外的东西视而不见。这种强调以客观标准或统一参照体系来进行评价，注重绩效指标和硬件标准的评估，使教育条件和教育资源得到了保障，在一定程度上促进了教育质量的提升，但以资源投入和产出评价为主的范式，对一些能真正体现教育质量核心的要素缺乏深入的分析。[③]正如有学者指出的，质量保证是一个现代主义者、理性主义者对所有学科进行建构的范例，由此教师、研究者、管理者和学习者被视作无实质的和缺乏社会背景的实体。[④]

面对这种批判，美国学者弗雷泽（Frazer）认为，高等教育的质量首先是指学

① 菲利普·G. 阿特巴赫，佩蒂·M. 彼得森. 新世纪高等教育：全球化挑战与创新理念[M]. 陈艺波，别敦荣，主译. 青岛：中国海洋大学出版社，2009：92.

② Jeliazkova M, Westerheijden D. Systemic adaptation to a changing environment: Towards a next generation of quality assurance models[J]. Higher Education, 2002, 44(3-4): 433-448.

③ 陈琼琼. 大学生参与度评价：高教质量评估的新视角——美国"全国学生参与度调查"的解析[J]. 高教发展与评估，2009(1)：24-30，121.

④ 路易丝·莫利. 高等教育的质量与权力[M]. 罗慧芳，译. 北京：北京师范大学出版社，2008：150.

生的发展质量，即学生在整个学习历程中所学的效果（所知、所能做的及其态度）。学生在认知、技能、态度等方面的收获是衡量高等教育质量的核心标准。[①]于是，高等教育质量评估开始融入人本主义的、后现代主义的视角，并出现了第二种价值转向。在这一阶段，高等教育质量评估更加多元化，除了对传统软硬件指标的关注，学生体验以及公平的要求也开始得到更多的关注。在大学场域，学生既是高等教育的产品，也是高等教育的消费者。为此，麦克威廉姆（McWilliam）等指出，最佳实践的判断标准不再以知识领域的规定为准，而是转向了消费者满意度。[②]泰勒（Taylor）和迈克柯兰（McClain）采用增值评价法来描述学生在学习上的进步或发展的增量，并将其视为教学质量提升的结果。[③]英国的全国学生联盟（National Union of Students，NUS）认为，质量评估是一种学生授权的形式，赋予学生权利和资格，给予学生发言权和体验的特权。[④]

同时，对公平的要求也开始出现在本科质量评估的框架中。莫利（Morley）认为，从理论上讲，质量体系应该提供新的管理框架，能够充分考虑教育平等问题。[⑤]然而，"平等"作为质量保证的一项内容，常常被忽视。布莱克莫尔（Blackmore）认为，这可能是因为与有充分科技资源的组织或者强有力的领导相比，"平等"并不是一个为众人接受的衡量办学成功的指标。[⑥]尽管如此，在更多的国家和地区，促进教育公平已经成了一项主要的政策。比如，英国出台了要求高等教育应考虑弱势群体利益诉求的政策[⑦]；《迪林报告》（The Dearing Report）也对社会或经济上的弱势群体学生表示了极大的关注，并建议未来缩小不同社会阶层家庭子女接受高等教育机会的差距是高等教育改革的重中之重[⑧]。

---

① 转引自：陈玉琨，代蕊华，杨晓江等. 高等教育质量保障体系概论[M]. 北京：北京师范大学出版社，2004：59.

② McWilliam E, Hatcher C, Meadmore D. Developing professional identities: Remaking the academic for corporate times[J]. Pedagogy, Culture and Society, 1999, 7(1): 55-72.

③ 转引自：章建石. 增值评价法——关注学生的实际进步[J]. 评鉴双月刊，2007(8)：3.

④ 转引自：路易丝·莫利. 高等教育的质量与权力[M]. 罗慧芳，译. 北京：北京师范大学出版社，2008：132.

⑤ 路易丝·莫利. 高等教育的质量与权力[M]. 罗慧芳，译. 北京：北京师范大学出版社，2008：148.

⑥ Blackmore J. Localization/globalization and the midwife state:Strategic dilemmas for state feminismin education?[J]. Journal of Education Policy, 1999, 14(1): 33-54.

⑦ Higher Education Funding Council for England. Strategies for Widening Participation in Higher Education:A Guide to Good Practice[R]. Bristol: HEFCE, 2001:1-64.

⑧ 郭婧，匡建江，沈阳. 为青年人提供公平接受高等教育的机会——英国的愿景与行动[J]. 中国高等教育，2015(Z2)：76-79.

　　当然，以上更多是从宏观视角来探讨高等教育质量体系对"平等"这项内容的诉求。在高等教育场域，则应从微观视角考量教育质量与公平，否则在缺乏个体性维度的状况下，现有的教育公平差异指标在很大程度上会沦为以制度为依据的教育发展差异的指标[①]，无法与教育公平完全挂钩。也就是说，如果没有人的发展质量这一维度，对高等教育公平的判别就只是一场制度游戏，仅是从宏观层面对教育发展状况进行的比较，这样的教育公平是不完整的。因此，将学生经验融入高等教育质量评估体系，无疑是教育发展和进步的体现。我们在将高等教育扩招、国家促进教育公平的举措与学生视角的高等教育质量评估体系相结合进行考量时，应该思考质量评估是否关注了不同背景学生的学习经验？学校是否为减小背景差异带来的就学差异采取了有效的措施？遗憾的是，目前基于这一视角的研究常以对大学生调查数据集中分布的参数值作为群体评估指标，学生被视为单一的、均值化的和无差异的。伴随越来越多的学生进入大学，大学学生群体的背景越来越多元，样本平均分值是否可以代表不同大学生独特的大学经历？它会不会在表面上消解不同家庭背景带来的鸿沟？是否阻滞了我们深入了解不同背景的大学生在不同类别高校中的学习投入状态？莫利对高等教育机构中少数族裔、不同人种和女性教师的研究发现，尽管他们取得了进入大学的资格，但"战斗"仍在继续，数量的呈现并不能反映性质上的改变。质量保证确实使大学的发展产生了一些变化，但是它有没有体现对公平的要求？[②]换句话说，当我们从学生视角来关注高等教育质量的时候，是关注大学生普遍的大学经验还是普遍地关注大学生的学习经验？在越来越多不同背景的学生进入高等教育场域时，我们是否对来自不同家庭背景的学生的学习经验给予了同样的关注？这是值得认真思考的问题。

三、学习投入作为本科质量评估新视角的兴起

　　1984 年，美国高等教育卓越条件研究团队（Research Team on Conditions of Excellence in American Higher Education）发布了关于"参与学习"的报告，该报告推动了高等教育的改革，使其学术卓越理念从以学校的资源和名望为中心转向

① 孙阳，杨小微，徐冬青. 中国教育公平指标体系研究之探讨[J]. 教育研究，2013(10)：111-120.
② 路易丝·莫利. 高等教育的质量与权力[M]. 罗慧芳，译. 北京：北京师范大学出版社，2008：153.

以学生学习和发展为中心。[①]该报告宣称学术卓越的目的应该是考察学生的学习和成功，而不是考察学校拥有的经费和资源。帕斯卡雷拉（Pascarella）和特伦兹尼（Terenzini）在《大学如何影响学生：一项研究的第三个十年》（How College Affects Students:A Third Decade of Research）一书中，对近半个世纪以来"学生发展"和"大学影响"方面的文章进行了综述。他们总结道："大学对学生影响的大小在很大程度上是由学生个体的努力程度以及投入程度决定的。大学中的所有政策、管理、资源配置等都应该鼓励学生更好地参与到各项活动中来。"[②]而且，直接测量学生的学习经验很难，许多学校认为测量学生投入水平的行为指标更为简单和经济。因此，将学习投入作为学生经验的代理变量来衡量一所院校的教育质量，具有一定的合理性和可行性。[③]

在将学生学习投入视角融入高等教育质量评价体系的早期实践代表中，影响较大的是美国的"全美大学生学习投入调查"（National Survey of Student Engagement，NSSE）。20 世纪 80 年代后期，美国教育深受报告《危机中的国家》（A Nation at Risk）的影响。该报告粉碎了美国人对国家教育体系的美好幻想，指出了美国教育系统的诸多缺失以及未来面临的危机，并提出了改进建议。这份报告的核心思想是，教育改革应更加关注学生的学习过程而非学习结果，对学习过程的改造可以有效地促进学生的学习。在此背景下，美国高等教育管理体系国家中心（National Center for Higher Education Management Systems，NCHEMS）的尤厄尔（Ewell）教授接到一项任务——研发一种方法来评估学生参与良好教育实践的程度，以及学生在接受高等教育的过程中学到了什么。在皮尤慈善基金（Pew Charitable Trusts）的资助下，美国高等教育管理体系国家中心与印第安纳大学高等教育研究中心（Indiana University Center for Higher Education Research）合作，由尤厄尔牵头组建了一个小组共同进行 NSSE 研究。

NSSE 的设计者认为，对于大学质量的评判，更应关注学生在学校中的就读经

---

①　Koljatic M, Kuh G D. A longitudinal assessment of college student engagement in good practices in undergraduate education[J]. Higher Education, 2001, 42(3):351-371.

②　Pascarella E T, Terenzini P T. How College Affects Students:A Third Decade of Research[M]. San Francisco:Jossey-Bass, 2005:602.

③　陈琼琼. 大学生参与度评价：高教质量评估的新视角——美国"全国学生参与度调查"的解析[J]. 高教发展与评估，2009(1)：24-30，121.

历。①NSSE 问卷通过对"学生投入到有效学习活动中的时间与精力""高校在多大程度上促进了学生更好地参与"两个方面的分析,来评价学生的学习效果和高等院校的教育质量②,并致力于实现三大核心目标:①向学生提供高质量的数据,以改善本科生的经历;②探索并证明更多的、有效的高等教育实践;③开展公共宣传,鼓励未来的大学生及其家长获取高校信息,也鼓励学校根据 NSSE 指标和其他质量指标公布自己的业绩。该问卷通过对学生在大学学习情况的诊断、监控和评价,比较了各校教学的有效性,以此丰富了学生的学习经验和提高了学生对院校的满意度,并为提升高校教育教学质量提供了依据。③

与 NSSE 类似的还有"加利福尼亚大学学生就读经验调查"(University of California Undergraduate Experience Survey,UCUES)、"美国大学生就读经验问卷"(College Student Experiences Questionnaire,CSEQ)等。同 NSSE 一样,国内学者对这些调查问卷进行了中文版本的修订。④国内引入的这三种测量工具基本遵照原来的结构维度而没有进行更多的更改,且这些量表和评价指标的理论基础、题项设置有很大的重合。因此,本书的问卷编制部分以 NSSE 中文修订版为主要参考,同时借鉴了"中国学生投入度调查"(National Survey of Student Engagement-China,NSSE-China)、"研究型大学学生就读经历调查"(Student Experience in the Research University,SERU)等中文版修订问卷。

质量与公平无疑是当前高等教育领域最为核心的问题。质量是达到一定程度公平的必然要求,而公平则是质量评定的内在标准之一。在现代教育质量评定框架内,要探讨质量与公平的问题,就绕不开学生的学习经验和家庭背景。以学习投入作为学习经验的代理变量受到广泛认可,因此家庭背景与学习投入的关系值得深入研究。然而,对家庭背景与大学生学习投入关系的研究并非一件简单的事情。一方面,从教育学和社会学的主流研究来看,目前关于家庭背景与高等教育公平的研

① 罗晓燕,陈洁瑜. 以学生学习为中心的高等教育质量评估——美国 NSSE"全国学生学习投入调查"解析[J]. 比较教育研究,2007(10):50-54.

② Kuh G D. Assessing what really matters to student learning:Inside the national survey of student engagement[J]. Change:The Magazine of Higher Learning, 2001, 33(3):10-17.

③ 徐波. 高校学生投入理论:内涵、特点及应用[J]. 高等教育研究,2013(6):48-54.

④ NSSE 由清华大学课题组于 2009 年进行中文版修订并形成了 NSSE-China;UCUES 由南京大学、西安交通大学等多所高校联合课题组于 2011 年进行了中文版修订,并用于研究型大学学生就读经验的调查;CSEQ 由北京师范大学课题组于 2006 年进行中文版修订。

究更多集中于入学前的高等教育机会和毕业后的社会经济地位。质量问题则更多关涉高等教育的中间过程，其中家庭背景的影响很难定论，因而常常被主流研究忽略。另一方面，新教育社会学对此表现出极大的兴趣，布迪厄（Bourdieu）、伯恩斯坦（Bernstein）等借助文化资本理论、语言编码理论等指出了阶层差异对学生学习经验的隐性影响，并揭示了二者之间错综复杂的关系。正是这种复杂性和隐蔽性引起了笔者的研究兴趣，笔者也希望借此进行深入研究，为理解不同家庭背景大学生的学习投入提供新的视角，以提高学生的学习投入水平，进而提升高等教育的质量。

第二节 本书的研究价值

教育研究是否有意义，一方面在于对学科自身的理论发展是否具有重要的建构价值；另一方面在于对教育实践是否具有重要的指导价值。以高等教育水平分层理论、资本与惯习理论以及新功能主义理论为观照对家庭背景对大学生学习投入的影响进行深入分析，是一个既有一定理论价值又有一定现实意义的选题，有利于从不同的视角对大学生学习投入及其发展过程进行解读，并为切实促进不同背景学生的学习投入和教育过程公平提供指导。

一、理论价值

1. 有利于丰富大学生学习投入概念的内涵

目前，国内外对学习投入的理解和对其概念的操作化，要么基于不同学科的视角在内涵上有较大差异，要么基于对不同教育阶段学习任务和形式的不同理解而有所偏差，不但缺乏整合的视野，而且对大学阶段学生学习状态的独特性缺乏相应的关注。本书试图超越学科限定的思维模式，从大学阶段学生的发展目标和学习的内容与形式着手，整合教育学和心理学领域的观点，尝试对大学生学习投入的概念进行理论提炼和维度分解，以此来丰富大学生学习投入概念的内涵。

2. 有利于丰富大学生学习投入研究的视角

每个学科都有自身的一套规则体系，其中包含学术范式类型特有的问题研究模式，有时候我们深深地嵌入其中而没有觉察。然而，不同学科的研究方法却能够从外在视角给我们提供灵感和解决问题的路径，无论是理论还是方法的运用，都会更深入地拓展原有研究领域的广度与深度。[1]学界对大学生学习投入的研究，多是站在教育学与心理学的学科立场进行相对独立的解释和分析，这也是基于不同学科对学习投入概念的理解。本书在此基础上，将其置于一个更宏大的背景中，并借助多学科的理论进行解读，有利于从不同的视角审视大学生学习投入和发展问题，从而对大学生学习投入获得新的认识和理解。

3. 有利于拓展对家庭背景与大学生学习投入关系的认识

教育研究的解释功能非常重要，如果某项研究不能科学地解释现象产生的原因，就无法从根本上改变现状。[2]家庭背景与大学生学习投入的关系是本书研究的核心内容，也是理论阐释的切入点。对于两者的关系，人们会有不同的认识。之所以会出现不一致的观点，一方面，可能在于人们对相关概念的理解不一致；另一方面，也说明两者的关系错综复杂。那么，家庭背景对大学生学习投入到底有没有影响？若有影响，这种影响达到了什么程度，是正向影响还是负向影响？家庭背景作为结构性因素，其发生作用的逻辑和机制是什么？为什么一些研究得出了不同的结果？本书研究将围绕这些问题，以学习投入为切入点，研究家庭背景在大学场域的作用过程，从而对家庭背景与大学生学习投入的关系进行分析。

4. 有利于扩充高等教育水平分层理论的话语边界

高等教育水平分层理论可以解释高等教育领域产生或延续社会分层的内部机制，是从高等教育内部去发现导致或延续社会分层差异的原因。在高校扩招之前，进入大学场域的多是小众精英，因此能不能进入大学的问题引起了很多研究者的关注，从而遮蔽了高等教育内部的一些现象和问题。随着高等教育的扩招，在高等教育入口问题得到有效解决后，高等教育水平分层的相关研究才逐渐在国内外学术界得到重视。过去虽有与之相关的零星研究，其中甚至不乏一些经典研究（如布迪厄对法国大学的研究），但并未形成特定的术语。可以说，

---

① 刘献君. 教育研究方法高级讲座[M]. 武汉：华中科技大学出版社，2010：225.
② 邵光华，张振新. 教育研究方法[M]. 北京：高等教育出版社，2012：14.

高等教育水平分层的相关理论亦是伴随高等教育扩招而出现的，也是近年来才逐渐受到重视的一个新术语和理论群。本书研究着眼于家庭背景的结构层次在大学场域延续的现象和机制，从研究内容的角度来讲，就是着眼于高等教育的水平分层。

二、实践价值

1. 为全面提升高等教育质量提供借鉴

高等教育的大众化发展以及高等学校所处的政治、社会环境的变化，使大学成为社会关注的焦点，大学的质量也受到了各方的关注。正如有学者所说："现在的世界变化太快了，为了避免自身的衰落、教育质量的下滑，高校必须主动去适应这个世界。"[①]促进大学生的学习投入被视为提升高等教育质量的有效途径。学生是接受高等教育的主体，高等教育的质量最终也体现在学生发展质量上，因此学校的一切工作都应围绕学生的发展进行。虽然教育不可能使每个学生都获得优质的发展，但教育要将促使每个学生获得优质的发展作为目标。本书分析了不同家庭背景大学生的投入特征及过程，希望能为高校促进不同家庭背景学生的学习投入、全面提升高等教育质量提供一定的借鉴。

2. 为切实促进高等教育过程公平提供参考

在过去很长一段时间，我国关于教育公平的研究多集中于高等教育招生和就业两端，相对而言，关于高等教育过程公平的研究很少。实质上，将导致高等教育起点和终点不公平的责任归咎于高等教育本身是值得商榷的。尽管学术界对高等教育起点公平和终点公平的研究与讨论较多，但这两点都不属于高等教育教学过程本身，亦需要外在于高等教育的宏观国家政策和社会政治经济文化推动才能发生改变。高等教育过程公平聚焦于高等教育内部，可以提供发现问题和解决问题的内部微观视角。本书研究考察了不同家庭背景学生的学习投入差异，分析了家庭背景对学生学习投入的影响及其发生和改变的过程机制，可以从一个侧面折射出学生家庭背景对高等教育过程的影响，在一定程度上可以管窥高等教育发展之路的深层阻力，进而为有关部门和高校制定教育补偿措施提供一定的参考。

---

① Anyamele S C. Implementing quality management in the university: The role of leadership in Finnish universities[J]. Higher Education in Europe, 2005, 30(3): 357-369.

第三节 本书的分析框架

一、 研究问题与概念模型

（一）研究问题

本书的核心研究假设是大学场域中学生的学习投入体现出了个体所在家庭背景的结构性特征。从表面来看，这一假设是一个简单的是非陈述，但这一假设背后隐藏的其他问题更加值得深入分析和探讨，如家庭背景的结构性特征在多大程度上体现为学生的学习投入以及与学习投入密切相关的教育收获？是什么改变（强化或削弱）了家庭背景对学生学习投入的影响效应？据此，本书研究的首要目的是了解体现出社会结构特征的家庭背景与作为个体行动的大学生学习投入之间的关系和互动过程，具体而言，就是将大学场域中的个体行动、结构再生产等问题梳理清楚。因此，本书研究围绕家庭背景（结构）对学习投入（行动）的影响以及个体（主体能动性）的回应这一线索，设计了层次递进的 3 个子问题。

1）什么是大学生的学习投入？（大学场域中学生的学习投入是一种行为表现还是一种心理状态？区别于其他阶段的教育，大学的学习领域包含哪些方面？二者是否有整合的可能？它对学生的教育收获有什么影响？）

2）家庭背景对学习投入有何影响？（家庭背景对大学场域中的学习投入和教育收获有无影响？影响效应如何？）

3）家庭背景对学习投入的影响是如何发生的？（是单向影响还是双向互动？它的中介机制是如何发生的？它的发生过程有怎样的意义？）

第一个问题是第二个问题和第三个问题的基础。当前学界对大学生学习投入的研究相对分散，从某一个角度看都有一定的合理性和深刻性，但又存在一定的局限性。要研究大学生的学习投入，就必须将其从其他因素中抽离出来，或是将原本属于这一概念的缺失因素纳入，科学合理地提炼出学习投入的构念结构，这有助于对问题进行全面的分析。第二个问题是本书研究的核心，即在大学场域尝试对结构、行动、结果的关系进行实证检验。第三个问题是本书研究的深入，旨在全面了解结构对行动影响的过程机制以及个体能动性的反向建构。基于学界的一般理解，从家庭经济、文化和社会关系三个方面的资源配置来定位的家庭背景对应个体在社会结构中的位置，学习投入和教育收获则对应大学场域内部的个体行动与结果。对家庭背景、学习投入与教育收获的关系的考察，也是运用资本与惯习理论、新功能义主义理论对大学场域的学生学习进行检视和反思的过程，进而可以为促进教育公平和学生发展提供新的思路。

（二）概念模型

概念模型是描述研究问题层次的工具，亦称观念架构，是整个研究的基础。[①]概念模型是对核心概念之间的逻辑联系进行概括表达的关系图，是使具体的研究问题视图化的过程，也是指导后续数据收集和分析的总体线索。

本书的两个核心概念是"家庭背景""学习投入"，分别代表个体所在的原初社会的结构与大学场域中的个体行动。"收获"是行动的结果，与"家庭背景""学习投入"共同组成了"结构—行动—结果"的完整过程。结构影响行动的"中介机制"是一系列变量的组合。量化研究对自我效能感在结构（家庭背景）与行动（学习投入）中的中介效应进行检验；质性研究进一步补充和解释量化研究的结果，一是对其他可能存在的中介变量进行提炼，二是考察结构再制下的个体主观能动性及行动对结构的反向影响机制。本书研究通过大学场域的经验事实，解析结构与行动的复杂关联，由此展示家庭背景与学习投入及教育收获之间的多向联系。本书研究的概念模型如图 1-1 所示。

对于图 1-1 反映的逻辑推理，需要进行四点说明：①遵循"结构—行动—结果"的逻辑，把结构和行动具体化为家庭背景和学习投入，并考察家庭背景的原初结构特征是否在大学场域延续，即是否存在"结构再制"的现象。②结构与行动的关联是结构化过程的核心，对于结构化程度强弱的原因，可以通过结构化过程的机制进行分析。通过梳理文献，提炼出自我效能感作为中介效应的检验内容，并进一步通过质性分析对结构与行动关系的中介机制进行完善和补充。③结构对行动的作用与行动对结构的反向影响并非静态地呈现，而是随时空变化而持续发生的循环过程。虽然本书研究的内容仅限于大学场域，但对结构与行动的解释和说明都无法脱离过去、现在和未来这一持续的时间线。④"结构"是一个相对的概念，依据参照

---

① 荣泰生. AMOS 与研究方法[M]. 重庆：重庆大学出版社，2009：24.

对象的不同而有所差异,家庭背景代表了个体原初的结构特征,行动反向影响构建的新结构与原初结构存在一定的差异。图中虚线代表行动对结构的反向影响,同时亦表明由于时空的动态变化,行动反向影响而创生的新结构不可能是原初的家庭背景,而是与个体发展密切相关的未来的背景结构。

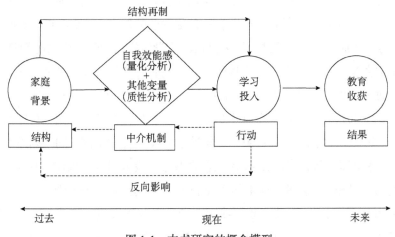

图 1-1 本书研究的概念模型

二、相关概念的界定

学习投入和家庭背景是贯穿本书研究的两个核心概念,教育收获和自我效能感在本书研究的概念模型中作为重要变量被提出,亦是与学习投入和家庭背景紧密相关的概念,因此有必要对这些概念进行界定。

(一)学习投入:整合的概念界定

学习投入是当前教育领域的流行词,其英文是 student engagement,与之相近的概念还有 academic engagement、study engagement、school engagement、curriculum engagement 等。该术语翻译成中文后,有学生投入、学术投入、学业投入、学习投入、学校投入、学习性投入、学习参与、学习参与度等不同的名称。无论采用哪一个术语对这一概念进行解释,都基于一个基本的前提,即学生的学习和发展取决于他们在大学做什么。[①]

---

① Kuh G D. What we're learning about student engagement from NSSE: Menchmarks for effective educational practices [J]. Change:The Magazine of Higher Learning, 2003, 35(2): 24-32.

　　泰勒提出了任务时间（time on task）的概念，指出学生投入到学习中的时间越多，学到的也就越多[1]，并由此开启了学习投入的一系列实证研究。但是，以时间来进行表征的投入行为常常无法区分学生实际的投入状态，因此在泰勒之后的研究者更多地超越了时间概念，而不是仅仅将投入视为花费时间的多少。杰克逊（Jackson）认为，只有行为参与是不够的，除了学生出席以外，必须关注一种更深刻的形式。他提出在学生行为参与的背后应该还有一种更深层的投入。[2]1982 年，佩斯（Pace）提出了"努力的质量"这一概念，认为仅仅注重学生投入到学习中的时间是不够的，还要关注学生在学习过程中的专注程度，即要同时关注学习投入的质与量。[3]

　　现代意义上的学习投入理论是由阿斯汀（Astin）于 1984 年提出的。他的理论具有更为宽泛的视角，包括五个基本假设。第一，投入是指投入到各种对象中的体力与心力。第二，对于同一个对象，不同学生的投入程度不同，同一名学生在不同时间的投入程度也不同。第三，投入既包含数量（投入时间）也包含质量（努力的程度、使用的策略）。第四，学生的学业表现、个人发展水平与学生投入的数量、质量直接相关。第五，学校教育政策或实践的效果与该政策或实践是否能促进学生投入直接相关。[4]随后，纽曼（Newman）基于心理学视角进一步细化了学习投入概念，认为投入即直接指向于掌握知识、技能或工艺的心理投资和努力。[5]

　　与纽曼的研究相似，国外工具书多从行为或情感来定义"投入"。以此为基础，后来的学者对学习投入概念进行操作化，将之理解为多维的结构，有二成分论、三成分论、四成分论等。比较流行的是三成分论，即学习投入包括行为投入、情感投入和认知投入。20 世纪 90 年代，国外学者对学习投入的不同成分进行了细致而深入的研究。我国学者孔企平对这一时期西方学术界对学习投入不同维度进行研究的代表性人物进行了总结，如表 1-1 所示。可见，在这一时期，国外学者更倾向于从单个或两个类型来研究学习投入的概念结构。

---

① 转引自：张娜. 国内外学习投入及其学校影响因素研究综述[J]. 心理研究，2012(2)：83-92.

② 转引自：孔企平. "学生投入"的概念内涵与结构[J]. 外国教育资料，2000(2)：72-76.

③ 转引自：陈琼琼. 大学生参与度评价：高教质量评估的新视角——美国"全国学生参与度调查"的解析[J]. 高教发展与评估，2009，25(1)：24-30，121.

④ Astin A W. Student involvement: A developmental theory for higher education[J]. Journal of College Student Personnel, 1999, 25(4): 297-308.

⑤ Newmann F M, Wehlage G G, Lamborn S D. The significance and sources of student engagement//F. M. Newmann (Ed.), Student Engagement and Achievement in American Secondary Schools[M]. New York: Teachers College Press, 1992: 62-91.

表 1-1　研究学生投入三个维度的代表人物

情感投入	安利（Ainley, 1993）；斯金纳（Skinne）等（1993）；斯金纳等（1990）；格斯里（Guthrie）等（1997）；里德（Reed）等（1996）；科佐兰克（Kozolanka, 1995）；纽曼（1992）
认知投入	斯金纳等（1993, 1990）；格斯里等（1997）；米斯（Meece）等（1998）；平特里克（Pintrich, 1992）；李（Lee）和安德森（Anderson）（1993）；纽曼（1992）
行为投入	米瑟雷迪诺（Miserandino, 1996）；芬恩（Finn, 1989, 1993）；帕特里克（Patrick）等（1993）；康奈尔（Connell）等（1991）；马科斯（Marks, 1998）

资料来源：孔企平. "学生投入"的概念内涵与结构. 外国教育资料, 2000(2): 72-76

本书借鉴不同学者的观点，结合研究目的，将学习投入界定为学生参与到学校有目的的教育活动中的行为和心理状态，前者指学生投入的行为表现，后者指学生投入的程度，如行为品质、深层认知策略和精神状态。其中，有目的的教育活动既包含课堂学习，也包含有教育意义的课外学习、课外活动、项目合作和社会实践等，因此学习投入不仅包括学术性投入，也包括社会性投入。

（二）家庭背景：主客观之分的理论与现实

1. 家庭与家庭背景

家庭是由个体组成的，同时它又是一个社会单位，是连接个体与社会的纽带，三者密不可分。家庭本身也是宏观社会结构秩序在个体层面的重要体现。

本书的研究对象是大学生，这一群体的年龄介于法定结婚年龄前后。虽然早在 2005 年高等教育相关规定就已经放开了对大学生结婚的限制，但总体来讲大学期间结成夫妻并组成新的家庭的学生是极少的，所以本书中的大学生均指家庭中的未婚子女。因此，从研究对象的角度来讲，本书的家庭范畴主要是以作为未婚子女的大学生为中心的长期居住一起的直系亲属联结单位，可能包含多种家庭结构。家庭背景主要是指作为子女的大学生具有的家庭文化、经济和社会关系特征。两（多）代人家庭中的下一代暂无直接经济来源，尚处于被抚养阶段，因此可以通过家庭中的上一代（如父母）的文化、经济和社会关系指标，来衡量子女的家庭背景特征。

2. 家庭背景的主客观之分

家庭背景是社会学、教育学和心理学研究中的常用变量。相对而言，它是一个具有多重含义的词语，社会经济地位、家庭结构、亲子关系质量等都可纳入其中。

然而，不同的学科对家庭背景这一概念的研究侧重有所不同。社会学对家庭背景的研究偏向于了解家庭在社会结构系统中所处的层次和位置，以及其对个体社会阶层的促进或制约作用，并不关注家庭内部那些难以体现社会结构的要素。教育学和心理学则不仅关注家庭在社会结构中所处的客观位置对个体的教育获得和心理发展的影响，也关注微观家庭内部非结构要素的影响，即家庭背景的宏观结构和家庭中的主体互动对其影响。虽然教育学、心理学对家庭背景的关注更多，但其重点并不在家庭背景本身，而是更重视家庭背景对个体的教育获得和心理状态的影响。本书研究以家庭背景作为社会结构的代理变量，以社会结构观照大学场域中的个体行为，进而了解家庭背景赋予个体的结构特征是否在大学中持续存在。因此，本书研究中的家庭背景主要是指体现出结构秩序和分层的家庭要素。

个体是组成家庭的基本单位，那么讨论家庭背景自然离不开对个体属性的分析。社会学视野下的家庭背景主要是指相对稳定的独立于个体而存在的结构体系，但该结构的基本单元依然是附属于人的物质、文化或精神层面的存在。尽管如此，激进的社会学家对结构进行分析时往往消解了人对结构的集体建构。随着社会学中"结构与行动"从二元对立走向二重性融合的研究取向的不断发展，以及完全客体化的要素在解释主体行为时存在无法突破的矛盾与禁锢，在试图突破原有理论体系的局限时，社会学家对结构体系的理解逐渐出现不同的取向。

作为当代社会学领域贡献卓著的学者之一，吉登斯（Giddens）通过区分"系统"和"结构"的概念来消解结构与行动的二元对立。他所说的结构与古典理论中探讨的结构有一定的区别。他以系统来指代古典理论中的结构，认为系统是作为常规社会实践组织起来的、行动者和集合体之间再生产出来的关系。换句话说，社会关系在时空的模式化是通过具体情境中的行动者的实践活动体现出来的。"结构"则是不断重复体现在实践再生产中的某种"结构化方式"的虚拟程序，具体来说，就是行动者在跨时空的互动中使用的规则和资源。他进一步强调，结构化理论中的结构既不是外在于行动或行动者的实存的东西，也不是互动的模式或系统，它只作为记忆痕迹、人类认知能力的生物基础而存在。[①]

后结构主义的代表人物亚历山大（Alexander）在继承帕森斯（Parsons）对行动进行文化、社会和人格划分的同时，明确指出这三个子系统不是对行动本身的理解，而是对行动环境的理解。他认为，结构也不会只是——从本质上不是，甚至也

---

① 转引自：杨善华，谢立中. 西方社会学理论（下卷）[M]. 北京：北京大学出版社，2006：98.

不主要是——外在地跟行动者相遭遇的强制性力量。①根据这种模式，亚历山大将社会结构一分为二，一个是以文化和人格为主体的社会结构，它是内在的与能动性相联系并以一种自愿的方式融入行动中的力量；另一个是作为政治的、经济的、社会团体的和生态的关系与网络的社会系统，是在行动者之外的社会结构，只有当我们关注能动性的第三个环境，亦即社会系统的时候，结构才可以被描述为在行动者之外。②

无论是吉登斯提出的有别于古典社会学理论的"结构"，还是亚历山大提出的以文化为主体的社会结构"力量"，虽然二者使用的术语和相关表述有所不同，但在内涵上有一致的地方。第一，都是对外在于主体的客观现实的一种主观抽象和实践表达，体现出客体的主体化过程；第二，这种主体化过程使得用客观结构解释主观行动具有了可能性；第三，对社会结构的主体化过程是基于社会结构的客观现实而存在的，主客体之间的边界可能存在不同，但又具有内在的一致性；第四，正是加入了个体认知的主体化过程，意识中的社会结构才变得多元，行为才变得复杂。正是因为意识到只有被主体认知的世界才会对主体产生影响和这种有别于实体结构的表述结构的存在，在吉登斯的理论中，只有被行动者认知到的规则和资源才有真正的使用价值。同样，在亚历山大的理论中，内在的与能动性相联系的自愿方式才具有了改变个体原初结构特征的力量。这也是辩证唯物主义认识论的观点。

尽管吉登斯和亚历山大在对社会结构的表述中都曾提到这种主体认识中的客体，即"表述的结构"③，并将其置于非常重要的地位，但都属于理论抽象的层次，并未将其进一步具体化。近年来，一些社会学家在研究社会结构的另一重要概念——阶层时，将这种对结构的主客观认知进行了区分。不同学科在研究社会阶层的过程中，常常遭遇这样的困扰：应该根据何种类型的指标来划分阶层？是根据经济、权力和文化等客观的资源指标，还是基于社会成员认知中的阶层类型？过

---

① J. C. 亚历山大. 新功能主义及其后[M]. 彭牧，史建华，杨渝东，译. 南京：译林出版社，2003：266.

② J. C. 亚历山大. 新功能主义及其后[M]. 彭牧，史建华，杨渝东，译. 南京：译林出版社，2003：266.

③ "表述的结构"是美籍华裔社会学家黄宗智所提出。他在结构与主体（内容）、表达与实践（形式）两组上位概念中建构出四个分析维度：客观性结构、表达性结构、客观性主体、表达性主体，并用以分析和理解结构与主体之间的互动与转化。具体参见黄宗智. 中国革命中的农村阶级斗争——从土改到文革时期的表达性现实与客观性现实//黄宗智. 中国乡村研究(第二辑) [A]. 北京：商务印书馆，2003：66-95.

去，社会阶层的研究多采用客观尺度来衡量社会成员的等级地位，但在随后的研究中，研究者发现这样的阶层定位与社会成员的主观分类并不完全一致。[①]也就是说，正是因为结构与主体、表述和客观之间的影响和互动的方式是多重的，与客观结构有相对稳定的存在相比，主体表述的结构就复杂得多。[②]事实上，有不少研究也证实了客观阶层和主观阶层之间相关性和差异性的存在。[③]这就意味着关于结构的研究不能完全停留在以客观指标进行分层的层面，也不能仅仅依照所谓的普遍性标准和原则进行，应该根据研究目的适当考虑主观指标的影响效应，否则便可能会使研究者拟定的"标签"失去意义。[④]

　　阶层与家庭背景都是呈现社会结构特征较为明确的样例，无论是对阶层进行分类还是对家庭背景进行分类，家庭或个人所占有的社会资本、经济资本及文化资本都是对阶层进行分析和判断的主要依据，这也决定了两者之间具有一定程度的重合。尽管有大量关于主客观阶层的分析和讨论，但对于主客观家庭背景的讨论却并不多见。过去，对家庭背景的研究更多考察的是客观指标，即考察家庭成员拥有的经济、文化和社会资本，个体对资本价值效用的主观建构并没得到更多的关注，涉及具体情境的研究就更少了。按照吉登斯和亚历山大的理论阐述，联结客观实在与个体行动的是个体在互动中可使用的资源、规则或以一种自愿方式融入行动中的力量，那么资源是否可使用应该是个体对结构进行评价的主观自觉。具体到教育领域，我们认为主观家庭背景是与客观家庭背景中的资本形式相对应的、个体对这些资本在高等教育中的"力量"的判断，即对客观家庭背景指标在高等教育中可能发挥的作用的主观认知。基于此，本书研究展开了结构与行动的"对话"。

---

① 王春光，李炜. 当代中国社会阶层的主观性建构和客观实在[J]. 江苏社会科学，2002(4)：95-100.

② 黄宗智. 中国革命中的农村阶级斗争——从土改到文革时期的表达性现实与客观性现实//黄宗智. 中国乡村研究（第二辑）[A]. 北京：商务印书馆，2003：66-95.

③ 周春燕. 公正世界信念对不同社会阶层的个体与社会功能研究[D]. 华中师范大学博士学位论文，2013: 97; Adler N E, Epel E S, Castellazzo G, et al. Relationship of subjective and objective social status with psychological and physiological functioning:Preliminary data in health,White women[J]. Health Psychology, 2000,19(6):586-592; Goodman E, Adler N E, Kawachi I, et al. Adolescents' perception of social status:Development and evaluation of a new indicator[J]. Pediatrics, 2001,108(2):1-8; 中国社会科学院 "当代中国人民内部矛盾研究" 课题组. 城市人口的阶层认同现状及影响因素[J]. 中国人口科学，2004(5):19-25;Goodman E, Adler N E, Kawachi I, et al. Adolescents' perception of social status:Development and evaluation of a new indicator[J]. Pediatrics, 2001,108(2):1-8; Kraus M W, Piff P K, Keltner D. Social class,sense of control,and social explanation[J]. Journal of Personality and Social Psychology, 2009,97(6):992-1004.

④ 王春光，李炜. 当代中国社会阶层的主观性建构和客观实在[J]. 江苏社会科学，2002(4)：95-100.

（三）教育收获：单一与复合的论争

教育收获是一个复杂的概念，很难用某个指标替代。那么，如何来衡量高等教育领域学生的教育收获呢？学界对此有不同的理解。帕斯卡雷拉（Pascarella）等认为，大学对学生的影响体现在认知和智力发展，心理、态度和价值观改变，道德发展，学业坚持和学位获得，职业生涯和经济回报，毕业后的生活质量的提升等多个方面。他们进一步指出，虽然可以将大学生的发展分成几个阶段，但不得不承认学生的发展并非分割的几个碎片，而是整合在一起的，某一方面的发展常常会影响其他方面的发展。[1]尽管多数学者认可这种整合性，但是基于更为有效地进行政策制定和推进教育实践的目的，一些学者试图对教育收获进行分类研究。阿斯汀从类型上对学生的教育收获进行了划分，包括认知收获和非认知收获两类。[2]认知收获主要是指与智力有关的知识增长和能力提升，非认知收获则是指向与情感相关的社会性发展。库恩（Kuh）则将学习和个人发展分为五个维度，即个人能力、认知复杂性、知识和学术技能、实践能力、利他和审美。[3]巴克塞特（Baxter）根据其对学生学习和智力发展的纵向研究，提出四个更为上层的发展维度，即认知能力、个人能力、人际能力和实践能力。[4]汀托（Tinto）则从不同的角度界定了教育收获，认为学生的教育收获应体现在学生毕业率等方面。[5]

为了更好地促进美国高等教育的发展，基于制定政策和指导实践的目的，相关机构也通过报告或其他形式的文本对教育收获进行了界定。美国高等教育认证委员会（The Council for Higher Education Accreditation）于 2003 年发布了一项宣称委派机构、学校对学生发展负有共同责任的报告。该报告将学生发展定义为学生经历高等教育后最终获得的知识、技能和能力，强调学生毕业率、学位的获得等是对学生发展的有效补充，但该报告并未体现出个体在学校中的教育收获。2002 年，美国学院及大学协会（Association of American Colleges and

---

① Pascarella E T, Terenzini P T. How College Affects Students: A Third Decade of Research[M]. San Francisco: Jossey-Bass, 2005: 206.

② Astin A W. What Matters in College? Four Critical Years Revisited[M]. San Francisco: Jossey-Bass, 1993: 23.

③ Kuh G D. In their own words:What students learn outside the classroom[J]. American Educational Research Journal, 1993, 30(2): 277-304.

④ Baxter M M B. Creating Contexts for Learning and Self Authorship:Constructive-Developmental Pedagogy[M]. Nashville:Vanderbilt University Press, 1999: 23.

⑤ Tinto V. Dropout from higher education:A theoretical synthesis of recent research[J]. Review of Educational Research, 1975, 45(1): 89-125.

Universities，AAC&U）在公告中指出，学生最关键的收获体现为智力的发展和实践技能的提升、社会生活知识的丰富，以及在个体行动和公民价值方面的责任意识的增强。①

国内专门讨论大学生教育收获的研究较少，以"教育收获"为主题检索到的文献更是屈指可数。笔者认为，主要原因在于教育收获具有多维性，单一的研究很难对其进行全面考察。被国内广泛应用的 NSSE-China 问卷对教育收获的考察分为知识/能力收获、自我/价值观收获两个维度。许长勇采用这一测量工具，从应用技能和自我完善两个方面对教育收获进行了定义。②尽管许长勇对教育收获两个维度的命名与 NSSE-China 的命名不同，但内涵一致。针对研究型大学开展学习经历调查的 SERU 问卷则通过增值指标来考察学生刚入学时和学习一段时间以后在核心技能、研究技能、自我认知和社会沟通技能等方面的发展与变化。在这一问卷中，教育收获还被视为大学生的能力发展。李文利在研究中将大学生的能力划分为基本认知能力、拓展认知能力和社会能力三类。③王芳借鉴教育目标的相关研究成果，将教育收获定义为学生在完成了一系列培养计划后获得的知识、技能和情感态度价值观，因此教育收获包括认知收获、技能收获和情感态度价值观收获。④此外，在一些对学生教育收获的表述中，"学业成就""学习收获"等词语的出现频率也较高，这些名词常常被用来替代学生的教育收获。在这类研究中，学业成就单纯指向学术性学习，指学生的学习成绩，因而其衡量指标也比较单一，往往以学业成绩等级或某几项单科成绩作为学业成就的测量指标。

综上所述，由于教育收获这一概念本身的模糊性，国内外关于教育收获的定义和操作化有一些细小的分歧。总体来说，都可以归纳到阿斯汀的分类框架中，具体包括以下两方面：一是认知收获；二是非认知收获。认知收获是指与智力发展相关的通过系统化教育获得的知识增长，是作为客体的知识向个体心智空间转移和储存的过程；非认知收获则是指与社会性发展相关的通过实践性教育获得的经验增

① Cen Y H. Growth as product and as process-student learning outcomes attained through college experiences in China[D]. Bloomington:Indiana University, 2012: 14.

② 许长勇. 大学生专业承诺对学习投入和学习收获影响机制的研究[D]. 河北工业大学博士学位论文，2013：27.

③ 李文利. 高等教育之于学生发展：能力提升还是能力筛选？[J]. 北京大学教育评论，2010(1)：2-16，188.

④ 王芳. 不同类型高校大学生的学习收获研究——基于 NCSS 调查数据分析[D]. 厦门大学硕士学位论文，2014：10.

长，是通过实践将知识与经验嫁接的过程。这样的表述已经不再仅仅将教育收获视为静态的结果，而是将其视为动态过程和静态结果相结合的产物。当然，认知收获和非认知收获常常互为依托、相互转化，要对二者进行清晰的区分非常困难。所以这里所说的认知收获主要与系统性知识有关，而非认知收获则更多地体现了认知收获以外能力的发展。因此，在本书研究中，认知收获和非认知收获共同组成了大学场域中学生的教育收获。

（四）自我效能感：作为中介因素的理论与实证依据

自我效能感是班杜拉（Bandura）理论体系中的核心概念。1977 年，班杜拉在《自我效能：关于行为变化的综合理论》（Self-efficacy:Toward a unifying theory of behavioral change）一文中系统阐述了这一概念。[1]在随后的若干年，他进一步对自我效能的理论和实践进行了深入的研究。1997 年，班杜拉出版了《自我效能：控制的运用》（Self-Efficacy:The Exercise of Control）一书，深入分析了自我效能的结构与本质、起源和作用，并系统探讨了自我效能感如何和其他社会认知因素一起影响个体、群体的认知与行为。[2]

自我效能感是指个体对有效控制自己生活诸方面能力的知觉或信念。[3]张春兴将自我效能感的概念进一步延伸到特定领域，认为自我效能感是指个体对自己从事某种工作具有的能力以及对该工作可能达到的水平的主观评价。[4]在以上两种提法中，"对能力的主观评价"是其共同的核心成分，而自我效能感机制则涉及人类对自身行为的调节、控制等具体操作方面。人类自身内部的自我参照因素调节着环境和行为之间的关系，其中，人们如何判断其能力以及这种判断如何影响其动机和行为是最为关键的因素。[5]在班杜拉看来，某种行为的启动、维持或改变主要取决于个体对自己能否掌控相关技能的预期和信念，个体对自己的行为能力和努力结果的信念影响着他们的所作所为。这种信念对人类生活的许多领域

① Bandura A. Self-efficacy: Toward a unifying theory of behavioral change[J]. Psychological Review, 1977, 84(2):191-215.

② Bandura A. Self-Efficacy:The Exercise of Control[M]. New York:Worth Publishers, 1997: 116-161.

③ Bandura A, Wood R. Effect of perceived controllability and performance standards on self-regulation of complex decision making[J]. Journal of Personality and Social Psychology, 1989, 56(5): 805-814.

④ 张春兴. 教育心理学：三化取向的理论与实践[M]. 杭州：浙江教育出版社，1998：312.

⑤ 边玉芳. 学习自我效能感量表的编制与应用[D]. 华东师范大学博士学位论文，2003：11.

都有重要的作用，影响着人类生活的方方面面，这种信念就是自我效能感。在对自我效能感的研究中，班杜拉也强调了外部环境的作用，提出了"三元交互作用"理论[1]，以此来说明环境、个体与行为的交互关系（图 1-2）。图 1-2 中的 P、B、E 分别代表个体、行为和环境，三者之间双向交互的关系并非水平、静态的，而是螺旋上升的。

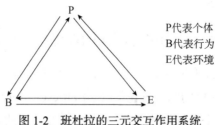

P代表个体
B代表行为
E代表环境

图 1-2　班杜拉的三元交互作用系统

班杜拉提出的三元交互作用系统具有一定的理论价值，被广泛应用于社会学、心理学、教育学、管理学等不同学科领域，是关于人类行为研究的基础模型。这一模型也是本书研究将自我效能感作为一个中介因素的理论依据。在本书研究中，家庭背景是结构化的环境因素，自我效能感是个体因素，不同的学习投入表现和程度体现出了个体不同的行为偏好。因此，从理论上讲，家庭经济条件、家庭文化氛围、家庭社会关系作为基本的环境要素可能或多或少会对个体的自我效能感产生影响，这种影响决定或左右着个体对是否参与或如何参与某项活动的主观判断，进而会影响其学习投入的行为和过程。

国内外许多实证研究对家庭背景、自我效能感和学业表现三个要素的两两关系进行了验证。在自我效能感与家庭社会经济地位的相关研究中，博尔科夫斯基（Borkowski）等通过对既有实证研究进行总结，发现来自低收入家庭的孩子更缺乏对自我以及与学校、个人生涯和生活相关的积极认知。[2]进一步的研究发现，来自低社会地位家庭的个体报告了更低水平的自我效能感[3]，且这种低自我效能感还显

①　Bandura A. Self-efficacy:Toward a unifying theory of behavioral change[J]. Psychological Review, 1977, 84(2): 191-215.

②　Borkowski J G, Thorpe P K. Self-regulation and motivation:A life-span perspective on under-achievement//D. H. Schunk, B. J. Zimmeran (Eds.), Self Regulation of Learning and Performance:Issues and Educational Applications[A]. Hillsdale:Erlbaum, 1994: 45-73.

③　Coleman P K, Karraker K H. Self-efficacy and parenting quality:Findings and future applications[J]. Developmental Review, 1998, 18(1): 47-85.

示出代际的相似性[①]。有研究者认为,成长于低社会地位家庭的经历会使儿童质疑自己对成就的预期和掌控的相关能力,而这种能力会影响其自我效能感的发展。[②]正如班杜拉认为的,个体需要确信他们的行动能够获得所希望的结果,因此这种控制感对于自我效能感的提升至关重要,但是在低社会地位家庭中成长的孩子往往无法获得较高的控制感。另外,家庭成员尤其是父母的回应、支持和鼓励对个体一生的自我效能感发展都具有显著影响[③],父母的参与水平高,也会提高孩子的学业自我效能。[④]

自我效能感尤其是学业自我效能感与学业表现的关系得到了大量研究的证实。根据社会认知理论,自我效能感是学生愿意为学习活动付出多少努力的重要决定因素,是解释学生学习动机、学习表现、学业任务坚持性以及自主学习行为的重要概念[⑤],并会持续性地对高等教育阶段学生的学业表现产生重要影响。[⑥]如果学生缺乏相关的能力、信念,他们就很难在执行任务的过程中付出更大的努力。相对于学业自我效能感受到的关注,作为自我效能感在社交情境中的具体表现,关于大学领域社会自我效能感的研究相对较少。已有研究发现社会自我效能感对学生的表现和学校适应也有显著影响。[⑦]社会自我效能感越高,学生越倾向于对学业表现和成绩进行内部归因,网络沉迷行为越少,表现出的学习投入行为也就越多。[⑧]

---

① Lin C H. Intergenerational parallelism of self-efficacy: Moderating variables, mediating variables, and common antecedents[D]. Laredo :Texas A & M University, 2003: 44.

② Gecas V, Schwalbe M L. Beyond the looking-glass self: Social structure and efficacy-based self-esteem[J]. Social Psychology Quarterly, 1983, 46(2):77-88.

③ Cutrona C E, Cole V, Colangelo N, et al. Perceived parental social support and academic achievement:An attachment theory perspective[J]. Journal of Personality and Social Psychology, 1994, 66(2): 369-378.

④ Crouter A C, MacDermid S M, McHale S M, et al. Parental monitoring and perceptions of children's school performance and conduct in dual- and single-earner families[J]. Developmental Psychology, 1990, 26(4): 649-657.

⑤ Schunk D H. Self-efficacy and academic motivation[J]. Educational Psychologist, 1991,26(3-4): 207-231.

⑥ Lent R W, Brown S D, Larkin K C. Relation of self-efficacy expectations to academic achievement and persistence[J]. Journal of Counseling Psychology, 1984,31(3):356-362; Multon K D, Brown S D, Lent R W. Relation of self-efficacy beliefs to academic outcomes:A meta-analytic investigation[J]. Journal of Counseling Psychology, 1991, 38(1): 30-38.

⑦ 孟慧,杨铮,徐琳等. 大学生社会自我效能感与学业成绩的关系:适应的中介作用[J]. 中国临床心理学杂志,2012(4): 552-555.

⑧ Iskender M, Akin A. Social self-efficacy, academic locus of control,and internet addiction[J]. Computers & Education, 2010, 54(4): 1101-1106.

　　综上所述，自我效能感属于自我反思能力的一种，这种反思基于对环境与自我、认知与能力的理性判断来获得经验，改变认知与行为。在现实生活中，环境、认知和能力都是多元的，个体面对不同的对象和事物会做出不同的判断。尽管一般自我效能感可以用于解释个体在具有共性情境中的惯常的自我状态，但将其运用于特定情境时，自我效能感更多地被视为具有情境依赖性的特定自我状态。实际上，从产生起，自我效能感就一直与特定任务、特定领域相联系。一般认为，在不同的情境和领域，个体的自我效能感会发生变化，即一个人在某种情境或某方面具有较高的自我认可水平，在另一方面可能不一定是这样。也就是说，综合性的自我效能感测验的目的在于测量一般性的自我效能感，它往往能提供一种去情境化的自我效能判断或行为反应，因而测出的可能是一般的人格特质，而不是针对特殊情境的判断。[①]面对具体情境时，它可能对行为结果的预测力并不是很强。只有特定的自我效能感才会对特定领域的认知和行为过程具有特定的预测作用或表现出较高的作用效应。因此，申克（Schunk）认为，自我效能感对情境变化较为敏感，侧重与自我效能感相关联的微观行动分析的水平。[②]实质上，自我效能感作为相对稳定的成分，既有情境的特殊性，也有去情境的共性，即便针对不同的特定情境，自我效能感也具有多情境的适用性。因此，区分特殊情境的自我效能感，仅是为了满足深入研究的需要，并不代表特定自我效能感之间以及特定自我效能感与一般自我效能感之间绝对独立，它们之间的相互影响不可消弭。因此，总体来讲，一般自我效能感对不同领域都可能具有预测性，但是这往往会削弱对行为结果的预测力，特定的自我效能感面对特定领域时更有预见性，但其广度可能会受限。因此，采用一般自我效能感还是特定自我效能感，应该基于研究的需要进行选择。在比较性研究中，就解释和预测的强度而言，对自我效能感的特定化测量优于整体测量。[③]

　　基于以上论述，对家庭背景、自我效能感和学习投入进行综合考察，在理论与实践中可以对三个变量的"前因-中介-结果"关系做出初步推论。但是大学阶段个

①　Pajares F. Self-efficacy beliefs in academic settings[J]. Review of Educational Research, 1996, 66(4): 543-578.

②　Schunk D H. Self-efficacy and achievement behaviors[J]. Educational Psychology Review, 1989(3): 173-208.

③　Kaplan R M, Atkins C J, Reinsch S. Specific efficacy expectations mediate exercise compliance in patients with COPD[J]. Health Psychology, 1984, 3(3): 223-242.

体的自我效能感是否在家庭背景与学习投入之间存在中介作用，尚未得到研究的证实。作为一般自我效能感在具体领域的应用，特定自我效能感同样适用于三元交互作用系统的理论框架。因此，本书研究针对学生学习投入中学术性投入和社会性投入两个相互关联但又彼此独立的领域，采用具有特定对象性的学业自我效能感和社会自我效能感量表作为测量工具，对其在环境与行为结果之间的影响效应进行深入分析。

需要说明的是，由于专科教育与本科教育有较大的区别，本书将研究范围限定于我国本科层次的学校，并不包括专科层次的学校。综上所述，在理论预设的基础上，本书实证部分着重考察大学生的家庭文化、经济和社会关系等多种背景特征的原初结构秩序是否会通过自我效能感或其他中介因素与学生在大学中的学术性学习和社会性学习相适应，并进一步探索这一关联的强度及其产生的缘由。

三、研究方法与研究思路

（一）研究方法

1. 方法论和研究范式

教育研究是教育研究主体在一定的探究意识和方法论的支配下，选择、运用一定的技术手段对教育现象进行分析，进而提出解决教育问题的方案。[1]选择什么样的方法，取决于要研究的问题本身。问题的性质决定了选择什么样的研究方法。家庭背景这一问题的复杂性，决定了研究方法的复杂性。一方面，家庭背景的内涵十分丰富；另一方面，作为社会的"基本单位"，它不仅与社会及其他组织存在错综复杂的联系，而且作为个体成长的现时态和历时态环境，又时刻影响着个体的发展。就学习投入而言，前述分析已经初步表明其多面性与复杂性——既有教育学、心理学的解释，又有社会学的解释。实际上，无论是家庭背景还是学习投入，归根到底都是"人的问题"。

教育学的研究范式是指教育学术共同体采用的基本研究范型和方式[2]，大致可

① 孙振东. 教育研究方法论探索[M]. 重庆：重庆大学出版社，2008：4.
② 孙振东. 教育研究方法论探索[M]. 重庆：重庆大学出版社，2008：233.

以归为两类：一是模仿自然科学，强调进行适宜采用数学工具来分析的经验的、量化的观察，研究的任务在于确立因果关系并做出解释，即实证主义研究范式；另一种是从人文学科推衍出来的，注重的是整体和定性的信息以及对事件和情境的理解的方法，即人本主义研究范式。①第一类又称为量化研究，第二类又称为质性研究，两类研究范式各有优点。在一项研究中，量化研究可以对事物量化的部分进行测量和计算，并对变量之间的相关关系进行分析，以达到对事物的把握；质性研究则可以对事物无法量化的部分进行深入分析，通过进入事件发生的真实情境实现对事件的细致把握。②两种研究范式可以相互补充，正如美国学者塞科瑞斯特（Sechrest）和希达妮（Sidani）指出的，量化研究和质性研究各有局限性，值得倡导的应该是方法的多元主义，如此不仅可以摆脱彼此的局限，而且在多种方法的共融中有益于促进结论的互证，从而得出更有效的答案。③

由此可见，混合的研究方法更有利于对研究对象进行全面的理解。美国教育研究方法论学者约翰逊（Johnson）和奥乌格普兹（Onwuegbuzie）指出，混合的研究方法是研究者在同一研究中综合调配或混合使用定量研究和定性研究的技术、方法、手段、概念或语言的研究类别。他们进一步将混合的研究方法视为继量化研究范式和质性研究范式之后教育研究的"第三次浪潮"，并宣称"混合的研究方法时代已经来临"。④混合的研究方法区别于其他研究范式的核心在于，必须在同一研究中运用一种以上的定量研究、定性研究的方法和手段。特别是聚焦于多学科共同关注的学习投入的研究，采用定性与定量相结合的研究方法，可以实现不同学科在研究视角、研究设计、具体研究方法等不同层面的结合，从而发挥各类范式的优点，形成最佳的混合研究模式。⑤

2. 具体研究方法

本书研究主要采用了文献研究法、问卷调查法和访谈法。

---

① 胡森. 教育研究的范式//瞿葆奎. 教育学文集·教育研究方法[A]. 北京：人民教育出版社，1988：179.

② Miles M B, Huberman A M. 质性资料的分析：方法与实践[M]. 张芬芬，译. 重庆：重庆大学出版社，2008：57.

③ Sechrest L, Sidani S. Quantitative and qualitative methods:Is there an alternative? [J]. Evaluation and Program Planning, 1995, 18(1): 77-87.

④ Johnson R B, Onwuegbuzie A J. Mixed methods research:A research paradigm whose time has come[J]. Educational Researcher, 2004, 33(7): 14-26.

⑤ 刘献君. 教育研究方法高级讲座[M]. 武汉：华中科技大学出版社，2010：218.

（1）文献研究法与问卷调查法

文献研究法又叫文献调查、案头调查，调查对象是放在案头的文献资料。[1]在本书中，该方法主要用于对大学生学习投入、教育收获、家庭背景等相关概念、理论和既有研究的梳理与分析，以及对解读概念逻辑关系的理论依据的提炼。

问卷调查是量化研究的重要步骤之一。问卷调查可以获得抽样数据，在此基础上对数据进行分析和整理，可以初步把握研究问题。采用问卷调查法不但可以了解不同家庭背景大学生在学习投入和教育收获上的差异，厘清它们之间的逻辑关系，还可以验证自我效能感在家庭背景与大学生学习投入之间的中介作用机制。

（2）访谈法

教育研究中的质性研究方法非常丰富，陈向明教授曾引用沃科特（Wolcott）的"树状图"来形容质性研究方法的"枝繁叶茂"。[2]每种方法分支下的资料收集方式并不完全相同，因此质性研究中的资料收集方式种类多样，总体来讲，包括访谈、参与观察、实物分析（史料、档案、图像、场景）等。访谈法是质性研究中的重要形式之一，也是本书研究中收集质性资料的主要形式。质性研究的结果不仅可以对量化研究进行印证，同时其丰富的叙事细节还可以扩展并充实前期研究的逻辑框架，使研究更加立体和饱满。

"访谈"是研究者通过口头谈话的方式从被研究者那里收集（或者说"建构"）第一手资料的一种研究方法。[3]根据对访谈结构的控制程度，可以将访谈分为三种类型：结构式访谈、无结构式访谈和半结构式访谈。结构式访谈主要是按研究者事先设计好的、具有固定结构的统一问卷进行访谈。在这种访谈中，选择访谈对象的标准和方法、所提的问题、提问的顺序以及记录方式都已经标准化了，研究者对所有的受访者都按照同样的程序问同样的问题。无结构式访谈则没有固定的访谈问题，其目的是了解受访者自己认为重要的问题、他们看待问题的角度和对相关问题的解释。在半结构式访谈中，研究者对访谈的结构有一定的控制作用，可以事先备一个粗线条的访谈提纲，根据自己的研究设计向受访者提出问题。但是访谈提纲主要是作为一种提示，访谈者在提问的同时，也

① 引自南京大学教育研究院张红霞教授在讲授"教育科学研究方法"课程的PPT。

② 转引自：陈向明. 质的研究方法与社会科学研究[M]. 北京：教育科学出版社，2000：6.

③ 陈向明. 质的研究方法与社会科学研究[M]. 北京：教育科学出版社，2000：165.

允许受访者提出自己的问题，并且根据访谈的具体情况对访谈的程序和内容进行灵活调整。①

问卷调查可视为一种特殊形式的结构式访谈。由于成长环境和对学校生活体验的不同，大学生对学习投入过程的感受和体验也会有所不同，因此结构式访谈虽然可使我们得出初步的研究结论，但是其相对简化的设计思路、表面化的提问方式、有限的题目范围、纸笔作答方式都使研究很容易仅仅停留在对研究对象给出的简单答案的分析上。这种严格限定答案范畴的顺序式问题常常会使研究者的思路僵化，错过在当时情境下可适当追问的细节，也很可能会错过重要信息。"是"与"否"或利克特式的选答方式也会使受访者囿于"是什么"的表面应答，在某种程度上限定了个体表述和反思"为什么"的思维空间。然而，访谈需要受访者努力唤醒个体记忆来描述细节、理顺逻辑和建构意义，因此他们需要一定的时间进行想象，也需要研究者的灵活引导，以促使他们积极参与。由此可见，半结构式访谈或无结构式访谈对访谈对象的语言能力和思维发展能力有一定的要求。本书研究的对象是大学生，他们的心智发育已趋于成熟，具有独立思考和口头表达的能力，适合采用半结构式访谈或无结构式访谈。具体而言，在研究初期通过相对简单的开放式交谈获得大学生学习投入问卷编制的经验资料，在研究中期通过深度访谈获得对不同家庭背景大学生学习投入的意义解释。本书中采用的主要是半结构式深入访谈，辅以非正式交谈、参与性观察、第三方（访谈对象的同学、老师）交谈、微信朋友圈互动等交流方式。在对每位访谈对象逐一进行1～2小时的正式访谈之前，笔者设计了一个初步的质性研究访谈提纲（见附录六），确定了访谈的大致方向和基本问题，并在访谈的过程中不断进行反思和改进。

（二）研究思路

本书运用质性研究与定量研究相结合的方法，综合教育学、心理学和社会学的技术、方法与理论，试图回答"大学场域学生学习投入是否体现以及如何体现出家庭背景的结构性特征"这一核心研究问题。对核心问题进行细化分解，运用实证研究手段逐步探明"真相"，是本书主要的研究设想。将概念模型和研究设想融入研究思路，并结合研究步骤进行分析，可得出本书研究的技术路线图（图1-3）。

---

① 陈向明. 质的研究方法与社会科学研究[M]. 北京：教育科学出版社，2000：171.

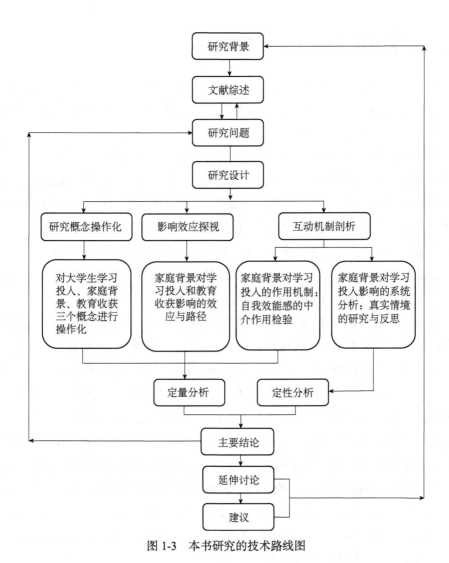

图 1-3　本书研究的技术路线图

第四节　本书的理论基础

本书研究的出发点是学习投入研究整合模型,用于分析解释的理论包括高等教育水平分层理论、资本与惯习理论及新功能主义理论,这三种理论适用于对研究问题进行不同层面和不同角度的解读。

一、学习投入研究整合模型

国内外学术界关于学习投入的研究大致包括三类视角，即聚焦于有效教育实践的教育-行动视角，将投入视为个体内在心理过程的个体-心理视角，强调社会文化重要影响的社会-文化视角。

教育-行动视角下的学习投入强调的是学生的行为和教学实践。NSSE 中的学习投入测量有 5 个维度：学术挑战性、主动学习、师生互动、校园经验的丰富程度和支持性的学习环境。以 NSSE 调查为基础，后期发展起来的学习投入概念的内涵不断丰富，高校在多大程度上促进学生更好地参与到学习活动中也被纳入学习投入的概念框架。有学者甚至认为，为了更好地理解学习投入的概念，回顾 NSSE 的标准非常重要。[①]因此，在 NSSE 的开发者看来，学习投入是指学生投入到有效学习活动中的时间与精力以及学校为了促进学生学习投入所做的努力。

学习投入的个体-心理视角是高等教育研究领域较为特殊的视角，该视角下的研究将投入视为有不同变化强度的内部心理过程。与教育-行动视角相比，这一视角最突出的优点是将投入与前因变量相区别，认为投入的维度包括行为的、认知的、情绪的和意志的。个体-心理视角的投入研究比较有代表性的人物是舒茨（Schuetz）。他在研究中使用了萨洛曼（Saloman）和格劳伯森（Globerson）于 1987 年提出的"学习投入"的概念，并对社区大学学生的学习投入进行了研究。他们将学习投入操作化为对新信息的兴趣、专注程度、认知努力和深度学习状态。[②]早期斯克弗利（Schaufeli）等在工作投入问卷的基础上修订和编制的大学生学习投入量表（Utrecht Work Engagement Scale-Student，UWES-S），也是从个体-心理视角测量学习投入的代表性工具。UWES-S 将学习投入分为活力、奉献和专注，并以此来对应行为投入、情绪投入和认知投入。

社会-文化视角下的学习投入研究聚焦于更广阔的社会情境对学习投入的影响，尤其是关注对学习疏离（即对自身以外的事物因主观不悦而导致的区隔）的解释与探究。2001 年，曼恩（Mann）在一项研究中发现，情境因素如规训力量、学

---

① Kezar A J, Kinzie J J L. Examining the ways institutions create student engagement: The role of mission[J]. Journal of College Student Development, 2006, 47: 149-172.

② Schuetz P. A theory-driven model of community college student engagement[J]. Community College Journal of Research and Practice, 2008, 32(4-6):305-324; Salomon G, Globerson T. Skill may not be enough: The role of mindfulness in learning and transfer[J]. International Journal of Educational Research, 1987, 11(6): 623-637.

术文化等导致了学生在高等教育中的"退场"。[①]托马斯（Thomas）认为，由体制惯习引起的教育机构固有的社会和文化偏见更有利于增加优势群体的学习获得，并导致低收入低学历家庭、少数族裔家庭等非优势群体的学业坚持率较低。[②]对某些学生而言，由于其自身的经验与大学文化存在一定的差异，他们的大学经历甚至被描绘成文化冲突[③]、学习冲击[④]，自己如同学习场域的"局促者"[⑤]，似乎有一种指向学生学习投入差异的强大的文化阻隔力量。因此，社会-文化视角对于研究非优势群体的学习投入有重要的借鉴价值。

总体而言，以上三种视角在当前学生学习投入研究中占据主流，各有优点和偏重，且互为补充。教育-行动视角强调教学实践与学生行为的关系，是其他视角无法相比的。但其主要测量工具 NSSE 问卷是作为院校质量提升和比较的工具而发展起来的，所以教育-行为视角下的学习投入概念测量存在一定的局限性和模糊性，这在一定程度上影响了其作为学习投入工具的有效性。个体-心理视角的研究聚焦于个体的心理状态，常常会忽视环境的重要性。从本质上来看，投入是情境性的，它产生于环境和个人的相互作用中。无论是微观的家庭文化、学校文化还是宏观的社会文化，都渗透于个体行为和心理的方方面面，也包括学生的学习投入。社会-文化视角与教育-行动视角的不足较为类似，关键问题是没有对投入状态、前因变量和结果变量三者之间进行区分。正如布莱森（Bryson）等认为的，投入既是过程也是结果，前者指学校需要做什么，被标签为"吸引学生"（engaging student），后者为学生应该做什么，被标签为"学生投入"（student engaging）。[⑥]因此，为了更好地理解学习投入这一概念，将前因变量从投入状态中区分出来实为必要。

---

① Mann S J. Alternative perspectives on the student experience: Alienation and engagement[J]. Studies in Higher Education, 2001, 26(1): 7-19.

② Thomas L. Student retention in higher education: The role of institutional habitus[J]. Journal of Education Policy, 2002, 17(4): 423-442.

③ Christie H , Tett L, Cree V E, et al. "A real rollercoaster of confidence and emotions":Learning to be a university student[J]. Studies in Higher Education, 2008, 33(5): 567-581.

④ Griffiths D S, Winstanley D, Gabriel Y. Learning shock: The trauma of return to formal learning[J]. Management Learning, 2005, 36(3): 275-297.

⑤ Thomas L. Student retention in higher education: The role of institutional habitus[J]. Journal of Education Policy, 2002, 17(4): 423-442.

⑥ Bryson C, Hardy C, Hand L. An in-depth investigation of students' engagement throughout their first year in university[R]. Paper presented at UK National Transition Conference:Research and Good Practice in Promoting Student Engagement in the First Year. London, 2009: 22-24.

　　针对上述三类视角存在的不足，美国学者卡胡（Kahu）提出了一个研究学习投入的理论模型（图 1-4）。这一理论模型包括六个要素：社会文化影响、结构性影响、心理社会影响、学习投入、近期影响以及远期影响。[①]具体来讲，这个模型以心理视角的学习投入为概念构建的基础，将学习投入状态分为三个维度，即行为、认知和情感，将结构性影响、心理社会影响作为投入的前因变量，同时区分了学习投入产生的近期影响和远期影响。正如巴克赛特（Baxter）等所言："（学生带入学校的个人特征）……中介了他们在学校中的教育活动选择以及他们如何参与到这些教育活动中……学生参与这些活动的经验又中介了他们如何理解经验并形成自己对知识、自我和社会关系的认识……学生对经验的认识决定了其价值观及自我的发展，而这是通过互通的方式形成学习成果的基础。"[②]艾拉在整个模型中提到了更广阔的社会文化的影响，认为这是相当重要的。宏观影响并非简单地被理解为整个理论链的起始，而是学生学习投入全过程都嵌入与社会、政治和文化的广泛交流和对话之中。同时，艾拉也指出，这一框架并非为了描绘所有的影响因素和彼此之间的关联，而是为了清晰地呈现学习投入这一中心变量及其与前因变量和后果变量之间的关系，以更好地审视大学生的学习投入和更有效地指导未来的研究。

　　图 1-4 的理论模型批判性地吸收和整合了教育-行为视角、个体-心理视角和社会-文化视角的研究，以学习投入为核心要素，较为清晰地呈现了学习投入的本质状态及动态模式，是学习投入研究相对宏观的图例表达和逻辑解释。作为一个基础性的理论框架，该模型呈现的并非完备且确凿的研究结论，而是提供了一个研究框架。其中一些因素之间的理论关系在部分经验研究中已经得以验证，所以对其整体因果链进行研究实非必要。结合研究目的，选择其中研究得尚不深透的领域进行精细的探索，是本书研究的切入点。因此，这一理论模型是本书研究立意与构思的重要基础之一。本书研究从学生家庭背景与学习投入的关系入手，以此框架为借鉴，进一步梳理已有研究并整合相关理论，采用混合研究方法对模型中的相关变量进行分析与检视，以此对该模型进行局部的细化和深描，并生成新的理解与认识。

---

① Kahu E R. Framing student engagement in higher education[J]. Studies in Higher Education, 2013, 38(5): 758-773.

② Baxter M M B, King P M. Interview strategies for assessing self-authorship:Constructing conversations to assess meaning making[J]. Journal of College Student Development, 2007, 48(5): 491-508.

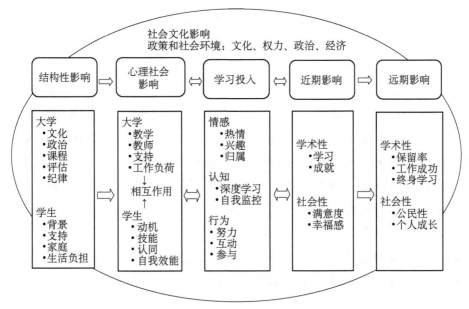

图 1-4 学习投入及前因和结果变量的概念框架

资料来源：Ella R K. Framing student engagement in higher education[J]. Studies in Higher Education, 2013, 38(5):758-773

二、学习投入研究的解释理论

（一）高等教育水平分层理论

继布劳（Blau）和邓肯（Duncan）的经典研究之后，高等教育一直被认为是提高个体社会地位的可行方式。许多关于高等教育与社会流动的研究认为，取得大学学位的学生更倾向于获得更稳定的经济回报和更高的职业地位，大学教育可以帮助不利家庭背景的学生超越其父母的社会地位。[1]精英大学光环[2]和高学历标签[3]是大学教育影响个体社会地位的重要因素，彰显了精英大学教育促进较低社会阶

① Blau P M, Duncan. O D. The American Occupational Structure[M]. New York:John Wiley & Sons Inc,1967:6; Smart J C, Pascarella E T. Socioeconomic achievements of former college students[J]. The Journal of Higher Education, 1986, 57(5): 529-549; Wolniak G C, Seifert T A, Reed E J, et al. College majors and social mobility[J]. Research in Social Stratification and Mobility, 2008, 26(2): 123-139.

② Davies S, Guppy N. Fields of study, college selectivity, and student inequalities in higher education[J]. Social Forces, 1997, 75(4): 1417-1438.

③ Goyette K A, Mullen A L. Who studies the arts and sciences? Social background and the choice and consequences of undergraduate field of study[J]. The Journal of Higher Education, 2006, 77(3): 497-538.

层的群体向上流动的功能。虽然一些研究对教育的社会和经济回报进行了论证，特别是对那些来自劣势家庭背景的群体而言，在高等教育中的获利更为显著，但是更多的研究指出，从数量上看，即便有同样的学术准备，某些低社会阶层的个体进入大学的可能性依然较小。经济、社会和文化资源的缺乏，限制了一些弱势学生的学术性追求，较早地进入职场，可能影响了其未来的职业发展路径。从这个层面上讲，事实上高等教育可能更多地强化了社会分层系统而不是对社会分层的消解。随着高等教育的扩招，高等教育的这种分层功能出现了一些变化。

高等教育的分层功能是指基于高等教育的因素产生或延续的社会分层。卢卡斯（Lucas）[1]和拉夫特里（Raftery）等[2]认为，在高校扩招前，来自优势背景的学生仅仅通过获得大学文凭来保持与弱势阶层之间的"区隔"。在高等教育的精英化阶段，文凭便是硬通货。优势阶层的学生通过文凭换取高回报率的工作，进而延续其优势阶层地位，这使得在精英教育阶段，接受高等教育便可以维持既有的社会分层。

高等教育扩招的大背景逐渐地改变了这一分层机制。越来越多的学生进入高等教育场域，文凭的含金量不断下降。卢卡斯进一步认为，高等教育语境中的分层呈现出两种形式——垂直分层和水平分层。高等教育垂直分层的相关研究聚焦于经历了大学教育和未经历大学教育的两类群体之间的阶层差异，证实了社会等级差异可以通过个体所获得的学历差异而持续。高等教育水平分层的研究则聚焦于同样经历了大学教育的群体内部，考察个体如何在接受了同一层次的教育影响后依然延续着社会分层。可以说，高等教育水平分层的学术话语是伴随高等教育扩招出现的。在高等教育水平分层的研究中，学校类别、所在地域、学科专业、收费/免费、教育经历等常被作为研究的指标。比如，戈伯（Gerber）等在研究中回顾了高等教育水平分层的形式，分析了学校质量和学校类型等院校特征以及专业领域、学术经历和成长路径等院校经历与劳动力市场收入的关系。[3]一项关于中国社会的研究则通过了解高校专业、学校所在地以及大学排名对毕业生薪资收入和获得管

① Lucas S R. Effectively maintained inequality:Education transitions, track mobility, and social mobility, and social background effects[J]. American Journal of Sociology, 2001, 10(6): 1642-1690.

② Raftery A E, Hout M. Maximally maintained inequality:Expansion, reform, and opportunity in Irish education 1921-1975[J]. Sociology of Education, 1993, 66(1): 41-62.

③ Gerber T P, Cheung S Y. Horizontal stratification in postsecondary education: Forms, explanations, and implications[J]. Annual Review of Sociology, 2008, 34(8): 299-318.

理职位可能性的影响，来考察当代中国高等教育水平分层的模式。①可见，随着高等教育的扩招和新教育社会学对教育过程内部一些问题的关注，高等教育水平分层的研究受到更多的重视，它为阶层差异在高等教育过程中的延续提供了解释渠道。这使得在国家努力提高高等教育入学率后，社会阶层不同导致子代的教育获得和成就的差异持续存在的原因得到了更多研究者的关注。

　　在试图解释为什么不同家庭背景学生在高校持续扩招后依然保持着社会分层状态的诸多理论中，"最大化维持不平等"（maximally maintained inequality，MMI）和"有效维持不平等"（effectively maintained inequality，EMI）是最具代表性的两个理论。拉夫特里等在1993年对爱尔兰公立教育的研究中首次提出了MMI理论。该理论认为，当优势阶层在某一水平的教育中达到饱和后（比如，超过80%的优势阶层子女都能获得高等教育后），教育扩张产生的新的教育机会才能向弱势阶层扩散，从而促使高等教育入学机会不平等现象的减少。②这一研究也得到了布劳斯费德（Blossfeld）等的研究的支持。③为了更好地理解美国高等教育中阶层背景对学生学业坚持和学业成果的影响机制，卢卡斯对MMI理论假设进行了修正，提出了EMI理论。该理论认为即使优势阶层在接受高等教育的数量上达到了饱和，但不平等还将在高等教育中以其他形式存在。因为优势阶层需要确保他们自己和子代的既有优势在某种程度上持续。作为对高校扩招的应对，当扩招在优势群体中达到饱和后，他们将同时追寻质和量上的持续优势。具体到高等教育内部过程，柯林斯（Collins）认为，随着教育获得在中产和上层阶级中的扩张，大学文凭的价值在市场中似乎开始下降。这种转变促使优势阶层开始寻找新的途径，特别是从学校内部来确保他们在社会中的地位。④

　　因此，在对大学教育内部不平等进行探究的过程中，强调课程知识社会学和微观教育社会学研究的新教育社会学进入了传统教育社会学的理论框架。新

　　① Hu A N, Vargas N. Economic consequences of horizontal stratification in postsecondary education:Evidence from urban China[J]. Higher Education, 2015, 70(2): 337-358.

　　② Raftery A E, Hout M. Maximally maintained inequality:Expansion, reform, and opportunity in Irish education 1921-1975[J]. Sociology of Education, 1993, 66(1): 41-62.

　　③ Blossfeld H P, Shavit Y. Persisting barriers: Changes in educational opportunities in thirteen countries //Y. Shavit, H. P. Blossfeld(Eds.), Persisting Inequality: Changing Educational Attainment in Thirteen Countries[M]. Boulder: Westview, 1993: 1-23.

　　④ Collins R. Credential inflation and the future of universities//S. Brint (Ed.), The Future of the City of Intellect: The Changing American University[A]. Stanford:Stanford University Press, 2002: 23-46.

教育社会学从微观研究入手，认为关于劳动阶层子女学业失败的主要原因，应当从学校教育的实际内容与实际过程等方面去探求。[①]戈伯等通过考察高校学生的专业领域、教育花费、学习强度和学习时间四个指标，发现在高等教育内部依然保持水平分层状态。正如他们所认为的，优势家庭学生不仅在纵向教育层面获利良多，在水平层面还被引导着通过其他方式来确保自己的优势，即在达到同样层次的教育水平后，着力于寻求其他对未来发展更认可的证明。[②]因此，来自社会经济背景较好家庭的学生可能更容易掌控大学就读过程中的各种复杂状况。

延续水平分层相关理论的研究理路，笔者认为家庭背景这一结构性因素对个体的影响并未在达到同一层次教育水平后消失，它在高等教育内部依然产生着不同的影响效应，其作用渠道便是学生在大学场域中的学习投入，只不过是在经受了教育的层层筛选后，这种影响变得更加隐蔽和复杂。

（二）资本与惯习理论

在经济学意义上，资本指的是用于生产的基本要素，如资金、厂房、设备、材料等物质资源。按照马克思主义政治经济学的观点，资本是一种可以带来剩余价值的价值。以布迪厄为代表的一些社会学家则借鉴了马克思的观点，将"资本"的概念引入社会学研究，将其扩展至经济领域以外的更广阔范畴。本书研究中的"资本"概念沿用了法国著名社会学家布迪厄的界定。

在布迪厄看来，资本是积累的劳动（以物化的形式或"具体化""肉身化"的形式），当这种劳动在私人性，即排他的基础上被行动者或行动者小团体占有时，这种劳动就使得他们能够以具体化或活的劳动形式占有社会资源。[③]具体来说，资本表现为三种基本形态：①经济资本，这种资本可以立即并且直接转换成金钱，它是以财产权的形式被制度化的；②文化资本，这种资本在某些条件下能转化成经济资本，它是以教育资格的形式被制度化的；③社会资本，它是以社会义务（"联系"）

① 华桦. 教育公平新解——社会转型时期的教育公平理论和实践探究[M]. 上海：上海社会科学院出版社，2010：104.

② Gerber T P, Schaefer D R. Horizontal stratification of higher education in Russia:Trends, gender differences, and labor market outcomes[J]. Sociology of Education, 2004, 77(3): 32-59.

③ 皮埃尔·布迪厄. 文化资本与社会炼金术——布尔迪厄访谈录[M]. 包亚明，译. 上海：上海人民出版社，1997：189.

组成的，这种资本在一定条件下也可以转换成经济资本，是以某种高贵的头衔的形式被制度化的。①由此，用来定义"资本"的东西也被视为场域中"活跃的力量"。由于资本在场域中不是平均分配的，是历史的积累，这决定了行动者起点和竞争的不平等。

　　惯习（habitus）或曰习性，是布迪厄社会学经典理论中的另外一个重要概念。他认为惯习是一种思维模式或行为的认识能力，是持续的、可转换的倾向系统，倾向于使被结构的结构（structured structure）发挥具有结构能力的结构（structuring structure）的功能，也就是说，发挥组织实践与表述原理的作用，这些实践与表述在客观上能够与其结果相适应，但同时又不以有意识的目标谋划为前提，也不以掌握达到这些目标所必需的操作手段为前提。②这体现了惯习的两个特征：其一，它是一个持久的、可转化的禀性系统；其二，它在潜意识层面发挥作用。柯尔库夫（Corcuff）对此进行了具体解释，认为禀性是以某种方式进行感知、感觉、行动和思考的倾向，这种倾向是每个人由于其生存的客观条件和社会经历而通常以无意识的方式内在化并纳入自身的。它之所以是持久的，是因为即使这些禀性在我们的经历中可以改变，它们仍深深地扎根在我们身上，并倾向于抗拒变化，这样就在人的生命中显示出某种连续性。它之所以是可转化的，是因为在某种经历（如家庭）中获得的禀性在其他领域（如职业）也会产生效果，这是人作为统一体的决定因素。它之所以是系统的，是因为这些禀性倾向于在它们之间形成一致性。③因此，惯习是由知觉、评价和行动的分类图式构成的系统，具有一定的稳定性，又可以置换，它来自社会制度，又寄居在身体之中（或者说生物性的个体里）。④

　　关于"场域"（field）这一概念，布迪厄这样说："一个场域可以被定义为在各种位置之间存在的客观关系的一个网络（network），或一个构型（configuration）……这些位置得到了客观的界定，其根据是这些位置在不同类型的权力（或资本）……的分配结构中实际的和潜在的处境（situs），以及它们与其他位置之间的客观关

———————————

　　① 皮埃尔·布迪厄. 文化资本与社会炼金术——布尔迪厄访谈录[M]. 包亚明，译. 上海：上海人民出版社，1997：192.

　　② 戴维·斯沃茨. 文化与权力——布尔迪厄的社会学[M]. 陶东风，译. 上海：上海译文出版社，2006：116-117.

　　③ 菲利普·柯尔库夫. 新社会学[M]. 钱翰，译. 北京：社会科学文献出版社，2000：36.

　　④ 皮埃尔·布迪厄，华康德. 实践与反思——反思社会学导引[M]. 李猛，李康，译. 北京：中央编译出版社，2004：171.

系。"①布迪厄提出的"场域"概念，不能理解为被一定边界物包围的领地，也不等同于一般的领域，而是在其中有力量的、有生气的、有潜力的存在。场域可被视为不定项选择的空间，它为其中的社会成员标出了待选项目，但没有给定最终选项，个人可以进行竞争策略的多种搭配选择，不同人的竞争结果会有所不同。在这些结果中，一方面，可以体现出选择者的意志，即个体的创造性；另一方面，可以体现出选题的框架要求和限制。②

布迪厄在他的惯习与场域理论中反对将方法论的个体主义与整体主义分裂开来，因而他最关注惯习与场域之间的关系以及资本在其中的运作。在布迪厄看来，场域内存在力量的竞争，而决定竞争的逻辑就是资本的逻辑。实践是社会研究的主要对象，是场域与惯习之间辩证关系的产物。一方面，人们在惯习的指引下，运用各种可得资本，通过实践不断建构有意义、有价值、值得投资的场域，同时也不断地创造和再生产出习性；另一方面，习性又受到场域和结构的制约，是后者在个体主观世界中的内化，场域及结构通过塑造习性而制约着实践。因此，实践既是能动的，又是受动的。

在教育场域，布迪厄谈到，来自相似社会养育环境的学生对教育拥有共同的价值观和倾向，因此，对于选择大学的类型、专业和最终获得的教育程度有相似的倾向性。他进一步假设这一社会现象可以被理解为惯习，惯习通过个体生长的家庭、社会群体的无意识的价值观和态度强化而发展。③这一理论在其他的研究中也得到了验证，如布东（Boudon）提出了影响教育的首属效应（primary effect）和次要效应（second effect）。首属效应是一种总体性的、社会阶层间的文化不平等，而次要效应是指家庭影响下的学生个体偏好和激励方式的差异，后者也直接导致将阶层限制和阶层成员的抱负水平等认知因素纳入了教育选择和行为模式中。④

在布迪厄对教育现象阐释的基础上，本书研究沿用其理论本义，将惯习的内涵进一步扩展，认为在家庭文化资本、经济资本、社会资本影响下的学生自我效能感等个体认知变量在其未来的教育经历中扮演着重要角色。也就是说，自我效能感等

---

① 皮埃尔·布迪厄，华康德. 实践与反思——反思社会学导引[M]. 李猛，李康，译. 北京：中央编译出版社，2004：133-134.

② 李全生. 布迪厄场域理论简析[J]. 烟台大学学报（哲学社会科学版），2002(2)：146-150.

③ Bourdieu P. Outline of a Theory of Practice[M]. London:Cambridge University Press, 1977: 23.

④ Boudon R. Education, Opportunity, and Social Inequality:Changing Prospects in Western Society[M]. New York: Wiley, 1974: 29-30.

一些个体认知变量是布迪厄描述的惯习的另一样例。被视为规则和资源的家庭资本可以以一种跨越时空的原则性特征体现在人们的例行化行动之中，它对人们的行为既有限制作用，也有使动作用。①那些在大学生涯早期所做的重要决定，对于维持个体在毕业后的社会分层具有持续的效应。通过布迪厄的理论来探讨大学生的学习投入，可能是呈现处于不同结构地位的大学生并未意识到的社会分层的另一种方式。

　　布迪厄的理论体系属于结构主义的延续和发展，其价值倾向是对社会现象的批判。从某种程度上讲，功能主义是用以解释社会系统运行的"合理性"，带有"维稳"的价值色彩。从这一层面来讲，二者背道而驰。但从理论内涵来讲，二者在一些最重要的特征上是相容的。比如，都假定社会科学家的任务是弄清有目的行动的意识层面背后较深层的实在。对结构主义来说，隐蔽的领域是指未被注意的结构，而功能主义者寻找的则是潜在的功能。②所以，尽管结构主义和功能主义具有不同的系谱而且相互区别，但是它们有时确实联合在一起。③结构功能主义便是整合结构主义和功能主义的代表性理论。结构功能主义同时具有结构主义和功能主义的不足，即极度轻视行动的作用，并认为超越个人的较广泛的社会力量更重要，从而忽略了冲突与非均衡。因此，结构功能主义的发展在20世纪后期的西方社会受到了很大的阻碍。对于这一点，其继承者新功能主义理论进行了新的解释。

（三）新功能主义理论

　　作为一种社会学的理论范式，功能主义是西方社会学理论体系中相对而言最为久远的理论传统。它始于孔德（Comte）、斯宾塞（Spencer）的著作，最终由帕森斯等集其大成发展成一个宏伟的"巨型理论体系"——结构功能主义，并在20世纪四五十年代成为西方社会学理论的主导范式。但是，20世纪60年代以后，结构功能主义理论日渐受到激烈的批评，并迅速导致其主宰地位的衰退，取而代之的是如冲突理论、交换理论、符号互动论等新的社会学范式，致使在20世纪60—80年代的美国社会学界形成了以上诸多理论各自为营、多元并存的局面。虽然这种局面在一定程度上促进了学术繁荣，但也阻滞了不同理论学派的沟通和发展。为了突破这种局限，20世纪80年代中期以后，社会学理论出现了整合发展的趋势，新功

---

① 安东尼·吉登斯. 社会的构成——结构化理论纲要[M]. 李康，李猛，译. 北京：中国人民大学出版社，2016：56.

② 帕特里克·贝尔特. 二十世纪的社会理论[M]. 瞿铁鹏，译. 上海：上海译文出版社，2005：35.

③ 帕特里克·贝尔特. 二十世纪的社会理论[M]. 瞿铁鹏，译. 上海：上海译文出版社，2005：35.

能主义正是在这一阶段出现的。

　　新功能主义与传统的功能主义既有区别又有联系。作为一种新的"功能主义"，它与传统功能主义尤其是帕森斯的结构功能主义有着明确的继承关系。按照其提倡者亚历山大的说法，他们之所以采用了"新功能主义"这一提法，是为了表明帕森斯的分析模式为（社会学理论的）一种新综合提供了唯一可行的基础。①所以，新功能主义对功能主义的继承和批判是共同存在的，而其批判的思想主要来源于20世纪60—80年代产生的新的理论。正是因为在旧有功能主义的框架中听取了各种批判声音，新功能主义同结构功能主义一样，是一个庞杂的理论体系，囊括了倾向于共享一些主要原则的众多不同的作者与学派。对此笔者仅选择与本书中的"结构""行动"的机制相关的理论阐释进行说明。但是，在了解新功能主义相关理论之前，有必要对结构功能主义中的结构与行动的联系做一简单的论述。

1. 结构与行动的二元对立和二重性

　　追溯社会学的发展历程，源于哲学"二元图式"的二分法催生了社会学中"行动""结构"的对立。古典社会学蕴含的深厚的"主体与客体""个人与社会"的哲学思想进一步衍化出"个体性与客体性""个体行动与社会结构""微观与宏观"的研究预设。在古典社会学理论时期，以涂尔干（Durkheim）思想为核心的基于集体主义"社会事实"的理论体系与以韦伯思想为核心的基于个体主义"社会行动"的理论体系构筑了社会学二元"分野"的局面，成为宏观结构主义的经典参照。但这种对立仅是激进的微观或宏观社会学家对古典社会学家的解读，无论是涂尔干的理论还是韦伯的理论并非不具有理论的"二重性"以及理论本身所反映出的"二元悖论"，否则便会陷入"宏观-微观"的解释性矛盾。

　　当代社会学的发展建立在对古典社会学批判与继承的基础之上，其理论建构的过程存在于对"结构与行动""宏观与微观"的交织和融通的过程中。齐美尔（Simmel）首次明确了这种模糊理论的二重性，认为要想对社会现象有更深入的理解，就必须理解产生这些现象的基本互动过程。因此，他在关注宏观结构和过程的同时，也关注个体互动，认为正是人与人之间的互动才构成了现实的社会，在社会互动和社会结构、社会组织和社会秩序之间存在某种关联。②帕森斯选取"单位行

---

① 杨善华，谢立中. 西方社会学理论（下卷）[M]. 北京：北京大学出版社，2006：30.
② 王晴锋. 齐美尔与戈夫曼：形式社会学的探索[J]. 南京社会科学，2018(4)：72-79.

动"作为问题的核心，即在一个假定的情境中（包括某种努力、目标、条件、工具和规范）假定行动者。根据这一模式，每个人都具有能动性和自由意志，但个人不可能自发地实现他们的目标，因为行动发生在外在于行动者的社会现实即"情境"之中，情境是限制个人能动性的物质因素。[1]帕森斯从文化（模式化）、人格（心理需求）和社会系统（对互动与制度的迫切要求）出发解释了行动者行动的意义，为主体性与客体性、自我与社会、文化与需求之间的相互贯通提供了渠道。但它并没有对实践和空间中具体、生动和鲜活的行动都做出说明，因此并不能在宏观和微观之间建立完全令人满意的关联。

在对结构与行动的二元融通中，吉登斯重新解释了"结构"这一概念，认为结构并不等同于功能，结构不仅像一栋建筑的支架或有机体的骨架一样支撑着制度体系及社会行动，还包含着许多社会背景中可观测的式样或关系模型。[2]他进而认为，若能将能动性置于一种持续状态之中进行解释，将会有助于把对行动的思考与客观论者认为重要的结构、制度等概念结合起来。吉登斯在他的"结构化"理论中提出，看似对立的理论实际上掩盖了彼此相互依赖的关系。他用"结构-行动"的"二重性"互补视角来代替二元对立视角，强调个体的行动和社会结构是相互包含的，并不是彼此独立的既定现象系列。社会结构既是社会实践建构的结果，又是社会实践得以进行的条件与中介，这要求人们从社会实践的不断展开和持续过程中动态地理解结构。他进一步指出，社会系统的所有结构性特征，都兼具制约性与使动性。[3]也就是说，结构在构成行动媒介的同时，也对行动产生了制约。结构与行动是相互联系、彼此依赖而共存的。这就是一种同一现实中的二重性体现。

2. 新功能主义对结构与行动的联结机制的解释

对于结构与行动的联结机制，新功能主义的代表人物亚历山大充分汲取了理性选择理论的精华，并将其整合到结构功能主义的框架中，形成了对旧有理论的批判性继承。因此，在阐述新功能主义如何解释结构与行动的联结机制之前，有必要

---

[1]　杰弗里·亚历山大. 社会学二十讲——二战以来的理论发展[M]. 贾春增，等，译. 北京：华夏出版社，2000：19.

[2]　安东尼·吉登斯. 社会理论与现代社会学[M]. 文军，赵勇，译. 北京：社会科学文献出版社，2003：55-75.

[3]　安东尼·吉登斯. 社会的构成——结构化理论大纲[M]. 李康，李猛，译. 北京：生活·读书·新知三联书店，2016：281.

对理性选择理论进行简单描述。

（1）理性选择理论

科尔曼（Coleman）运用个体主义的方法论建立了一个将宏观结构与微观行动联结起来的新框架。他称自己的理论是"方法论的个体主义"，但同时接受了整体的观点，即社会系统的内在因素并不都是个体行动。科尔曼认为，行动者拥有资源并拥有基于他人资源的利益，因此互动与最终的社会组织总是围绕着拥有资源与寻求资源的人之间的交易展开。他视资源为行动的权利，这些权利可以相互交换。规范也是如此，即由他人操纵赏罚。因此，从根本上讲，社会结构和文化规范是建立在个体特性基础上的，这些个体为获得所期望的利益而将资源控制权放弃。①科尔曼采用个人的理性选择视角来分析问题，认为规范是人们创造出来的，而不是既定的。创造并维持规范的行动者认为，行动者遵守规范就会获益，否则就会受到伤害。也就是说，人们发现了规范中蕴含着利益，情愿放弃对某些自我行动的控制以换取对他人某些行动的控制，从而实现自我效用的最大化。因此，规范蕴含的利益为规范提供了基础，使行动者产生了对规范的需求。②总之，科尔曼以人的理性选择为基点，解释了宏观结构与个体行动之间得以相互转换的原因，从微观经验层次上将二者结合起来。

相对风险规避（relative risk aversion）理论是理性选择理论的另一样式，用于解释不同阶层群体的教育选择。与认为来自优势阶层家庭的孩子比劣势阶层家庭孩子更看重教育的论断不同，一些理论家所持的论断之一是向上流动并非教育决策更有效的激励因素，优势社会阶层的家庭教育选择是受到了另一个动机的驱使，即降低代际向下流动的风险。③布东指出，社会出身对教育获得产生的效应是双重的，首属效应与发展能力有关的家庭资源相关，因此对教育获得有很大的影响。次要效应则是当学术能力相同时，人们对教育投资和收益的分析会因为阶层的不同而不同，从而导致教育收获的差异。④布林（Breen）等对这些理念进行统合，形成了相对风险规

① 转引自：乔纳森·H.特纳.社会学理论的结构[M].7版.邱泽奇，张茂元，等，译.北京：华夏出版社，2006：316.
② 转引自：李志君，刘欣.八十年代以来西方社会学理论发展的基本线索[J].华中理工大学学报（社会科学版），1999(2)：32-35.
③ Stocké V. Explaining educational decision and effects of families' social class position: An empirical test of the Breen-Goldthorpe model of educational attainment[J]. European Sociological Review, 2007, 23(4): 505-519.
④ Boudon R. Education,Opportunity, and Social Inequality: Changing Prospects in Western Society[M]. New York: Wiley, 1974: 550.

避理论。①

在这一理论中，布林等以"无论阶层出身如何，所有家庭都在尽他们所能寻求确保孩子获得至少和他们一样有利的社会地位"这一假设为出发点，认为学生选择教育策略时会以确保自身获得最大发展机会为准则。他们认为所有阶层的家长在"避免孩子失败"上的想法都是相同的，但是如何定义"失败"则与他们的阶层身份有关。其他一些研究也支持了相对风险规避理论。汉森（Hansen）揭示了位于优势社会阶层学生的教育获得不同。父母具有高级专业技术职称或从事教师、工程师等职业的学生比父母为具有更强经济能力的管理者或管理人员的学生更容易获得研究生学位。他认为，虽然教师、工程师和其他高级专业人员的收入不及管理者，但他们与教育系统具有更紧密的联系②，即拥有更多的文化资本。汉森进一步指出，这一结果可能表明不同社会阶层有不同的教育动机。虽然汉森在其研究中并未控制学术能力，但其发现了动机在重要教育决定中的作用。这一研究使我们对在同一学校中因个人选择不同而产生的不同教育结果有了更深入的理解。

（2）新功能主义的解释

新功能主义的代表人物亚历山大认为，在社会科学认识论之争中，始终存在两个症结：其一，对人类行为的观察是以主观的方式还是以客观的方式进行，意识、意向性等能否说明人类行为的真实性；其二，关于自由意志与决定论的问题，行动是自愿的还是受外在约束的。③尽管这两个症结无法完全澄清，但是亚历山大认为可以对此进行调制，即在个体和集体两个分析层面运用这两个预设性立场。他认为个体层面必须预设行动，特别是应预设行动者的手段与目的之间的关系；集体层面必须预设秩序，即行动者相互关联的方式。他由此认为人类行动包括两个运动维度：解释和谋划。亚历山大进一步强调解释和谋划是任何行动过程在任何时间点上都包含的两个不可分割的方面，在理论上可以作为两个分析的要素区分开来，绝不是两类不同的行动或同一行动过程的两个不同阶段。④

① Breen R, Goldthorpe J H. Explaining educational differentials:Towards a formal rational action theory[J]. Rationality and Society, 1997, 9(3): 275-305.

② Hansen M N. Social and economic inequality in the educational career:Do the effects of the social background characteristics decline?[J]. European Sociological Review, 1997, 13(3): 305-321.

③ 转引自：马尔科姆·沃特斯. 现代社会学理论[M]. 杨善华，李康，汪洪波，等，译. 北京：华夏出版社，2000：164.

④ 转引自：杨善华，谢立中. 西方社会学理论（下卷）[M]. 北京：北京大学出版社，2006：36.

解释体现了行动的认知过程，包括两个亚过程：类型化和发明。类型化是人们在日常生活中解释事物的基本方式，作为认知的一种基本方式，人们在理解自身行动和他人行动时将新的情境纳入已有的认知图式并进行自动分类，通过已有的与之相匹配的经验来解释新的事物。类型化过程的前提是与过去的经验相联系，但类型化并不是人类理解现实的唯一模式。当遇到一些个体经验图式无法进行分类的新现象时，就会创造一些新的范畴来理解它们，这个过程就是"发明"。个体便是通过类型化和发明来完成对外部事物的认知与理解的。

谋划体现了行动的改造过程，是按照成本最小化和利益最大化的原则来操作的。行动不仅仅是指理解世界，它也会作用于和改变这个世界。行动者寻求通过马克思所说的实践来贯彻自己的意图，由此他们必须协同他人或其他事物一起行动，或者通过行动来抵制他人或其他事物。这种实践行动只能发生在确定的理解范围之内，但在对事物清楚理解的基础上，引入了策略性的考虑：使成本最小化和使报酬最大化。[①]人的时间和能量都是有限的，因此要实现利益最大化，需要采用最小投入原则来配置资源，但是这种计算只可能建立在个体对事物的理解范围之内。

正如亚历山大认为的，行动中的这两个方面既相互交错，又相互影响。"谋划"须以"解释"为基础，因为它必须发生在可资利用的知识中。反过来，谋划也影响了人们对世界的解释和理解。"我们并不试图去'理解'进入我们意识中的每一种现象。我们对时间、能量、可能获得的知识、目标实现难易程度的考虑，显然会影响我们的认知过程。我们多半会选择在未来偶然环境中估计最可能、最容易达成的目标来作为我们的优先认知对象。"[②]尽管强调行动的理性本质，但作为一个功能主义者，亚历山大多次重申了结构对行动具有制约性的思想。也就是说，在行动者与社会环境的相互作用中，他更强调社会环境对行动的约束作用，认为这种约束是微观的个体行动秩序形成的基础，宏观社会环境正是通过其对个体行动施加的一定约束，确保了整个宏观社会过程的有序运行。[③]总之，既强调结构之于行动的约束，又强调行动的偶然性和创造性对结构的变革，这就是亚历山大为功能主义提供的一种新的"行动"模式。

① Alexander J. Action and Its Environments[M]. New York:Columbia University Press, 1988: 314.

② 转引自：杨善华，谢立中. 西方社会学理论（下卷）[M]. 北京：北京大学出版社，2006：37.

③ Alexander J. Action and Its Environments[M]. New York: Columbia University Press, 1988: 316-326.

在厘清行动的逻辑之后，亚历山大对帕森斯提出的规范、条件、目的、手段和结果五要素进一步整合，将规范和条件当作宏观社会学要素，将结果和手段当作特定情境下个人行动的产品。每一种目的都被视为个人之前努力的折中、其目标和可能性及其涉及的规范标准；每一种手段都代表个人条件的一个方面，人们按照其目标可能性和内化的需求努力运用这些条件。①通过强调努力的作用，亚历山大完成了微观行动与宏观结构的对话。

家庭背景体现出结构要素的特征，学习投入既是行动也是努力的过程，因此借助新功能主义提出的一种新的"行动"模式对家庭背景与学习投入的关系进行深入解读具有理论的适切性，可以帮助我们了解和分析大学场域中结构与行动的发生机制、互动过程。

笔者通过以上三种理论从不同的方面对本书的核心内容进行了阐释。从严格意义上说，高等教育水平分层理论提供了一个特有背景范畴，以对本书的总体分析做出合理性说明。资本与惯习理论、新功能主义理论则为本书分析高等教育场域中结构与行动的发生过程和机制提供了解释的视角。资本与惯习理论用于解释结构对行动影响下那些不被个体觉察的过程；新功能主义理论则用于解释结构对行动影响下那些规范和资源发生作用的过程以及努力的反向影响过程，它们共同为大学场域中家庭背景对大学生学习投入的影响提供了整合的解释。

---

① 张岩. 行动的逻辑：意义及限度——对帕森斯《社会行动的结构》的评析[J]. 北京邮电大学学报（社会科学版），2006(1)：28-32.

第二章

大学生学习投入问卷编制

笔者借鉴既有的关于学习投入理论与实证研究的问卷，以理论分析和开放式问卷调查为基础，探讨大学生学术性投入和社会性投入的概念结构，并编制可用于测量学习投入的问卷，为后续进一步探讨学习投入的影响因素和过程机制提供有效的测量工具。

第一节　问卷的结构与内容构想

一般而言，编制量表主要采用经验准则法、因素分析法和理论指导法。经验准则法是通过外在准则了解所测特质的基本特征，然后通过这些特征去了解个体在该种特质上的表现。因素分析法是从收集的大量相关测题中抽取共同因素，从而得到该特质的结构和系统分类。理论指导法是从某一理论出发，根据该理论框架来编制测题。前两种方法是从实际中产生理论，第三种方法是用理论指导实际，三种方法都有自身的优点和不足。前两种方法适用于对实际生活中某一概念达到一定的熟悉程度，同时也存在相关或相似的测量题目，而第三种方法则要求对该概念已经进行了一定程度的抽象理论提炼。在有条件的情况下，综合使用三种方法可以更加精准地构建概念维度。

鉴于国内外对大学生学习投入及其相关概念的理论研究和实践操作都已经取得了可资借鉴的成果，可以综合采用以上方法。具体到学习投入问卷题项编制的实施上，主要分为三步：首先，采用理论指导法，确定学习投入测量的基本理论思路和内容框架；其次，采用因素分析法，结合理论构思和已有量表，抽取测题中与理论构想吻合的共同因素，将其整合到新的测量结构中；最后，运用经验准则法，对量表进行分析，弥补问卷编制的不足。

一、现有问卷结构存在的问题

关于大学生学习投入的测量问卷，由于研究者的学科视角和研究目的不同，对其维度结构的假设也各不相同。教育学、心理学等不同学科视角的代表性问卷和量表包括 NSSE、SERU、CSEQ、UWES-S 四种。从严格意义上讲，基于教育视角的 NSSE、SERU 和 CSEQ 都是综合性的调查问卷，着眼于比学习投入的意义更加广泛的学生经验研究，而对学习投入的测量仅是其中较为重要的内容之一。心理学视角的 UWES-S 则以研究学习投入为唯一目的，研究内容更为聚焦，量表结构也较为清晰、简单。四种测量工具最初由美国学者开发，在国外学术界产生了广泛的影响。近年来，它们先后被引入中国，经过国内学者对其进行文化调适和语言修订，形成了中文版测量问卷。

从笔者对文献的搜索结果来看，国内外应用最为广泛的是库恩（Kuhn）等编制的 NSSE 以及在此基础上修订的 NSSE-China 问卷（两个版本的内容基本相同，没有进行特别大的改动，因此笔者将二者视为同一种问卷）。这一量表以进行院校评估为出发点，通过官方组织机构或由有影响力的大学牵头，其他院校配合推进的形式，对全球范围内的院校研究产生了重要的影响。该问卷中的学习投入以学术挑战性、主动学习、师生互动、校园经验的丰富程度、支持性的学习环境为测量维度，在内容方面表现出两个特征：一是可观察的个体学习行为，如主动学习、师生互动、校园经验的丰富程度；二是受测者对学习内容和环境的认知，如学术挑战性和支持性的学习环境。以上五个维度是 NSSE 的开发者试图囊括学校教育发展性评估的基本考虑，但也是其被质疑最多的地方，质疑的焦点是内容效度是否合理。此外，笔者还发现，该问卷跨学科使用的范围也相对有限。在教育领域中，多用于对院校发展的测量评估，这种相对宏观的功能在一定程度上削弱了其对微观现象的检测作用。因此，即便是相关性较高的教育心理学研究，也很难使用这一工具展开有效调查，所以问卷的普适性和推广性存在一些局限。同一学科视角的其他问卷如 SERU 和 CSEQ，前者针对的是研究型大学的学生经验调查，后者关注学生学习投入的具体表现。两者虽然在题项和维度命名上与 NSSE 有所不同，但本质是相同的，因此存在与 NSSE 同样的不足。

正是因为很难直接使用 NSSE 等教育视角的问卷，心理学领域的大学生学习投入研究者便另行开发出了针对性更强的测量工具，如 UWES-S。该量表分别从活力、奉献和专注三个维度描述了学习投入的程度与状态，在国内外教育心理学研究中的应用较为广泛。这一量表并不关注投入的行为表现，更关注行为的品质以及行为背后的心理卷入程度。也就是说，使用这一量表的前提是假定测量个体在某一领域（如学术领域）的行为表现是没有差异的，存在差异的是行为中呈现的心理品质，如此也忽略了大学校园中学生学习表现的多元性。

对于同一概念，之所以出现这样的学科分野，最重要的原因是本应整合的概念在理解上出现了分化。教育学视角的学生学习投入研究者关注学生学习投入的行为表现，而心理学视角的学习投入研究者则聚焦于学生投入的心理状态。事实上，无论是行为表现还是心理状态，都是学习投入的应有之义。目前，这种割裂地进行测量和研究的方式，不利于我们对大学生学习投入进行全面的调查分析。

当然，也有一些学者注意到了这一问题并对此进行了深入的探索。弗雷德克斯（Fredricks）等对国外学习投入的不同测量维度进行了总结，认为包括认知、情绪和行为三个维度。[1]另外，有学者强调意志成分作为行为的品质在学习投入测量中不应被忽视。[2]因此，国外很多学者试图开发出尽可能包含行为、认知、情绪、意志四个过程的学习投入问卷，但对四个过程的成分和具体内涵依然存在很大的争议。

在国内学界，NSSE-China 在各高校得到了推广和应用。虽然有研究表明NSSE-China 具有良好的测量学指标[3]，但国内对 NSSE 结构效度的质疑之声不绝于耳。有研究认为，NSSE 的内部信度不高，在效度检验上，个别学习性投入指标表现出与假设相反的趋势，因子分析的解释力度较低。[4]随后，国内有学者提出重构学习投入的结构维度，并逐渐开始出现对学习投入进行整合性研究的测量工具。

---

①　Fredricks J A, Blumenfeld P C, Paris A H. School engagement:Potential of the concept, state of the evidence[J]. Review of Educational Research, 2004, 74(1): 59-109.

②　Johnson M K, Crosnoe R, Elder G H. Students' attachment and academic engagement:The role of race and ethnicity[J]. Sociology of Education, 2001(4): 318-340.

③　涂冬波，史静寰，郭芳芳. 中国大学生学习性投入调查问卷的测量学研究[J]. 复旦教育论坛，2013(1)：55-62.

④　周涛. 面向工科类学生学习性投入测量工具改进研究[D]. 哈尔滨工业大学硕士学位论文，2011：25.

孙蔚雯[①]和廖友国[②]针对以往研究的不足，对学习投入问卷进行了整体性的重新编制，但孙蔚雯的研究对象是高中生而非大学生。杨立军等[③]和周涛[④]则针对 NSSE 存在的问题，对 NSSE 中学习投入的题项进行了结构重组，采用的仍是 NSSE 的原始题项。在以上问卷修订的过程中，除周涛依旧依循 NSSE 五大维度外，其他新问卷都以弗雷德克斯提出的三因子（认知、情绪、行为）结构理论作为基本参照。

　　无论是对问卷的重编还是重组，学者的诸多尝试都为我们研究大学生学习投入提供了有益的参考。总体而言，国内研究者开发的新工具还存在一些不足。第一，部分问卷的针对性不强，难以体现大学场域学生的学习特点。换言之，问卷题项用于测量其他教育层次的学生似乎也完全没有问题，而大学生的学习特点体现得并不突出。第二，部分问卷的改编限于原始问卷的题项范围，无法进一步拓宽思路设置更好的题项，这使得题项与因子的关联性受到质疑。比如，有学者基于 NSSE 的题项，按照三因子理论模型对学习投入问卷进行了重编。在重新编制的问卷中，情感投入这一维度的具体题项是测量"学生与老师、同学、行政人员等的关系""学习表现得到教师的及时反馈"等，笔者认为这并不能反映情感投入这一因子的内涵。或者说，为了与理论构想相吻合而用情感投入"冠名"原有题项并不恰当。第三，以上问卷中的学习投入指的多是狭义的学术性投入，即限于学校内的，通过课堂、老师与书本而发生的学习，忽略了社会性投入，而后者是广义的大学学习区别于其他层次学习的重要内容之一。

二、大学生学习投入问卷的内容与维度构想

（一）大学生学习投入问卷的内容构想

　　对大学生学习内容的明晰是问卷编制的基础。从词义上看，前文已经多次提到，本书研究的"学习"是高等学校中的学习。具体来讲，学习内容不仅包括学术性的知识，也包括社会性的知识。两者的关系如同部分重叠的两个圆，既相互交

[①]　孙蔚雯. 高中生日常性学业复原力、学业投入对学习成绩的影响[D]. 东北师范大学硕士学位论文，2009：16-23.

[②]　廖友国. 大学生学习投入问卷的编制及现状调查[J]. 集美大学学报（教育科学版），2011(2)：39-44.

[③]　杨立军，韩晓玲. 基于 NSSE-CHINA 问卷的大学生学习投入结构研究[J]. 复旦教育论坛，2014(3)：83-90.

[④]　周涛. 面向工科类学生学习性投入测量工具改进研究[D]. 哈尔滨工业大学硕士学位论文，2011：17-18.

织，又相互独立。对于前者，本书研究取"通过课堂、老师与书本而发生的学习"
之义，这类学习常是指专业知识学习。社会性的知识通常产生于课堂之外、与专
业知识学习无关的其他校园实践形式和体验式学习中，对个体融入社会产生了潜
移默化的影响。乔治·D. 库恩认为，大多数学习是社会活动的结果，而不是封闭
式的个人努力的结果。它通常在这样的情境中起到最好的作用：学习者的姓名被
大家所知而且他们作为个体得到尊重、感觉合适、与来自不同背景的人相互交往、
承担知识的风险、对他们的学习及社会福利负责任以及参与到社会事务中。①相
互交织的部分则常常体现于两个领域在形式或内容上的结合，这部分从表述上来
讲也是有语义偏重的。比如，"合作学习"既有学术性学习的内涵，也包含了"合
作"这一社会性发展内容。但是，进一步分析，我们便会发现，虽然有"合作"
这种发生在个体之间的社会性互动联系，但"合作学习"表述的核心还是在于通
过某种形式获取专业知识，因此其语义还是偏重学术性学习。尽管存在类似重合
的内容，若从语义上进行细致分析，基本上都可以在学术性和社会性两个大类中
找到归属。

对大学生社会性投入与学术性投入表达了同等重视的美国学者汀托（Tinto）
在其 1975 年发表的一篇很有影响力的文章中阐明了"二者皆重"的观点。该研究
以涂尔干的"自杀论"作为理论线索，进而对大学生辍学现象展开分析。汀托认为，
大学是由社交系统和学术系统组成的，区分大学的学术性领域和社会性领域很重
要。这是因为学术获得和职业角色社会化之间既相互联系又相互独立。②这种区分
进一步表明，个体可能只对某个领域更为投入，在另一个领域并非也是如此。由
此，汀托认为，引发大学生辍学的原因可能只是对其中某一个领域的整合不足，因
此辍学形式和性质（包括因学业不良而被动退学和因社会性发展受挫而主动退学）
也就不同。敦利维（Dunleavy）等在对学生参与的研究中，根据参与对象的不同，
将其划分为社会参与、学术参与和认知参与。③芬恩（Finn）等认为，参与可分为

---

① 乔治·D. 库恩. 今天的大学生：为什么我们不能顺其自然//菲利普·G. 阿特巴赫，帕特丽夏·J.冈
普奥特，D. 布鲁斯·约翰斯通. 为美国高等教育辩护[A]. 别敦荣，陈艺波，主译. 青岛：中国海洋大学出版
社，2007：241.

② Tinto V. Dropout from higher education:A theoretical synthesis of recent research[J]. Review of
Educational Research, 1975, 45(1): 89-125.

③ Dunleavy J, Milton P. What did you do in school today?Exploring the concept of student engagement and
its implications for teaching and learning in Canada[EB/OL]. (2022-07-08). http://www.cea-ace.ca/publication/what-
did-you-do-school-today-exploring-concept-student-engagement-and-its-implications-t.

学术参与、社会参与、认知参与和情感参与四种类型。其中，学术参与包括直接参与学术性学习过程的相关行为，社会参与即学生遵守纪律的行为及同伴交流，认知参与是指理解复杂概念付出的努力，情感参与即对其所在教育环境的认同感和归属感。①这些研究最为重要的贡献是指出了大学生学习生活中的学术性领域和社会性领域是相互独立的共同存在，也开始出现学术性与社会性、心理与行为相对分离的理论雏形。

以实践经验观之，在我们的访谈调查中，一些学生表达了这样的看法："学习了这么多年，到了大学，考试成绩已经不太重要了，我觉得自己更缺乏融入社会的技能，我希望在大学中得到弥补。""我的成绩不算好，我觉得无所谓，不挂科就行。我喜欢参加活动，也很擅长组织活动，我觉得这个更重要，因为我毕业后就会工作，想考公务员或者进公司，学校里的锻炼让我对找一份好工作以及以后快速开展工作更有信心。""专业课的学习让我对专业有了更深的认识，确定了未来考研的方向，但是真正对我影响最大的，让我感觉以后毕业最受用的，还是专业学习以外的社会性活动。""参加青年志愿者协会对我的影响很大。如果没有这段经历，我感觉我的大学生活会比较苍白吧！"访谈结果在某种程度上支持了汀托的理论，表明很多大学生已经意识到，大学与高中最大的不同在于学术性学习不再是唯一的目标或者占据压倒性地位的活动。大学中各式各样的学生组织，以及丰富多彩的社团活动、小组活动、与社会性发展相关的讲座培训对学生有极大的吸引力，对此他们有主动参与的强烈意愿，并愿意为其花费大量的时间和精力。但是，很明显，大学中的这类经历与学术性学习完全不同。对于大学生而言，社会性学习的重要性并不亚于学术性学习。因此，仅关注学术性投入显然无法反映大学生学习投入的全貌。目前，学界普遍更重视对学术性投入的研究，这不得不说是一种遗憾。

通过以上分析可以总结出三点：第一，学界更关注学术性投入，此类研究和相关量表层出不穷，而对社会性投入的重视不够，或没有认识到社会性领域相对独立于学术性领域的存在，而仅将其视为学术性投入的形式之一。就如拉里·努奇（L. Nucci）教授指出的，如今大学早已向社会普通民众开放，然而我们却发现大学教育的目标越来越功利，越来越依赖于学业成绩，学生逐渐忘记了大学也应当是年轻

---

① Finn J D, Zimmer K S. Student engagement:What is it?Why does it matter?//S. L. Christenson, A. L. Reschly, C. Wylie (Eds.), Handbook of Research on Student Engagement[M]. Berlin:Springer, 2012: 97-131.

人在一起幸福生活和成长的地方。这种发展是单向度的，显然也并非那些现代大学创立者的初衷。[1]第二，大学中的学术性领域和社会性领域是有交织但又各自独立的两个部分，即便是交织的部分，也可能因其表述主语的偏重而分别划归到学术性学习和社会性学习中，因此可以分别针对其进行量表编制。第三，大学生在学校中的广义的学习生活基本可以涵盖在学术性学习和社会性学习中，对学生在这两个领域的学习投入进行研究，可以把握学生学习投入的整体状况。基于此，我们认为大学生学习投入问卷应该包含大学生的学术性投入和社会性投入两个部分。考虑到两个部分相互独立可能会出现得分相互抵消的情况，如果作为同一个量表的不同维度进行数学运算，可能会使研究结果出现偏差，因此不适合编制在同一量表中，分别编制两个量表则可以很好地解决这一问题。

由此，笔者确定了大学生学习投入问卷编制的主体内容，即包含学术性投入和社会性投入两个量表。

（二）大学生学习投入问卷的维度构想

针对前文中多次提到当前学生学习投入问卷编制的不足，笔者希望在前人研究的基础上整合教育学和心理学视角的学习投入理论，将两种视角中的学习投入纳入一个整体的框架中进行分析，所以在对既往理论和研究进行分析的基础上，进一步确立了投入表现（行为表现）和投入程度（心理状态）两个主维度。投入表现是通过了解大学生倾向于学术性、社会性领域的行为的发生意愿或发生频率推测其投入情况，是一种外部表现的综合反映。例如，在问卷题项设置过程中，让学生对"聆听学术报告""参与志愿者工作社区服务"进行"非常频繁""常常""有时""从不"四项选择。投入程度则通过了解大学生投入到某个领域时自我感受的符合程度推测其投入状态，是内在体验的综合反映。例如，请学生判断"在学习上遇到困难时，我不会放弃"这一表述在多大程度上符合自己的实际情况。

需要说明的是，这两个维度并非截然分开的，只是体现出了学习投入的外在与内在的不同，两者应该保持一定程度的相关。在两个主维度下，还可以区分出若干子维度。以学术性投入为例，我们认为学术性投入表现可具体再划分出互动学习、自主学习、技术手段学习、挑战性学习等子维度，而学术性投入则可具体划分出认

---

① 转引自：高地. 高校学生的道德发展与道德教育——美国加州大学伯克利分校教授、国际 SSCI 权威期刊《人的发展》主编拉里·努奇访谈录[J]. 高校教育管理，2016(3)：1-7，15.

知、情绪、注意、意志等子维度。对于社会性投入问卷，其投入表现的子维度与学术性投入表现不同，但社会性投入程度的子维度与学术性投入程度在初测问卷中应该具有一致性。

　　根据以上分析，本书研究尝试在整合行为投入与心理投入量表相关维度的基础上，分别构建符合中国大学生学习特点的学术性投入量表和社会性投入量表。每个量表都包含投入表现（行为表现）和投入程度（心理状态）两个二阶因子。与投入表现相关的一阶因子，事先不进行具体设定。与投入程度相关的一阶因子，根据现有理论依据，事先设定认知、情绪、注意、意志四个二阶因子，作为问卷题项选择的依据（仅仅作为选择题项的依据，并不以此作为验证性分析的基础）。总体来讲，整个量表事先并没有明确地划分出一阶因子，待后期以探索性因子分析进行区分，再以验证性因子分析进行确证，具体维度设想如图 2-1 所示。

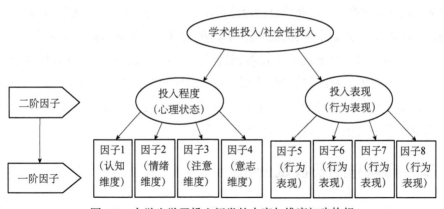

图 2-1　大学生学习投入问卷的内容与维度初步构想

第二节　预测问卷编制及结果检验

一、预测问卷编制

　　预测问卷的题项选择参照学习投入的相关理论和已有问卷。笔者的目的是希望能够完整有效地反映出已有问卷的合理部分并加以整合，因此在预测问卷中可尽量多地吸纳题项，以便后期对题项进行筛选。

　　具体来讲，问卷中的相关题项主要来源于应用较为广泛的 NSSE-China、SERU、CSEQ、UWES-S 中有关学生在校期间参与的有教育意义的社会性和学术性活动的行为表现与心理状态等相关内容，以及对部分大学生的开放式调查。社会性投入程度并没有相关可借鉴的量表，在确定了基本维度的前提下，对其题项的具体表述参照学术性投入程度。

　　需要说明的是，鉴于 NSSE-China 和 SERU 中关于学习投入表现的题项表述有一定的重合性，笔者并没有完全照搬 NSSE-China 和 SERU 中的题项，而是对其进行了加工和整理。具体做法如下：首先，选取这两个量表中所有与学习投入表现相关的题项。这一步由笔者独立完成。然后，对题项进行编码，对同一类型的题项进行整合，目的是减少重复题项，尽量使预测问卷简洁。这一步由两位博士生和一位硕士生分别独立完成，然后再进行结果比较，剔除与学习投入表现差异较大且无法进行归类的题项，对有争议的题项进行讨论，逐一确定。最后，与 CSEQ、UWES-S 进行对比，将语义不重复的其他题项纳入可归类的维度。在基本确定题项后，请两位本科三年级学生对题项表述和语言习惯进行斟酌与修改，在确定没有理解上的困难之后，最终作为预测问卷题项（附录一）。预测问卷共 125 个题项，其中 7 题为人口统计学变量，学术性投入分量表共 73 个题项，社会性投入分量表共 45 个题项，两个量表一共包含 7 道反向计分题。

二、问卷施测及被试分布

　　预测问卷的被试为江苏省高校在读大学生。考虑到学校的层次差异，分层随机挑选南京市 5 所不同层次的高校（包括 985 高校、211 高校和普通高校）。选择教育学专业硕士研究生作为问卷施测者，在施测前对其进行统一培训。问卷填写前，与每名被试进行简单的沟通，使其明确测量的目的和要求。问卷作答完成后，赠送给被试小礼物以示感谢。这一阶段共发放问卷 280 份，回收 279 份。剔除未完成、存在明显一致性作答等情况的无效问卷 28 份，最终获得有效问卷 251 份。预测问卷被试的基本情况如表 2-1 所示。

表 2-1　预测问卷的样本构成（N=251）

指标	具体维度	数量（百分比）	指标	具体维度	数量（百分比）
性别	男生	144（57.4%）	家庭所在地	农村	58（23.1%）
	女生	107（42.6%）		乡镇	38（15.1%）

续表

指标	具体维度	数量（百分比）	指标	具体维度	数量（百分比）
年级	一年级	77（30.7%）	家庭所在地	县城（县级市）	63（25.1%）
	二年级	82（32.7%）		地级市	66（26.3%）
	三年级	69（27.5%）		省会或直辖市	26（10.4%）
	四年级	23（9.2%）	学科	人文学科	25（10%）
民族	汉族	247（98.4%）		社会学科	80（31.9%）
	少数民族	4（1.6%）		自然学科	42（16.7%）
家庭收入	低收入	17（6.8%）		工程学科	103（41.0%）
	中低收入	72（28.7%）		农林学科	1（0.4%）
	中等收入	150（59.8%）			
	中高收入	10（4.0%）			
	高收入	2（0.8%）			

注：因四舍五入，部分数据之和不等于100。下同

三、项目分析与探索性因子分析

（一）项目分析

对预测问卷的结果进行项目分析。将题总相关、临界比率（critical ration，CR）、共同因子作为项目区分度的主要分析指标。根据前面的理论架构，分别对学术性投入和社会性投入两个分量表进行项目分析。

首先，将两个量表的反向计分题重新计分后，计算出每个量表所有题项的总分，根据总分进行分组。先将总分从高到低排序，分别将得分前27%（251×27%=68名，学术性投入总分≥206，社会性投入总分≥123）的样本和后27%（第184名，学术性投入总分≤169，社会性投入总分≤104）的样本筛选出来。其次，对每个题项的得分进行差异性检验，目的是剔除鉴别度较低的题项，差异性检验考虑保留项目的标准是绝断值（即 t 的绝对值）大于3。最后，进一步进行同质性检验，考察题项与总分的相关，题总相关结果的保留标准为相关系数大于0.4。

在学术性投入量表中，差异检验结果显示，B1、B31[①]的 $p > 0.001$，且绝断值小于3。B1、B31、B32、C1、C2、C3、C54的题总相关未达到0.4。抽取共同因子进行检验。一般来讲，题项所能抽取的共同度小于0.2，则意味着因子负荷小于

---

① 相关题项的具体表述可参见附录一。

0.45，因此应考虑删除。结果显示，B1、B2、B31、B32、B39、C1、C2、C3、C4、C54 抽取的共同度均小于 0.2。

在社会性投入量表中，C3、C13、C23、C61、C54 的 $p > 0.001$，且绝断值小于 3。B21、B43、C13、C23、C61 的题项与总分相关未达到 0.4。删除 B21、B43、C13、C23、C61 后，内部一致性信度检验 α 的值有一定程度的提升。抽取共同因子结果显示，B21、B29、B42、B43、C54 抽取的共同度均小于 0.2。

结合以上各项检验结果，严格按照差异检验绝断值应小于 3、题总相关应达 0.4、抽取共同因子应大于 0.2 这三项标准，学术性投入量表考虑删除 B1、B2、B31、B32、B39、C1、C2、C3、C4、C54 共 10 个题项，社会性投入量表考虑删除 B21、B26、B42、B43、C3、C13、C23、C54、C61 共 9 个题项。最终，学术性投入量表共计 63 个题项、社会性投入量表共计 36 个题项进入探索性因子分析。

（二）探索性因子分析

采用 SPSS16.0 对学术性投入量表的 63 个题项和社会性投入量表的 36 个题项分别进行探索性因子分析。学术性投入量表和社会性投入量表的 KMO 分别为 0.911 和 0.892，两个量表的巴特利特球形检验均显著（$p=0.000<0.05$）。根据凯瑟（Kaiser）的观点，如果 KMO 的值小于 0.5，不宜进行因子分析，进行因子分析的普通准则是 KMO 的值至少在 0.6。[①]结果表明，两个量表的题项内部均存在共同因子，适合进行因子分析。

采用主成分分析法提取因子，并利用最大变异法进行结构分析。探索性因子分析遵循以下删题标准：先删除在所有因子上负荷小于 0.40 的项目以及具有双重负荷的项目（即同一题项在两个因子上的负荷都大于 0.40）；删除后重复探索性因子分析步骤。在此过程中，对负荷因子极不稳定的题项（一旦被删除便极易导致另一题项在其他两个或多个因子上反复变化的题项），结合其所负荷因子的其他题项内容及理论构想，综合评判后再考虑是否删除。为了尽可能地减小后期验证性因子分析的误差，每个因子中题项数量确保不低于 3 项；删除题项数少于 3 项的因子。在删除题项或因子的过程中，不断重复比较操作后的信度指标和累计解释变异量，直至在理论和数据上均形成相对清晰的因子结构。

对题项进行探索性因子分析后，学术性投入量表最终保留 38 个题项，抽取出

---

① 转引自：吴明隆. 问卷统计分析实务：SPSS 操作与应用[M]. 重庆：重庆大学出版社，2010：217.

7 个共同因子，根据各因子中题项表达的主要含义，分别将其命名为学术-坚持努力（共 6 个题项）、学术-认知策略运用（共 7 个题项）、学术-专注精力（共 6 个题项）、挑战性学术参与（共 5 个题项）、常规性学术参与（共 6 个题项）、辅助性学术参与（共 5 个题项）、交流性学术参与（共 3 个题项）。7 个共同因子总共能解释总变异量的 60.697%。项目修订后的因子分析结果如表 2-2 所示。

表 2-2　学术性投入量表探索性因子分析结果（*N*=251，38 个题项）

题项编号	学术-坚持努力	学术-认知策略运用	学术-专注精力	挑战性学术参与	常规性学术参与	辅助性学术参与	交流性学术参与
C16	0.835						
C17	0.831						
C18	0.822						
C15	0.797						
C14	0.764						
C19	0.759						
C40		0.768					
C43		0.719					
C39		0.716					
C41		0.713					
C45		0.654					
C42		0.621					
C31		0.566					
C56			0.795				
C57			0.772				
C58			0.753				
C55			0.663				
C8			0.661				
C5			0.539				
B36				0.762			
B35				0.713			
B33				0.649			
B37				0.515			
B38				0.452			
B14					0.716		
B15					0.712		
B11					0.568		
B17					0.561		
B12					0.544		

续表

题项编号	学术-坚持努力	学术-认知策略运用	学术-专注精力	挑战性学术参与	常规性学术参与	辅助性学术参与	交流性学术参与
B16					0.483		
B9						0.662	
B10						0.644	
B7						0.571	
B3						0.521	
B8						0.507	
B40							0.741
B34							0.733
B41							0.660
特征值	4.800	4.322	3.712	3.709	2.720	2.036	1.766
解释方差/%	12.632	11.374	9.769	9.759	7.158	5.357	4.648
累计解释方差/%	12.632	24.006	33.775	43.534	50.692	56.049	60.697

　　社会性投入量表最终保留 30 个题项，同样抽取出 7 个共同因子，根据各因子中题项所表达的主要含义，分别将其命名为社会性-情绪体验（共 6 个题项）、社会性-认知策略运用（共 5 个题项）、社会性-专注精力（共 4 个题项）、社会性活动与组织参与（共 6 个题项）、社会性-坚持努力（共 3 个题项）、职业角色体验（共 3 个题项）、非学术性人际交往（共 3 个题项）。7 个共同因子总共能解释总变异量的63.879%。项目修订后的因子分析结果如表 2-3 所示。

表 2-3　学术性投入量表探索性因子分析结果（N=251，30 个题项）

题项编号	社会性-情绪体验	社会性-认知策略运用	社会性-专注精力	社会性活动与组织参与	社会性-坚持努力	职业角色体验	非学术性人际交往
C73	0.823						
C72	0.799						
C74	0.755						
C75	0.753						
C71	0.697						
C65	0.567						
C48		0.745					
C46		0.729					
C49		0.722					
C47		0.702					
C37		0.613					

续表

题项编号	社会性-情绪体验	社会性-认知策略运用	社会性-专注精力	社会性活动与组织参与	社会性-坚持努力	职业角色体验	非学术性人际交往
C11			0.766				
C12			0.741				
C9			0.684				
C10			0.680				
B23				0.789			
B24				0.775			
B20				0.765			
B19				0.540			
B18				0.526			
B25				0.549			
C22					0.827		
C21					0.822		
C20					0.734		
B42						0.774	
B22						0.613	
B30						0.577	
B28							0.751
B29							0.664
B27							0.640
特征值	4.003	3.268	2.738	2.495	2.473	1.844	1.704
解释方差/%	13.803	11.269	9.440	8.603	8.527	6.360	5.877
累计解释方差/%	13.803	25.072	34.512	43.115	51.642	58.002	63.879

第三节 正式问卷施测及结果检验

一、正式施测被试样本

正式问卷包含通过探索性因子分析形成的学术性投入量表和社会性投入量

表，以及后期用于研究分析的其他现成量表。其中，学术性投入量表有 7 个维度，共 38 题，社会性投入量表有 7 个维度，共 30 题，68 道题全部为正向计分题。问卷还包含人口统计学、客观家庭背景（父母受教育水平、职业、家庭收入）、主观家庭背景（个体感知到的家庭经济、文化与社会关系）等方面的若干题项。

正式施测共发放问卷 1350 份，回收 1316 份，全部采用纸质问卷。被试取样于江苏、山东、河南、四川 4 个省份的 9 所本科院校，分布于东部、中部和西部地区，包含 985 高校、211 高校和普通高校等不同层次的学校。问卷施测者全部为有经验的教育学、心理学专业硕士和高校教师。为了确保回收质量，问卷施测采用集体作答、当场回收的方式。对于无法当场回收的个别学校，则要求其务必按照问卷施测的规则和方式，告知被试测量的目的和要求，获得被试的理解，打消其顾虑后督促交回问卷。在收回的 1316 份问卷中，剔除无效和存在明显一致性作答情况的问卷131 份，得到真实有效问卷 1185 份。验证性因子分析仅限于对 1185 份有效数据的分析。正式施测被试情况如表 2-4 所示。

表 2-4　正式问卷有效调查被试的基本信息（N=1185）

变量	项目	人数/人	比例/%	变量	项目	人数/人	比例/%
性别	男	463	39.1	家庭人均月收入	500 元以下	80	6.8
	女	722	60.9		500～1000 元	260	21.9
民族	汉族	1132	95.5		1001～2000 元	385	32.5
	少数民族	53	4.5		2001～4000 元	331	27.9
性格	更偏内向	186	15.7		4001～6000 元	74	6.2
	更偏外向	257	21.7		6001～8000 元	32	2.7
	介于两者之间	742	62.6		8001 元及以上	23	1.9
学校类型	985 高校	294	24.8	父母受教育水平（取最高）	不识字	10	0.8
	211 高校	89	7.5		小学	84	7.1
	普通高校	802	67.7		初中	375	31.6
专业	人文科学	48	4.1		高中或同等学历	360	30.4
	社会科学	655	55.3		大专	143	12.1
	自然科学	248	20.9		大学本科	187	15.8
	工程技术	130	11.0		硕士及以上	26	2.2

续表

变量	属性	人数/人	比例/%	变量	属性	人数/人	比例/%
专业	医学	104	8.8		1	384	32.4
	大一	287	24.2		2	119	10.0
年级	大二	413	34.9		3	248	20.9
	大三	408	34.4	父母职业分类	4	75	6.3
	大四	77	6.5		5	41	3.5
					6	154	13.0
					7	164	13.8

注：父母职业分类参考两位学者的成果，一是李强在《当代中国社会分层：测量与分析》一书第 28 页中的提法，二是李春玲在《当代中国社会的声望分层——职业声望与社会经济地位指数测量》一文中提出的职业声望分类办法。两位学者都将职业分为 7 类，7 个属类的内涵大致相同。在问卷施测的过程中，为了便于学生理解和填写，呈现给学生共 16 个职业类别选项。在最后统计中，将这 16 个备选项分别纳入 7 个类别之中。7 个职业类别包括：①农民、无业人员；②一般工人/商业服务人员；③个体商户、技术工人；④初级专业技术人员、一般办事人员；⑤中级专业技术人员；⑥企事业单位中层管理人员、机关干部（正科及以下）、军队团职以下（不包括团职）、私营企业主；⑦企事业单位高层管理人员、机关干部（副处以上）、高级专业技术人员、军队团职以上（包括团职）

二、验证性因子分析

运用 Liserl8.7 对学术性投入量表和社会性投入量表的一阶七因子模型进行验证性因子分析。①先进行一阶因子验证，再进行二阶因子验证，验证性因子分析采用模型比较的方式进行。

（一）学术性投入量表的验证性因子分析结果

在学术性投入量表中，首先，假设单因子模型，即所有题项只能提取 1 个因子（模型 1）；其次，根据探索性因子分析的结果，设置七因子模型（模型 3）；最后，根据投入程度和投入表现的理论构想，所有与学术性投入程度有关的题项都可能形成一个维度，而与学术性投入表现有关的题项也可能形成另一个维度，因此可能存在一个二因子模型（模型 2）。三个一阶模型的拟合指数如表 2-5 所示。

---

① 为了方便问卷排版，将问法一致的题项归纳在一个部分，因此社会性投入量表与学术性投入量表部分题项呈现交叉排列，且正式问卷题项编号和顺序与预测问卷有所不同，正式问卷对应于预测问卷的题项编号见附录。

表 2-5   学术性投入验证性因子分析一阶模型拟合指数（N=1185）

模型	χ^2	df	χ^2/df	CFI	GFI	IFI	SRMR	RMSEA
模型 1：单因子模型	12 394.41	665	18.64	0.90	0.64	0.90	0.087	0.122
模型 2：二因子模型	8 775.25	664	13.22	0.92	0.72	0.92	0.069	0.102
模型 3：七因子模型	2 219.40	644	3.45	0.98	0.91	0.98	0.039	0.045

　　要检视模型与数据是否拟合，主要是比较再生协方差矩阵和样本协方差矩阵的差异。一般来讲，常用的参数为卡方值（χ^2）、自由度（df）、卡方与自由度的比值（χ^2/df）、比较拟合指数（comparative fit index，CFI）、拟合优度指数（goodness-of-fit index，GFI）、增值指数（incremental fit index，IFI）、标准化残差均方根（standardized residual mean root，SRMR）以及近似误差均方根（root-mean-square error of approximation，RMSEA）。在模型比较的过程中，χ^2 值越小越好，但 χ^2 容易受到样本容量的影响，即样本越大，则 χ^2 越大，因此 χ^2/df 这一指标比单独报告 χ^2 更受欢迎。通常认为，χ^2/df 为 2.0～5.0，模型可以接受。CFI、GFI、IFI 取值在 0～1，越接近 1 越好，一般认为超过 0.9，模型便可接受。SRMR 推荐的临界值是 0.08，严格标准为 0.05，即 SRMR 小于 0.05，认为模型适配良好，SRMR 为 0.05～0.08 则认为适配合理，SRMR 大于 0.08 则认为模型拟合不好。RMSEA 的临界值为 0.08，低于 0.05 表示拟合非常好。

　　对表 2-5 中三个一阶模型拟合指数进行比较可知，七因子模型的参数拟合度显著优于单因子模型和二因子模型，可供比较的各项指标均达到较优拟合。学术性投入的一阶七因子模型如图 2-2 所示。

　　结合最初的理论构想，仔细观察图 2-2 中一阶七因子模型的路径系数，可以发现因子之间存在中高程度相关。因此，从数据关系来看，二阶因子提取的可能性非常大。根据理论构想，比较合理的思路是从学术性投入表现（挑战性学术参与、交流性学术参与）和学术性投入程度（学术-坚持努力、学术-认知策略运用、学术-专注精力）两个维度来提取两个二阶因子（模型 5）。在此之前，设置一个二阶一因子模型（模型 4）和二阶三因子模型（模型 6）以供比较。模型 4 设置的理由在于 7 个因子可以直接用学术性投入这个更高阶的共同因子来表述。实际上，模型 6（图 2-4）是模型 5 的衍生模型，根据模型 3（图 2-2）中各因子间的相关系数以及模型 5（图 2-3）中一阶因子对二阶因子的负荷情况，笔者考虑学术投入表现可能还可以进一步分化，从而提取出一般性学术投入表现（常规性学术参与、辅助性学术参与）、选拔性学术投入表现（挑战性学术参与、交流性学术参

与）和学术性投入程度（学术-坚持努力、学术-认知策略运用、学术-专注精力）
三个二阶因子（图 2-4）。

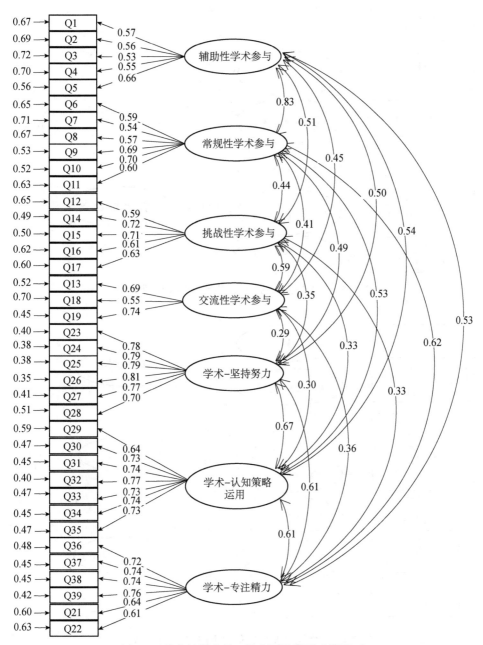

图 2-2 学术性投入的一阶七因子模型（模型 3）

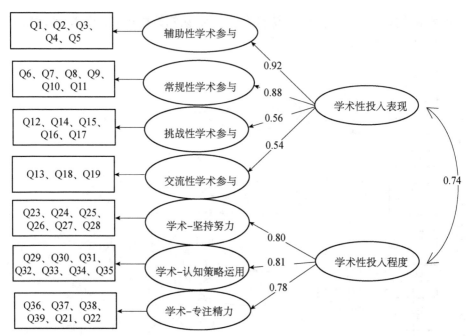

图 2-3 学术性投入的二阶二因子模型（模型 5）

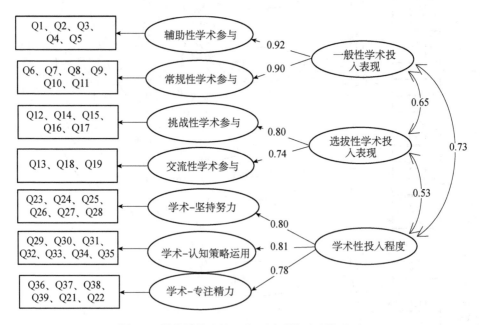

图 2-4 学术性投入的二阶三因子模型（模型 6）

　　二阶测量模型同样采用 Liserl8.7 进行分析。由表 2-6 可见，由于一阶模型中的七因子模型拟合很好，经数据拟合后的模型 4、模型 5、模型 6 与模型 3 相比，增加的 χ^2 值并不太多，说明二阶因子足以反映各一阶因子的关系。三个二阶模型拟合指数均达到可接受的范围。而且，从测量模型的路径系数来看，二阶因子与一阶因子的关系（系数）较强，这种较强的关系（二阶因子负荷较大）也支持了二阶因子的存在。

表 2-6　学术性投入验证性因子分析二阶模型拟合指数（N=1185）

模型	χ^2	df	χ^2/df	CFI	GFI	IFI	SRMR	RMSEA
模型 4：二阶一因子模型	2599.14	658	3.95	0.97	0.90	0.97	0.056	0.050
模型 5：二阶二因子模型	2378.95	657	3.62	0.98	0.90	0.98	0.046	0.047
模型 6：二阶三因子模型	2294.42	655	3.50	0.98	0.91	0.98	0.046	0.041

　　对三个二阶模型进一步进行比较后可以发现，模型 6 的各项参数较模型 4 和模型 5 更为优秀。同时，从学术性投入的理论模型出发，尽管模型 5 更符合最初的理论构想，但是模型 6 作为模型 5 的衍生模型，并不违背最初的理论构想，而是在其基础上更加细化，而且理论维度也比较清晰，便于后续研究的深入和进一步解释。因此，通过综合比较，笔者选择学术性投入的二阶三因子模型（模型 6）作为后续研究的分析模型。

（二）社会性投入量表的验证性因子分析结果

　　与学术性投入验证性因子分析过程相似，首先，假设单因子模型，即所有题项只能提取 1 个因子（模型 7）；其次，根据探索性因子分析的结果，设置七因子模型（模型 9）；最后，根据投入程度和投入表现的理论构想，所有与社会性投入程度有关的题项都可能形成一个维度，而与社会性投入表现有关的题项也可能形成另一个维度，因此可能存在一个一阶二因子模型（模型 8）。三个一阶模型的拟合指数如表 2-7 所示。

表 2-7　社会性投入验证性因子分析一阶模型拟合指数（N=1185）

模型	χ^2	df	χ^2/df	CFI	GFI	IFI	SRMR	RMSEA
模型 7：单因子模型	11 502.01	405	28.40	0.89	0.61	0.89	0.098	0.152
模型 8：二因子模型	7 177.97	404	17.77	0.93	0.71	0.93	0.770	0.119
模型 9：七因子模型	1 095.01	384	2.85	0.99	0.94	0.99	0.040	0.040

通过对表2-7中 3 个一阶模型拟合指数进行比较可知，七因子模型的参数拟合度显著优于单因子模型和二因子模型，可供比较的各项指标均达到较优拟合。社会性投入的一阶七因子模型如图 2-5 所示。

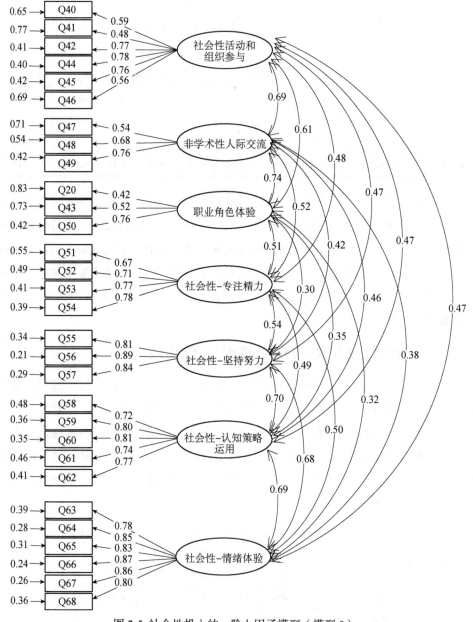

图 2-5 社会性投入的一阶七因子模型（模型 9）

图 2-5 显示，社会性投入 7 个因子间呈现中高程度的相关，同样提示二阶因子存在的可能性很大。结合最初的理论构想，社会性投入程度和社会性投入表现两个维度可能提取出两个二阶因子（模型 11，图 2-6）。为了便于比较，笔者先建立一个二阶一因子模型（模型 10）。模型 10 设置的理由在于假设 7 个一阶因子可以提取出一个共同的二阶因子。两个模型的拟合指数如表 2-8 所示。

表 2-8　社会性投入验证性因子分析二阶模型拟合指数（ N=1185 ）

模型	χ^2	df	χ^2/df	CFI	GFI	IFI	SRMR	RMSEA
模型 10：二阶一因子模型	1761.81	398	4.43	0.98	0.91	0.98	0.061	0.054
模型 11：二阶二因子模型	1270.84	397	3.20	0.99	0.93	0.99	0.050	0.043

由表 2-8 和图 2-6 可知，在拟合很好的一阶七因子模型的基础上提取的二阶因子模型各项拟合指数同样达到了可接受的标准。与模型 9 相比，模型 11 的 χ^2 值增加最少，其拟合指数也最好，说明二阶因子模型可以反映一阶因子的关系，而且较一阶因子更为简洁。此外，从二阶二因子模型的路径系数来看，二阶因子与一阶因子之间较强的关系（二阶因子负荷较大）也支持了二阶因子的存在。因此，通过综合比较，笔者选择社会性投入的二阶二因子模型作为后续研究的分析模型。

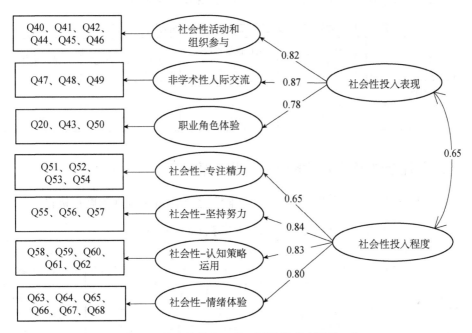

图 2-6　社会性投入二阶二因子模型（模型 11）

三、学术性投入量表与社会性投入量表的信度指标

（一）学术性投入量表的内部一致性系数

学术性投入量表 7 个一阶因子内部一致性信度指标良好，如表 2-9 所示。

表 2-9   学术性投入分量表一阶因子信度分析（N=1185）

项目	辅助性学术参与	常规性学术参与	挑战性学术参与	交流性学术参与	学术-坚持努力	学术-认知策略运用	学术-专注精力	量表整体
题项数	5	6	5	3	6	7	6	38
克龙巴赫 α 系数	0.707	0.786	0.785	0.687	0.898	0.886	0.853	0.930

验证性因子分析结果显示，二阶三因子模型拟合最好，按照二阶因子的分析结果，将辅助性学术参与、常规性学术参与两个因子的所有题项放在一起，可以形成一般学术性投入表现维度；将挑战性学术参与、交流性学术参与两个因子的所有题项放在一起，可以形成选拔性学术投入表现维度；将学术-坚持努力、学术-认知策略运用、学术-专注精力 3 个因子的所有题项放在一起，可以形成学术性投入程度维度。三个维度都具有较高的内部一致性信度系数（表 2-10）。

表 2-10   学术性投入分量表二阶因子信度分析（N=1185）

项目	一般性学术投入表现	选拔性学术投入表现	学术性投入程度	量表整体
题项数	11	8	19	38
克龙巴赫 α 系数	0.840	0.802	0.928	0.930

（二）社会性投入量表的内部一致性系数

表 2-11 表明，社会性投入量表 7 个一阶因子的内部一致性信度指标良好。

表 2-11   社会性投入量表一阶因子信度分析（N=1185）

项目	社会性活动和组织参与	非学术性人际交流	职业角色体验	社会性-专注精力	社会性-坚持努力	社会性-认知策略运用	社会性-情绪体验	量表整体
题项数	6	3	3	4	3	5	6	30
克龙巴赫 α 系数	0.818	0.692	0.657	0.882	0.883	0.877	0.930	0.932

　　根据二阶因子模型,将社会性活动和组织参与、非学术性人际交流、职业角色体验 3 个因子的题项放在一起,形成社会性投入表现维度;将社会性-专注精力、社会性-坚持努力、社会性-认知策略运用、社会性-情绪体验 4 个因子的题项放在一起,形成社会性投入程度维度。两个维度具有较高的内部一致性,各维度的信度系数如表 2-12 所示。

表 2-12　社会性投入表现量表二阶因子信度分析

项目	社会性投入表现	社会性投入程度	量表整体
题项数	12	18	30
克龙巴赫 α 系数	0.846	0.934	0.932

四、学术性投入量表与社会性投入量表的效度指标

(一)结构效度

　　验证性因子分析中数据与理论模型较好的拟合度表明,两个量表均具有较好的结构效度。通常而言,如果一个量表是由多个因子构成的复合量表,就要求测量同一特质的总量表与各个因子之间的相关要高,而因子与因子之间的相关要低。[①] 因此,笔者进一步考察了学术性投入量表总分与 3 个二阶因子、7 个一阶因子的相关度(表 2-13),以及社会性投入量表总分与 2 个二阶因子、7 个一阶因子的相关度(表 2-14)。

　　由表 2-13 可知,学术性投入量表 7 个一阶因子之间有中低程度的相关,相关系数为 0.232~0.610,均达到了显著水平($p=0.000<0.001$),表明 7 个一阶因子之间既有一定程度的关联,又相对独立。各一阶因子与相对应的二阶因子的相关系数均在 0.8 以上,与学习性投入总量表之间的相关系数在 0.612~0.726。3 个二阶因子之间的相关在 0.375~0.577,二阶因子与学术性投入总量表的相关在 0.742~0.862。相关分析结果证明,以学术性投入量表 7 个一阶因子为基础的二阶三因子模型具有较好的结构效度。

---

　　① 张景焕,初玉霞,林崇德. 教师创造性教学行为评价量表的结构[J]. 心理发展与教育,2008(3):107-112.

表 2-13　学术性投入量表各因子与总量表的相关系数（N=1185）

	项目	1	2	3	4	5	6	7	8	9	10
一阶因子	1. 辅助性学术参与	1									
	2. 常规性学术参与	0.610***	1								
	3. 挑战性学术参与	0.385***	0.352***	1							
	4. 交流性学术参与	0.329***	0.297***	0.453***	1						
	5. 学术-坚持努力	0.410***	0.419***	0.308***	0.232***	1					
	6. 学术-认知策略运用	0.433***	0.434***	0.288***	0.235***	0.613***	1				
	7. 学术-专注精力	0.418***	0.504***	0.277***	0.282***	0.551***	0.541***	1			
二阶因子	8. 一般性学术投入表现	0.892***	0.902***	0.411***	0.348***	0.462***	0.483***	0.515***	1		
	9. 选拔性学术投入表现	0.418***	0.380***	0.847***	0.858***	0.316***	0.307***	0.328***	0.445***	1	
	10. 学术性投入程度	0.498***	0.536***	0.345***	0.296***	0.855***	0.850***	0.827***	0.577***	0.375***	1
	学术性投入总量表	0.703***	0.711***	0.653***	0.612***	0.726***	0.726***	0.731***	0.789***	0.742***	0.862***

注：*$p<0.05$，**$p<0.01$，***$p<0.001$。下同。

表 2-14　社会性投入量表各因子与总量表的相关系数（N=1185）

	项目	1	2	3	4	5	6	7	8	9
一阶因子	1. 社会性活动和组织参与	1								
	2. 非学术性人际交流	0.542***	1							
	3. 职业角色体验	0.447***	0.447***	1						
	4. 社会性-专注精力	0.421***	0.401***	0.356***	1					
	5. 社会性-坚持努力	0.424***	0.362***	0.250***	0.477***	1				
	6. 社会性-认知策略运用	0.422***	0.391***	0.261***	0.427***	0.625***	1			
	7. 社会性-情绪体验	0.444***	0.331***	0.244***	0.446***	0.619***	0.627***	1		
二阶因子	8. 社会性投入表现	0.824***	0.821***	0.787***	0.486***	0.427***	0.442***	0.421***	1	
	9. 社会性投入程度	0.530***	0.458***	0.344***	0.729***	0.842***	0.820***	0.840***	0.549***	1
	社会性投入总量表	0.736***	0.683***	0.595***	0.712***	0.759***	0.752***	0.755***	0.831***	0.922***

由表 2-14 可知，社会性投入量表 7 个一阶因子之间存在中高程度的相关，相关系数在 0.244～0.627，达到了统计学上的显著水平（p=0.000<0.001），表明 7 个一阶因子之间既存在一定程度的关联，又相对独立。各一阶因子与对应的二阶因子的相关在 0.729～0.842，与社会性投入总量表之间的相关在 0.595～0.759，两个二阶因子的相关为 0.549，2 个二阶因子与社会性投入总量表的相关分别为 0.831 和 0.922。这说明 7 个一阶因子与对应的 2 个二阶因子的关系更加紧密，而 2 个二阶因子又指向一个共同特质。相关分析结果证明，以社会性投入量表的 7 个一阶因子为基础的二阶二因子模型具有良好的结构效度。

（二）效标效度

效标效度是考察量表编制有效性的重要指标之一，其原理是根据测评结果与某一标准的一致性程度，来判断量表编制的可信性。

前文已经提及，大学生投入到校园中学术性与社会性活动中的表现和程度与他们对大学经历的满意度呈显著的正相关，与他们对自己发展提高程度的主观认识也呈显著的正相关，因此本书研究使用大学经历整体满意度和主观发展提高度两个指标作为学习投入的效标。笔者采用 SERU 中"对大学生活整体满意度"的 4 个题项作为对大学经历整体满意度的测量指标。4 个题项均为主观题，请被试对自己"所获得的平均学分""整体学术经历""整体社交经历""相对于所交学费获得的收益"进行判断。采用 NSSE-China 中"大学学习生活经历是否使你在以下方面得到提高"的 12 个题项作为发展提高度的主观测量指标。一般而言，学生投入到不同类型的学术性和社会性活动的精力越多，程度越深，其在大学经历的整体满意度和主观发展提高度上的得分应该越高。学术性投入量表、社会性投入量表各维度与效标变量的相关系数如表 2-15～表 2-18 所示。

表 2-15 学术性投入量表一阶因子与对大学的整体
满意度、发展提高度的相关系数（N=1185）

项目	辅助性学术参与	常规性学术参与	挑战性学术参与	交流性学术参与	学术-坚持努力	学术-认知策略运用	学术-专注精力
整体满意度	0.309***	0.315***	0.263***	0.189***	0.317***	0.320***	0.313***
发展提高度	0.349***	0.323***	0.252***	0.234***	0.384***	0.424***	0.320***

表 2-16   学术性投入量表二阶因子、学术性投入量表整体与对大学整体
满意度、发展提高度的相关系数（N=1185）

项目	一般性学术投入表现	选拔性学术投入表现	学术性投入程度	量表整体
整体满意度	0.348***	0.265***	0.375***	0.449***
发展提高度	0.374***	0.226***	0.445***	0.427***

表 2-17   社会性投入量表一阶因子与对大学整体满意度、发展提高度的相关系数（N=1185）

项目	社会性活动和组织参与	非学术性人际交流	职业角色体验	社会性-专注精力	社会性-坚持努力	社会性-认知策略运用	社会性-情绪体验
整体满意度	0.265***	0.318***	0.175***	0.263***	0.274***	0.278***	0.213***
发展提高度	0.307***	0.357***	0.241***	0.276***	0.391***	0.430***	0.348***

表 2-18   社会性投入量表二阶因子、社会性投入分量表整体与对大学整体
满意度、发展提高度的相关系数（N=1185）

项目	社会性投入表现	社会性投入程度	量表整体
整体满意度	0.311***	0.317***	0.357***
发展提高度	0.372***	0.445***	0.466***

以上分析显示，学术性投入量表与社会性投入量表各维度与大学生对大学经历整体满意度、主观发展提高度都呈显著正相关，相关系数在 0.3 左右。两个量表整体与两个效标变量的相关系数在 0.45 左右。从一阶因子、二阶因子以及学术性投入量表、社会性投入量表和两个效标变量的相关系数来看，单一指标与效标变量的相关系数小于整合指标。也就是说，整体满意度和发展提高度来源于更多形式的学术性参与和投入，不仅需要质量（即深度参与），而且需要数量（即多种形式的体验）。这一结果也进一步说明了学术性投入量表和社会性投入量表有良好的效标效度。

大学经历整体满意度与学术性投入和社会性投入的相关系数比较接近，说明在对大学经历整体满意度的预测上，学术性投入与社会性投入具有比较一致的趋势，两者对个体大学经历的影响同等重要。

（三）学术性投入量表与社会性投入量表各维度之间的比较

通过比较 1185 个有效样本数据在学术性投入量表和社会性投入量表各因子上的平均值和标准差（表 2-19），可以发现：其一，从量表整体来看，大学生的学术性投入和社会性投入都不算高。两个量表都是 4 点计分，最小值是 1，最大值是 4，因此理论上的中间值是 2.5。在学术性投入量表中，除学术-坚持努力和学术-认知策略

运用外，其余的因子都低于中间值 2.5。在社会性投入量表中，除社会性-坚持努力、社会性-认知策略运用和社会性-情绪体验外，其余因子也都低于中间值 2.5，说明大学生学术性投入和社会性投入总体偏低，投入的行为表现尤其如此。以上结果表明，大学生学习投入还有进一步提升的空间，我们需要进一步了解影响大学生学习投入的因素。其二，无论是社会性领域还是学术性领域，大学生的投入程度都明显高于投入表现。问卷中的投入表现采用学生参与活动的频率来进行判断，说明大学生对不同类型的学术性活动和社会性活动的参与体验并不算多，但学生参与某类活动时的心理卷入度则基本达到了平均水平。其三，从投入表现来看，大学生的一般性学术投入表现和选拔性学术投入表现均多于社会性投入表现。其四，从投入程度来看，则出现了相反的情况，即学术性投入程度明显低于社会性投入程度。

表 2-19　学术性投入量表与社会性投入量表各维度描述性统计分析结果（*N*=1185）

项目			最小值	最大值	*M*	*SD*
学术性投入量表	一阶因子	辅助性学术参与	1.00	4.00	2.28	0.46
		常规性学术参与	1.00	4.00	2.14	0.48
		挑战性学术参与	1.00	4.00	2.44	0.67
		交流性学术参与	1.00	4.00	1.97	0.69
		学术-坚持努力	1.00	4.00	2.66	0.60
		学术-认知策略运用	1.00	4.00	2.54	0.60
		学术-专注精力	1.00	4.00	2.15	0.61
	二阶因子	一般性学术投入表现	1.00	3.92	2.21	0.42
		选拔性学术投入表现	1.00	4.00	2.20	0.58
		学术性投入程度	1.00	3.89	2.45	0.51
	学术性投入整体		1.23	3.65	2.31	0.40
社会性投入量表	一阶因子	社会性活动和组织参与	1.00	4.00	2.24	0.60
		非学术性人际交流	1.00	4.00	2.07	0.57
		职业角色体验	1.00	4.00	1.88	0.61
		社会性-专注精力	1.00	4.00	2.12	0.64
		社会性-坚持努力	1.00	4.00	2.67	0.64
		社会性-认知策略运用	1.00	4.00	2.69	0.59
		社会性-情绪体验	1.00	4.00	2.75	0.68
	二阶因子	社会性投入表现	1.00	3.78	2.06	0.48
		社会性投入程度	1.00	4.00	2.56	0.51
	社会性投入整体		1.02	3.83	2.35	0.44

第四节　分析与讨论

一、大学生学习投入问卷的内容与结构

本章对大学生学习投入问卷的编制进行了理论构想与样本数据的双重验证。在理论构想上，总结了当前关于大学生学习投入问卷在测量内容和维度构建中的优点与不足，提出应对大学生学习投入进行整合研究，具体做法如下。

首先，确立了学术性学习和社会性学习两个领域作为学习投入问卷的研究内容。重新梳理了大学情境中学习的含义，认为本科阶段中的学习应区别于本科前阶段的高中学习和本科后阶段的研究生学习，应体现出学术性领域与社会性领域的相对独立性以及两者在宏观学习意义上的有机结合，实质上这也是大学教育中的"应然"成分。应该说，这两个领域基本上能涵盖整个大学本科阶段教育的全部内容。在对理论构想进行具体操作化的过程中，笔者分别构建了学术性投入量表和社会性投入量表，以此来测量大学生的学习投入。

选择分别建立两个量表，原因如下：一方面，是基于对大学阶段社会性与学术性活动关系的理论分析；另一方面，是基于对我国高等教育现状的观察与思考。以既往理论观之，从早期的涂尔干到美国当代学者汀托，从哲学、社会学到教育学、心理学等不同学科，学术性学习与社会性学习原本就具有相对比较独立的指向和研究范畴。尽管两者之间也有交叉和融合，但由于词义偏重不同，其核心要义也不同。最为重要的是，在实践中，两者之间并不一定具有高相关，学术性投入高分者的社会性投入未必高，反之亦然。因此，若不加区分地统一将其纳入学习投入量表，可能会导致对大学生学习投入的估计出现偏差。

从高等教育实践场景中，我们也不难发现大学教育中的学术性与社会性两个领域有所分离的事实，这一点在前期的开放式访谈中得以印证。此外，就学生培养质量评判标准而言，学校内外存在着两种不同导向的标准。学校内部体现出以学术性为导向的评判标准，无论是荣誉考评、奖学金评定还是研究生保送资格获取，学生最终的学习成绩等级或在学术上的发展都在评价者的权衡体系中占据着主导性优势。当前，高等教育领域对学生学术性投入的研究偏好和主流趋势也体现出这种优越性。与校内偏重学术性评价不同的是，在学校外部则体现出以学生社会性发展

为主的评判标准。一旦从学生身份转变为职业身份，对大多数人来讲，学校中的学业成绩等级就不再受到更多的关注，超越成绩与学术本身体现出来的与社会性发展相关的能力才是学校外部对个人能力进行评判的重要标准。令人遗憾的是，两种评判标准在大学阶段的学习经历中并未产生大规模的协同效应。我们不能排除少数学生将其整合得很好，但总体而言，对更多学生来说，二者之间是断裂甚至是冲突的。这也是引发社会对高等学校人才培养质量质疑的根本原因之一。因此，如果将两者以同样的维度放在同一个量表中进行信、效度分析，可能会产生相互抵消的效应，无法反映出学生学习投入的真实情况，从而影响后续的研究与分析。

　　鉴于学生投入是一个复杂多维的结构，高阶因子分析有其合理性。就目前的统计技术来看，高阶因子应用以二阶为多，三阶及以上因子都非常少见。[1]因为从简化模型的角度而言，在一阶因子较多的情况下（一般认为至少要有 4 个），才有建立二阶因子的必要，三阶因子的建立同样如此。而且，验证因子结构的目的并非建立一个庞大的体系，而是帮助我们厘清一个概念的理论内涵。所以，综合以上分析，笔者认为分别编制两个量表既有助于我们了解学习投入的内容和结构，而且更具可操作性，是相对而言比较好的方式。

　　其次，分析了教育学和心理学两种视角下的学习投入测量偏向，提出行为（表现）和心理（程度）是投入结构的重要维度。二者的整合可以改善长期以来对大学生学习投入研究的单一状况，有利于开展跨学科的比较和应用研究。当前，国内外学者已经开始了整合研究的尝试，而且国外学者更早一步。他们多以心理学为理论基础，将行为、认知、情绪作为平行的因子结构，在这类研究中行为是内在心理过程的一部分。在国内，随着国外学生经验问卷的引入，学习投入逐步成为教育研究的热点问题。近年来，学者逐渐认识到现有问卷存在的问题与不足，提出了以"知、情、行"作为维度划分的理论依据，并进行了数据验证，这种观点与国外研究基本一致。但认真分析这类量表，可以发现其依然存在局限和不足。最明显的问题在于，为了兼顾作为心理活动外在表现的"行为"维度，被命名为行为投入的部分实质上更像是对行为品质的表述或被我们称为"意志"的东西。所以，以心理学为理论基础划分的"知、情、行"，最为准确的表述应该是"知、情、意"，而教育学视角中的"行为"更偏向于大学场域中的活动参与类型，因此，这两类"行为"在内涵上是不一致的，有着本质的差异。

---

① 侯杰泰，温忠麟，成子娟. 结构方程模型及其应用[M]. 北京：教育科学出版社，2004：89.

　　鉴于学习投入的特殊性，笔者尝试对个体学习投入进行外部成分与内部成分的组合，提出分别从投入的行为（表现）和心理（程度）两个方面来构建不同的二阶多因子结构这一理论假设。笔者将投入行为表现的多种方式（参与课内外讨论、借助网络媒介学习、海外留学、完成课程作业情况、自习情况、参加非学术性活动情况、非学术性人际交流、职业体验等）和投入心理程度的多种要素（认知策略运用、情绪体验、注意集中度、意志）都纳入进来，再通过现代统计技术获得合理的结构。

　　最后，运用科学合理的统计方法对大学生学习投入问卷整体构想进行验证。在对初测问卷进行项目分析时，严格遵循量表编制的步骤，逐步删除不合理的题项。进行探索性因子分析时，两个量表均提炼出 7 个一阶因子，因子的内涵清晰明确，但是两个量表的具体因子有所不同，这一点在后面进行详细讨论。在一阶模型中，有探索性因子分析结果作为基础，七因子模型能够较好地与数据拟合，并且各项指标优于单因子模型和二因子模型，这表明获得的一阶七因子模型在不同样本群体、不同时段都具有一定的稳健性。以一阶七因子模型为基础的二阶因子模型，其部分拟合指数较一阶因子模型略有降低，但也均在可接受的范围内。在考虑模型的取舍时，还需符合理论建构和研究目的，最终经综合考量，确定将学术性投入的二阶三因子模型和社会性投入的二阶二因子模型作为后续研究的分析模型。

　　从研究的流程看，按照测量学的要求，在开放式问卷调查和预测问卷的基础上形成正式问卷（包含两个分量表），同时进行大样本（有效样本 1185 个）施测，并对量表进行验证性因子分析和信、效度分析，各项指标良好，验证了投入表现和投入程度的理论构想。与预测问卷有所不同的是，在正式问卷的题项设置上，笔者并没有设置反向计分题，全部问卷都使用正向表述，主要是基于以下两点考虑。

　　其一，为了规避反向计分题可能引起的项目表述效应。在预测问卷中，为了避免出现被试的社会赞许效应，笔者设置了个别反向计分题。结果发现，这些题项无论是项目分析还是因子负荷都不太理想，与正向计分题有很大差异。同时，探索性因子分析结果显示，反向计分题容易自成一个维度，从而降低了其与正向计分题之间的相关，这自然会影响项目的有效性。现有的一些问卷结构效度也存在这样的反向表述效应。比如，国内有研究基于 SERU 将大学生学习经历分解成 7 个因子，学术参与是其中之一。[①]在学术参与这个因子中，通过探索性因子分析抽取出 8 个维度（共 34 个题项），其中缺乏投入因子的题项全部为反向计分题。实质上，从语义表达来看，如果用正向方式进行同义表述，这些题项完全可以分别负荷到与之相关的其他因子中。

其二，通过对预测问卷的内容进行分析和判断，笔者认为学术性投入量表和社会性投入量表中投入表现的多少与程度的强弱都不具有明显的指向性，并不会引发太大的社会赞许效应。综合上述原因，学术性投入正式量表和社会性投入正式量表没有再设置反向计分题。

二、学术性投入量表与社会性投入量表的结构异同

学术性投入量表与社会性投入量表的结构既有相同之处，也有不同之处。相同之处在于，正式问卷中的一阶因子验证与预测问卷的探索性因子分析结果都比较吻合，且两个量表都可以分解出包含投入表现和投入程度的高阶因子。

两个量表结构的不同之处主要表现在两个方面：第一，从二阶因子看，二者在数量上有所不同。社会性投入量表的二阶二因子与最初的理论模型完全一致，而在学术性投入的二阶因子模型中，笔者采用了不违背初始理论构想，并且与样本数据拟合更好的二阶三因子模型。实质上，二者是一致的，其内涵并没有超越投入表现与投入程度这两个范畴，只不过是对投入表现进行了细化。第二，从一阶因子看，投入程度指向的一阶因子在内涵上有所不同。由于投入程度主要是指学生个体内在的各项心理资源的卷入度，笔者预设了与投入程度相关的理论因子，主要包括认知策略运用、意志（坚持努力）、情感（情绪）、注意（专注）等多种心理过程。在预测问卷中，关于学术性投入程度和社会性投入程度的题项都涵盖这些理论维度。项目分析和探索性因子分析结果显示，认知策略运用、意志、注意等一阶因子的题项在学术性和社会性投入程度上具有较好的收敛，可以较好地表述学生投入的程度。但是，情绪体验这一因子在学术性投入量表和社会性投入量表中的因子负荷结果却不一致。在社会性投入量表中，情感体验也具有较好的收敛，说明情感体验能较好地表达学生在社会性活动中的心理状态，但在学术性投入量表中，无论是前期项目

---

① 陆根书，胡文静，闫妮. 大学生学习经历：概念模型与基本特征——基于西安交通大学本科生学习经历的调查分析[J]. 高等教育研究，2013(8)：53-61.

分析还是随后的探索性因子分析，情感体验题项的因子负荷均不理想，表明情感体验并不能很好地代表学术性投入的程度。

　　国外有一些学者认为，学生不需要情绪的投入也能很好地完成工作和学习[①]，因此情绪体验并非投入的应有之义。国内一些研究者也指出，大学生在学术性学习中体验到的消极情绪更多。比如，陈业玮等通过外部评价法对商科学生的学习投入进行了研究，发现商科学生报告曾有令其兴奋的学习体验者仅占 18%，而用负性词语评价学习体验的学生却高达 80%。[②]出现这一情况的原因可能在于，长期以来，中国学生接受的应试教育使他们的学业压力较大，尤其是高中阶段以成绩排名作为主要衡量标准，导致他们很难对学术性学习自发地产生积极情绪。到了大学阶段，学位证的取得、奖学金的评定也常常与学科考试通过率、学习成绩排名挂钩，对学生而言，学术性学习更像是一种不得不完成的任务而非学习志趣的吸引。在这种情况下，一些学生的学术性投入具有更多的防御性目的，并体现出避免失败的动机。有研究者发现，避免失败的动机与积极情感体验呈负相关或不相关。[③]此外，日益增大的就业压力、有待完善的学校制度安排（难以自由转选专业）、对考试成绩的过于倚重都可能影响学生学术性学习的积极情绪体验。量表的目的是测量学术性投入而非不投入，故量表中情感体验相关题目的表述基本都是积极正向情绪，如"我专心致志学习时内心充满了快乐"（学术性投入量表题项）。这导致学生在这些题项的选择上呈现出低分一致的倾向，从而致使题目高低分组的差异不大、区分度不高，也很难用是否存在积极的情绪体验来表征他们的投入状态。

　　社会性投入则不存在这一问题。在大学中，社会性活动是高度开放的，是否参与，学生可以自愿选择，对参与活动要达到什么样的结果也没有强制性的要求。愿意投入到社会性活动中并坚持下去的学生必然对社会性活动有更高的情感维系水平，因此社会性投入量表中的情绪体验因子能很好地表达其投入状态。这也体现出了学术性投入与社会性投入相对独立的特性。

---

　　① Newmann F M, Wehlage G G, Lamborn S D. The significance and sources of student engagement//F. M. Newmann(Ed.), Student Engagement and Achievement in American Secondary Schools[M]. New York:Teachers College Press, 1992: 11-39.

　　② 陈业玮，徐萍平. 提升商学院大学生的学习投入探究——基于专业承诺的学习心理视角[J]. 中国高教研究，2013(9)：94-98.

　　③ 赵婧，訾非. 完美主义与情绪模式、成就动机类型的相关研究[J]. 中国健康心理学杂志，2010(2)：170-172.

此外，在最初拟定问卷题项时，笔者并没有对投入表现的相关题项进行维度设定，只是尽可能地涵盖大学阶段的学术性和社会性两个领域。另外，社会性投入与学术性投入的行为表现有很多面向，两个量表不可能相同，也不具备可比性。因此，对两个量表的"投入表现"这个维度，本书研究不做比较。

三、大学生学习投入不同维度得分差异

从行为表现和心理程度的维度划分来看，大学生学习投入表现与学习投入程度处于不同水平。总体而言，在学术性活动和社会性活动中，学生的投入程度基本处于中等水平，而投入的行为表现得分低于投入程度。

在学术性投入程度和社会性投入程度量表中，得分最低的一阶因子是"专注-精力"。国内一些研究也支持了这一结果。舒子吁采用自编的学习投入量表考察了大学生的学术性投入，发现大学生在学习收益、自我要求、学习计划、学习态度四个方面的得分都高于中间值，处于中上水平，但是在专注性上的得分低于中间值。[1]崔文琴使用修订后的 UWES-S 对大学生学习投入进行了调查，发现在活力、奉献与专注性三个因子中，大学生在专注性上的得分低于中间值且为最低，而活力次之。[2]这说明专注性偏低、学习精力不充沛可能是目前我国大学生普遍存在的问题。

从语义上讲，专注和精力体现的是大学生在学术性和社会性学习活动中不受外界干扰的忘我境界与沉浸状态，达到这种状态需要个体对学习对象具有一定程度的需求和强烈的内部动机，并表现出高度集中的注意力和旺盛的精力，在投入过程中甚至感觉不到疲惫。这种内在的自发性的状态，与志趣、热爱等内在情绪具有正向关联，而与外部强制性因素的相关并不明显。这本是学习过程中的积极状态，但是随着社会中的功利主义思想向教育场域的不断蔓延和侵蚀，这种"以人为本，尊重天性"的教育观念日渐式微。正如雅斯贝尔斯所言："本来学生的学习目的是求取最佳发展，现在却变成了虚荣心，只是为了求得他人的看重和考试的成绩；本来是渐渐进入富有内涵的整体，现在变成了仅仅是学习一些可能有用的事物而已。本来是理想的陶冶，现在却为了通过考试学一些很快就被遗忘的知识。"[3]因此，

---

① 舒子吁. 大学生学习投入问卷的编制及其应用[D]. 江西师范大学硕士学位论文，2009：35.

② 崔文琴. 当代大学生学习投入的现状及对策研究[J]. 高教探索，2012(6)：67-71，143.

③ 雅斯贝尔斯. 什么是教育[M]. 邹进，译. 北京：生活·读书·新知三联书店，1991：45.

"为了训练的目的，一个人的理智认识方面已经被分割得支离破碎，而其他的方面不是被遗忘，就是被忽视……为了科学研究和专门化的需要，对许多青年人原来应该进行的充分而全面的培养被弄得残缺不全"[①]。

过去，应试教育将学生圈在小小的课堂之中，一些学生逐渐失去了发现志趣的眼光和发展爱好的空间。一些学生直至面临大学专业选择时，也不清楚自己的志趣到底在什么地方；西方功利主义思潮的不断侵蚀又使得部分家长和学生常常以未来物质回报作为专业选择的标准而忽略了志趣，这必然导致学生专注程度的下降。

两个量表中的投入表现得分均低于投入程度得分，这体现出了大学阶段学习投入与中等教育阶段不同的特点。通常认为，在不具备动机的情况下，学生在学术性活动或社会性活动中可能会因为外部制度、规训或其他压力而表现出符合社会期望的行为，而这只是一种表面的投入或形式上的投入，并不代表心理资源的卷入。换言之，由于行为具有可观察性，形式投入或表面投入是一种敷衍的"在场"，其实质是学习投入的行为表现与心理程度的相对分离所致的表现与程度的不同步。相对于中等教育阶段而言，大学更像是一个低规训的环境。大学对学生的管理更为宽松，在某种程度上体现出学生自我管理的特性，因此学生学习投入的"表演"成分就会相对较少。学生刚从高中升入大学，经历了高考的严苛筛选，他们身上或多或少带有高中时期的学习惯性，大学中的学习形式与高中又有很大的不同，他们需要逐渐适应和参与，所以相较于学习投入表现的得分，他们在学习投入程度上的得分会更高。

尽管相对于高规训-低动机环境而言大学场域学生投入的"表演"成分会相对较少，但并不是说大学校园中就不存在这种表面投入。在适应了大学生活后，一部分动机不足的学生就会出现"自我放逐"的状况。高校虽然是低规训环境，但并非无规训，也有一定的纪律和规约，所以在高等教育教学实践中也常常会出现"人到心不到"的情况。例如，一些学生可能会自发去教室或图书馆自习，却常被无关事物打扰，难以专注、坚持并沉浸到学术性学习中；为了应付课堂点名，一些学生虽然从不缺课，但课堂上睡觉、看课外书、玩手机的现象却屡禁不止；为了应付作业，一些学生可能交上洋洋洒洒几大页的研究报告，却多是采用"剪刀+糨糊"的方式完成的；为了应付学习要求，学生可能会参与合作学习，却往往只是"搭便车"，

---

① 联合国教科文组织国际教育发展委员会. 学会生存——教育世界的今天和明天[M]. 华东师范大学比较教育研究所，译. 北京：教育科学出版社，1996：193.

并没有进行实质性的学习互动。这样的表面模式同样可以复制到社会性活动中。与投入表现不同，投入程度作为一种心理过程，体现的是一种更为真实的个人情况。这些都说明了学习投入行为和投入程度的相对可分离性。因此，如果我们仅以学生的学习性投入表现作为衡量其是否投入的标尺，而不考虑投入时的心理状态，结果可能会出现很大的偏差。如果仅以心理状态作为衡量标准，而不考虑其投入表现，则无法体现出大学场域的特殊性和学习投入的生动图景。无论如何，从理论上讲，投入行为和投入程度并不矛盾，二者协同发展才能更好地呈现出大学生学习投入的最优状态。

本 章 小 结

结合既有研究的不足，本章通过理论追溯和现实取景，提炼出了整合的大学生学习投入构想思路，采用科学的数据收集方法和统计手段，分析验证了大学生学习投入问卷的理论构想。问卷具有良好的信度和效度，为进一步的研究奠定了基础。

大学生学习投入是大学生在有教育意义的学术性活动和社会性活动中的行为表现与心理状态。从内容上看，这一概念包含了大学中的学术性领域和社会性领域；从形式上看，囊括了投入的行为表现和心理状态。学术性投入包括辅助性学术参与、常规性学术参与、挑战性学术参与、交流性学术参与、学术-坚持努力、学术—认知策略运用、学术—专注精力 7 个一阶因子，以及一般性学术投入表现、选拔性学术投入表现、学术性投入程度等 3 个二阶因子。社会性投入包括社会性活动和组织参与、非学术性人际交流、职业角色体验、社会性-专注精力、社会性-坚持努力、社会性-认知策略运用、社会性-情绪体验 7 个一阶因子，以及社会性投入表现和社会性投入程度 2 个二阶因子。学术性投入和社会性投入共同构成了大学场域学生学习投入的生动图景。

学习投入关乎学生个体发展，研究大学生学习投入的概念结构并非教育工作者的目的，最终目的是提高学生的教育收获。那么，大学生的学习投入是否能有效地提高个体的教育收获呢？对这个问题的回答，关乎本书研究的现实意义，有必要对其进行解答。此外，学习投入和教育收获作为高等教育的过程与结果，是个体在教育场域中的主体行动，必然会受到学校教育的影响，这一因果关系已经得到了许多经验研究的支持。但是，为何当个体接受相同或相似水平的学校教育却依然显示出不同的学习投入状况和教育收获？其背后又是哪些因素在起作用？深深印刻在个体身上的家庭背景这一"结构烙印"在时空的延展中是否会影响大学生的学习投入和教育收获？这正是笔者最感兴趣的地方。家庭背景与个体的关系密切，任何时候我们都不可能将家庭背景完全撇开而谈论个体的行动和发展。那么，家庭背景对大学生学习投入和教育收获的影响效应如何？作为行动过程的学习投入是否在家庭背景这一结构性因素与教育收获这一结果之间具有中介作用？对这一问题的回答，既是对复杂的"结构-行动-结果"这一社会学命题在教育领域的理性探索，也是对高等教育过程公平的现实回应，因此具有重要的意义。以上问题也是后续研究的重点之一，第三章将给予解答。

家庭背景对大学生学习投入与教育收获的影响

第一节　需要澄清的三个问题

　　教育的目的是促进人的全面发展，高等教育的首要任务是人才培养。无论是发展还是培养，都体现出从低到高、由少至多的增量变化，这种变化即个体的教育收获。对高等教育进行研究，无论出于何种目的，基于何种视角，借鉴何种理论，采用何种方式，最基本的落脚点仍是指向对学生教育收获的关注。如果把大学的教育看作一种影响，我们关注的是在这种影响下个体的发展是否得到了增值，他们又是如何获得增值的？对于前一个问题，国外有研究表明，大学教育对于学生认知技能和智力发展存在净效应。①但是在国内，学界对这一问题并未给予太多的回应。似乎这并不是一个值得去研究的问题——答案显而易见；抑或这又是一个难以研究的问题——净效应难以测量。高考具有一定的选拔性，要对接受不同影响的两个同龄群体（接受高等教育者与未接受高等教育者）的发展做出判断，就必须排除智力、学识乃至社会变革、家庭、教育背景等因素，另外还需要有一套与大学学制年限相同的关于两个群体的追踪数据，这无疑有很大难度。因此，人们更倾向于直接对结果进行判断，即考察同龄大学毕业生和非大学毕业生在就业、收入、社会地位、长远发展等方面的差异。实质上，这种差异在高考分流伊始就已经带有明显的

---

① Pascarella E T, Terenzini P T. How College Affects Students:A Third Decade of Research(Vol.2)[M].San Francisco:Jossey-Bass, 2005: 155-212.

结构分层特征，很大程度上受制于个体在社会结构中的原初位置。结构的作用甚至可能比教育本身的作用更大，因而很难定论学制年限内的教育所施加的影响大小。以至于有学者认为，"一方面，教育机构是根据不同学校的自主程度进行分布的，就是说，是根据它们对选拔标准、技术标准、伦理标准，特别是学业标准的认同程度进行分布的……另一方面，教育机构还根据它们学生所持有的学业资本总量，以及这些学生从他们的家庭中继承得来的资本的结构进行分布"[①]。

　　尽管教育社会学研究中许多理论和实践批判都指向高等教育在维持现有社会结构中的作用，但关注视角主要集中在哪些学生更容易进入高等教育场域以及外在于教育场域的高职业地位的获得。20 世纪 70 年代，西方流行的新教育社会学将关注的重点从高等教育场域外部转向了内部，呈现出两类研究视角：第一种视角从知识政治性和语言属性的角度，描述了知识的社会控制功能和语言的社会分化功能，批判了教育对人所从属阶层的规训和强化。这是从高等教育场域内部过程的角度去描绘、解释和批判宏大的社会政治现象的。还有一种视角从社会等级的结构来对应高等教育中的学校、学科、专业分层。第二种视角关注的重点是高等教育场域内部的资源分配，但对高等教育场域内部人的活动的关注并不太多。就本书而言，我们更为关注的是已经置身于高等教育系统的大学生在其教育经历和教育结果上是否还会受到家庭背景的影响。对这一问题的回答，可以让我们更好地检视高等教育在促进社会公平方面的作用。从这一目的出发，可以分解出三个研究问题：学习投入对教育收获有怎样的影响？家庭背景对大学生教育收获是否存在影响，影响效应如何？家庭背景对教育收获的影响机制是什么？

　　第一个问题并不是新问题，学界在这方面已有诸多研究。但是，本书中的变量涉及的指标内涵更加宽泛，因此对此问题进行澄清，既是对前人研究结果的回应，也是后续进行研究的基础。对于第二个问题，学界有不同的看法。高等教育扩招前，我国实行的是精英教育。在很长一段时间，高等教育学历标签具有精英符码的象征意味，取得高等教育学历本身就代表教育收获。在当时普遍的社会话语中，知识能力水平与高等教育学历是完全等同的。随着高等教育的扩招，学历和知识能力水平逐渐开始剥离，"学历"不再是教育收获的代名词，大学生的知识获得和能力提升受到更多的关注。

---

① 布尔迪厄. 国家精英：名牌大学与群体精神[M]. 杨亚平，译. 北京：商务印书馆，2004：260-261.

在对知识和能力等教育收获内容进行探讨的相关研究中，也出现了一些不太一致的研究结论。钟云华以学业成绩作为衡量大学生学业成就的指标，发现阶层背景在高等教育过程中对学生学业成就产生的影响是负面的[①]，而美国学者斯蒂芬·海尼曼（S. Hevneman）和威廉·洛克斯莱（W. Loxley）则发现，在发达国家，阶层背景因素比学校因素更能解释不同学生的学业成就差异[②]。这说明家庭背景对大学生学业成就的影响非常复杂。这种复杂性表现在：一方面，教育收获并非可以直接测得的构念，它是一个复杂多维的构成，不同的研究基于不同的目的选择的研究指标不尽相同，如果不对家庭背景和教育收获的复杂性进行综合考虑，那么得出的结果可能就会不一致；另一方面，家庭背景作为一个结构性因素，要对另外一个结果变量产生影响必然需要借助中间过程，这无疑也增加了两者关系的复杂性，而这个中间过程就是需要我们探究的中介机制。这就涉及对第三个研究问题的分析。

对于第三个问题，首先，需要明确中介机制应是大学中的个体行动，因为教育收获是大学生的行动结果。在对大学生教育收获的研究中，研究者普遍认为因果链上最近端的变量是学习投入。但大多数研究者对学习投入变量的选择相对较为单一，并没有综合地考虑学生在不同领域的投入对不同类型教育收获的影响。正如前文所述，学习投入包括两个相对独立又相互联系的维度，即社会性投入和学术性投入，对于每个维度，又可以从投入表现和投入程度进行衡量，它们对学生的教育收获可能会产生不同的影响，但是这种推论尚需进行验证。其次，需要了解家庭背景与学习投入是否存在相关。如前文所述，学习投入是一种人的活动，从理论上讲，人的所有活动都不可避免地要受到其在社会结构中的位置的影响，这种社会结构可以是历时态的，也可以是现时态的。人的活动的产生、发展和结局全过程都受制于其所处的结构和所在的环境，家庭、学校和社会都可能对其产生影响，因此没有任何两个人的活动轨迹是完全一致的。家庭背景作为体现结构秩序特征的要素，必然会对学生的学习投入产生影响。综合上述分析可以发现，将学习投入作为家庭背景与教育收获的中介因素进行探讨，具有一定的理论依据。

① 钟云华. 阶层背景对大学生学业成就影响的实证分析[J]. 高教发展与评估，2012(2)：108-115，120.
② 转引自：莫琳·T. 哈里楠. 教育社会学手册[M]. 傅松涛，孙岳，谭斌等，译. 上海：华东师范大学出版社，2004：455.

第二节   主要变量的测量指标

本章的研究数据来源于对学习投入正式施测的样本群体，具体样本分布如表2-4所示。由于施测过程控制较好，剔除最初的无效样本，第二章研究中的 1185 个有效样本数据在本章中仅有 1 个缺失值，因此进入分析的样本量为 1184 份。

一、学习投入的测量

本章采用了自编的学习投入问卷。该问卷包括学术性投入和社会性投入两个量表，共计 68 个题项，1～4 级计分，信、效度良好。其中，学术性投入包括 7 个一阶因子和 3 个二阶因子；社会性投入包括 7 个一阶因子和 2 个二阶因子。各因子内部一致性信度系数在 0.687～0.930，采用各因子的均值来判断学生的投入水平。

二、教育收获的测量

在教育收获的测量中，自评法的应用较为普遍，该方法快捷、方便，非常适用于大样本调查。但是教育收获的自评依据却有很大的不同，从已有研究来看，大致分为两类：一类评价通过对具体实在的可比性指标进行判断获得，学生的学业成绩、成绩等级、获奖情况等常常被作为既定的可比性指标，这种评价依据相对更为客观；另一类评价通过隐约、模糊的自我感知进行判断获得，这种评价多以特定量表测量为主，评价依据相对更为主观。两种方式各有利弊，第一种方式简单、直观，但因成绩、等级等数据的类型不同，对评价分数进行合并，需要将其转化为标准分数，所以研究者更倾向于使用单一指标。第二种方式的测量内容更为广泛，数据形式较为统一，便于直接运算。

本章对教育收获的测量采用多指标综合考察的方式进行。参考以往的研究，笔者将教育收获分为认知收获和非认知收获两类。结合可操作性原则，采用发展提高度、学业成绩等级、获奖情况三个变量作为教育收获的测量指标。其中，发展提高度是指学生对自己在大学中认知能力和非认知能力提高程度的主观评价，是一个复合性指标；学业成绩等级通过学期综合成绩排名认定，以评定指标的等次为判断标准，不以旁人的主观意志为转移；获奖情况在一定程度上可以考查学生参与专业学习以外的社会活动及运用知识处理问题的能力。为了与学业成绩相关奖项区别开来，此处的获奖情况均指学生在学校所获得的不以学业成绩为选拔标准的校级以上活动奖励的情况。

1）发展提高度的测量。对于发展提高度，采用 NSSE 中关于学生发展提高自我评价的 12 个题项（见附录二）进行测量。这一测量指标的优点在于，相关研究报告其因子结构比较稳定。[①]笔者采用探索性因子分析提取的两个因子也与前人的研究一致，两个因子可以解释发展提高度 56.64% 的变异，且题项可以分别归属于认知收获和非认知收获两个维度。两个因子及整个量表的内部一致性信度系数分别为 0.827、0.851、0.901。

2）学习成绩等级的测量。问卷调查采用的是匿名方式，且样本量较大、抽样较为随机，要想逐一获取受测学生的成绩等级档案有很大难度。因此，本研究采用学生自评的成绩等级来替代档案成绩。诺夫特（Noftle）等的研究证实自我报告的 GPA（grade point average）与从学校记录中获得的 GPA 具有非常高的相关（相关系数接近 0.9）[②]，因此以自评的学生成绩等级来替代档案成绩具有一定的可靠性。在具体的测量上，将学生在年级同一专业所处的位置共分为 5 个等级，并由学生自行判断与自己最为接近的等级。"5"表示专业排名靠上（前 20%），"4"表示专业排名中上（21%～40%），"3"表示专业排名中等（41%～60%），"2"表示专业排名中下（61%～80%），"1"表示专业排名靠后（后 20%），此为定序变量。当定序变量的取值比较多且间隔比较均匀时，也可以近似作为连续变量处理。[③]因此，在数据处理上，笔者将学业成绩等级视为连续变量。

3）获奖情况的测量。获奖情况主要是学生所获得的不以学业成绩为选拔标准的校级活动奖励情况。该指标为二分定类变量，考察学生是否获得过校级以上的奖励，获得过校级以上的奖励，编码为"1"，没有获得过校级以上的奖励，编码为"0"。

---

① 许长勇. 大学生专业承诺对学习投入和学习收获影响机制的研究[D]. 河北工业大学博士学位论文，2013：25.

② Noftle E E, Robins R W. Personality predictors of academic outcomes:Big five correlates of GPA and SAT scores[J]. Journal of Personality and Social Psychology, 2007(1): 116-130.

③ 温忠麟，刘红云，侯杰泰. 调节效应和中介效应分析[M]. 北京：教育科学出版社，2012：86.

三、家庭背景的测量

（一）客观家庭背景及其测量

家庭背景在某种程度上代表了个体在社会结构中所处的位置，国内外研究者对家庭背景的度量通常采用家庭收入水平、父母受教育水平和父母职业地位三个指标。家庭收入水平、父母受教育水平和父母职业地位代表的是在特定的时期家庭的经济资本、文化资本和权力资本（关系）的高低及在整个宏观社会中所处的地位。客观家庭背景是由第三方（学者或专家）给定的排序，它对每个单位个体（个人或家庭）都执行同样的评判标准，不以个人的主观感受为转移，具有一定的客观性，故这种体现出明显社会层级的相对客观的测量指标也称为客观家庭背景指标。

我国学者李强以美国社会学家和社会统计学家邓肯提出的社会经济地位量表为基础，结合中国的实际情况进行修订，提出了测量城市居民社会经济地位的具体方法，包括教育、家庭成员人均收入和职业三个类别。为了便于折算成整合的分数，他将三个指标都分为 1～7 个等级，每个指标最终得分相加所得的综合值所属区间就代表个体所属的社会阶层。①本章在沿用这种分级方法的基础上，结合当前社会发展水平和研究对象的实际情况进行了适当的修改、调整。客观家庭背景指标的调整情况如表 3-1 所示。需要说明的是，李强研究的对象就是被试本人，而本研究则是通过测量被试父母的受教育水平和职业地位以及家庭经济收入水平进而考察学生整体的客观家庭背景情况，两者在测量对象上有所不同。

表 3-1　客观家庭背景指标的调整情况

项目	评分	李强划分的标准	本研究划分的标准	备注
教育	7	研究生及以上	同左	无变动
	6	大学本科		
	5	大学专科		
	4	高中、中专、中技、职高		
	3	初中		
	2	小学		
	1	不识字或识字很少		

① 李强. 当代中国社会分层：测量与分析[M]. 北京：北京师范大学出版社，2010：28.

续表

项目	评分	李强划分的标准	本研究划分的标准	备注
家庭成员人均月收入	7	6001 元及以上	8001 元及以上	有变动
	6	4001～6000 元	6001～8000 元	
	5	3001～4000 元	4001～6000 元	
	4	2001～3000 元	2001～4000 元	
	3	1001～2000 元	1001～2000 元	
	2	501～1000 元	501～1000 元	
	1	500 元及以下	500 元及以下	
职业	7	高层管理人员与高级专业技术人员	企事业单位高层管理人员、机关干部（副处级以上）、高级专业技术人员、军队团职以上（包括团职）	有变动
	6	中层管理人员与中级专业技术人员	企事业单位中层管理人员、机关干部（正科级以下）、军队团职以下（不包括团职）、私营企业主	
	5	一般管理人员与一般专业技术人员	中级专业技术人员	
	4	办公室一般工作人员	初级专业技术人员、一般办事人员	
	3	技术工人	个体商户、技术工人	
	2	体力劳动工人	一般工人、商业服务人员	
	1	临时工、城市农民工、无职业者	农民、无业人员	

1）在受教育水平方面，本研究划分的标准沿用李强教授提出的标准，没有进行改动。

2）在家庭经济收入方面，李强教授提出的具体描述指标是"家庭成员人均月收入"。家庭成员是指在一起共同生活、经济上没有分家、属于共同经济核算的成员。他参照 2004 年的城镇居民收入水平将标准划分为 7 个等级，最低为 500 元及以下，最高为 6001 元及以上。由于该测量方法是在十多年前提出的，而且对象仅针对城镇居民，不包括农村居民，从时间跨度来看，这一标准应该有所提升，但从对象范围来看，这一标准又可能降低，因此需要对这一指标的划分标准进行调整。在具体方法上，笔者查阅 2004 年城镇居民平均收入水平，并将其与李强教授的分类标准进行比较，推算出其划分的权重公式；然后，查阅调查当年（2014 年）全国人均收入水平数据，套入公式进行计算，最终获得客观家庭经济收入的 7 级划分标准，最低为 500 元及以下，最高为 8001 元及以上。

3）对职业地位的测量比较复杂，参考量表的划分标准过于笼统，且不包含农村群体，因此除了参考李强教授的提法，笔者还参考了李春玲教授在《当代中国社会的声望分层——职业声望与社会经济地位指数测量》[①]一文中提出的职业声望分类办法。两位学者都将职业地位分为 7 级，7 个属类的内涵大致相同。在问卷施测的过程中，为了便于学生理解和填写，呈现给学生的共有 16 个职业类别备选项。在最后的统计中，将这 16 个备选项分别纳入 7 个等级之中，具体如表 3-1 所示。

（二）主观家庭背景及其测量

除了客观家庭背景外，还有一类用以考察个体对自身家庭背景主观认知的指标，称为主观家庭背景指标，两类指标常常综合使用。例如，在研究阶层地位时，既采用客观地位合成指标，也采用个体对自身所处阶层的主观认知这一指标。[②]客观家庭背景指标是专家依据个体的经济地位、文化背景和权力地位可能占有资源的多少给定的标准，所以它并不以被试的主观意志为转移。但是这种给定的标准并不代表个体认同的标准。资源的价值在于其可利用性，这种可利用性又因使用者的个体认知和使用情境的不同而有所不同，因此家庭背景还存在一种内在于个体的主观判断标准，这种判断的基准在于个体对家庭经济、文化和权力衍生的资源可利用性的认知。主观家庭背景这一指标的合理性在于，个体的行动源于对客体的认知，主观指标对解释个体的行动往往比客观指标有更好的效果。其局限则在于，主观指标的测量群体相对有限，多在认知发展较为成熟的成年群体中实施。本书研究的对象是大学生，这一群体的自我认知和思维发展都已经较为成熟，能够对自身情况进行相对准确的判断。布迪厄曾用"主观主义"这个词指称所有集中关注个体或主体之间的意识与互动的知识形式，用"客观主义"这个词指称所有集中关注人类行为的统计学规律性的知识形式。他认为对立的双方都提供了对社会生活的重要见解，如果孤立起来思考就依然是片面的。[③]因此，本研究对家庭背景的分析既采用客观指标，也采用主观指标。

---

① 李春玲. 当代中国社会的声望分层——职业声望与社会经济地位指数测量[J]. 社会学研究，2005(2)：74-102，244.

② Adler N E, Epel E S, Castellazzo G, et al. Relationship of subjective and objective social status with psychological and physiological functioning:Preliminary data in healthy, white women[J]. Health Psychology, 2000，19(6): 586-592.

③ 转引自：付文波. 布迪厄的社会理论及对传播研究的启示[J]. 理论观察，2008(6)：108-110.

　　采用主客观两类指标对同一对象进行测量时，主客观指标应该具有一致的内涵。在客观家庭背景中，经济收入表明了家庭在社会结构中的经济地位高低，具体到大学生个体层面，则表示家庭可以为学生在大学学习提供经济支持的程度。在主观家庭背景中，与家庭经济收入对应的主观指标为大学生对家庭经济支持程度的感知。父母受教育水平是一种文化资源。在布迪厄看来，文化最大的优势在于它与其他资本之间的可转换性，其对个体的影响不如物质资源那样直接和显性，但更可能产生一种潜在的指引作用和持续动力。一般来讲，拥有大学学习经历的父母更可能为子女提供与大学学习相关的有价值的意见，因此具体到大学生的主观认知层面，其对应的主观指标为大学生对父母有效指导的感受程度。父母的职业表征着家庭权力资源和关系网络。一般来讲，职业地位越高，其拥有的社会资源越丰富，社会关系网络也就越稳定、越广泛，可交换的价值也就越大。但是家庭关系网络作为一种客观资源而存在，如果不能在个体的主观意识层面得以反映，其对个体行为的作用效力也就无从谈起。因此，父母职业对应的主观指标为大学生对家庭社会关系的认知。

　　综上所述，本章将家庭背景变量分为客观家庭背景（经济收入、父亲职业、母亲职业、父亲受教育水平、母亲受教育水平）和主观家庭背景（家庭经济支持、父母有效指导、家庭社会关系）。家庭背景变量均为定序或定距变量，统一视为连续变量，分值越高，表明家庭背景越好。客观指标和主观指标之间的偏相关系数为0.75，表明两者具有中高程度的一致性；低于0.9，说明两者也存在一些差异，分别使用主观和客观两类指标对大学生的学习投入进行测量是有意义的，可能会得出不同的结果。

四、控制变量及其测量

　　第一，学校特征变量。学校特征变量可能会影响学生获得的教育资源的支持情况，从而影响学生的教育收获以及学习投入，需要将其作为控制变量处理。与学校相关的变量非常多，不可能像实验研究那样将其完全排除，即便通过统计手段进行控制也有一定的难度，因此笔者采用学校类型和生师比对其进行集束化处理。具体而言，笔者用两个指标来表征：一是学校类型（985高校、211高校、普通高校），此为类别变量，以普通高校为参照进行虚拟变量设定，分别编码为1、2、3。二是学校生师比，视为定距变量。之所以采用这两个变量来替代其他具体学校特征变量，是因为其具有一定的聚敛性。一般来讲，学校类型可能是对学校经费、学生原初知识水平、学校资源支持度等变量的集束，生师比可能是对师生互动水平、教师指导频率等变量的集束。

第二，人口统计学变量。它包括被试的性别、年级（大一到大四）、民族（汉族与少数民族）、专业（人文社科类、自然科学类）等，以上变量均为类别变量，在回归分析时进行虚拟变量处理。

第三节　数据分析结果

一、学习投入对教育收获的影响效应

（一）大学生不同水平学习投入对教育收获的影响差异

为了了解学习投入不同的大学生在教育收获上是否存在差异，本研究将大学生按整体学习投入、学术性投入、社会性投入的平均分数分为高、中、低三个组别。遵循正态分布的原则，将分数前 27% 左右的被试纳入高投入组，将分数后 27% 右的被试纳入低投入组，其余被试纳入中等投入组，分别考察不同组别大学生的发展提高度、学业成绩等级、获奖情况是否存在显著的组间差异。

1. 不同学习投入水平大学生的发展提高度的差异比较

笔者对学术性投入、社会性投入及整体学习投入进行了分组考察。表 3-2 的结果显示，无论是学术性投入、社会性投入还是整体学习投入，都显示出大学生在发展提高度上存在明显的组间差异（$p=0.000<0.001$）。事后检验显示，三者呈现出"学习投入水平越高，学生发展提高度越高"的同向趋势。

表 3-2　不同水平学习投入对大学生发展提高度的影响差异

项目	分组（n）	M	SD	F（P）	Scheffe 检验（P）
学术性投入	高（320）	3.147	0.460	123.494 （0.000）	高>中（0.000） 高>低（0.000） 中>低（0.000）
	中（554）	2.862	0.469		
	低（310）	2.555	0.491		

续表

项目	分组（n）	M	SD	F（P）	Scheffe 检验（P）
社会性投入	高（321）	3.149	0.445	120.172 (0.000)	高>中（0.000）
	中（545）	2.848	0.463		高>低（0.000）
	低（318）	2.568	0.516		中>低（0.000）
整体学习投入	高（318）	3.195	0.446	173.223 (0.000)	高>中（0.000）
	中（544）	2.851	0.452		高>低（0.000）
	低（322）	2.522	0.475		中>低（0.000）

2. 不同学习投入水平大学生的学业成绩等级的差异比较

表 3-3 的结果显示,学习投入对大学生学业成绩等级的分组检验结果出现了与发展提高度不一致的效应。不同水平的学术性投入和整体学习投入对学业成绩等级的影响存在显著的组间差异,高投入组学生的学业成绩显著高于中投入组和低投入组,中投入组学生的学业成绩也显著高于低投入组。但从社会性投入分组来看,虽然其学业成绩也出现了组别高、中、低的差序等级,但差别较小,也不具有统计学意义。这说明在对学业成绩等级的影响上,学术性投入和社会性投入可能存在不同的效应,社会性投入对学业成绩的影响不大,整体学习投入对学业成绩的显著影响主要表现在学术性投入上。

表 3-3　不同水平学习投入对大学生学业成绩等级的影响差异

项目	分组（n）	M	SD	F（P）	Scheffe 检验（P）
学术性投入	高（320）	3.648	0.911	46.033 (0.000)	高>中（0.000）
	中（554）	3.356	0.927		高>低（0.000）
	低（310）	2.931	1.012		中>低（0.000）
社会性投入	高（321）	3.365	0.926	0.503 (0.605)	组间差异不显著
	中（545）	3.301	1.006		
	低（318）	3.299	0.996		
整体学习投入	高（318）	3.557	0.906	17.033 (0.000)	高>中（0.001）
	中（544）	3.300	0.973		高>低（0.000）
	低（322）	3.112	1.020		中>低（0.023）

3. 不同学习投入水平大学生的获奖情况的差异比较

大学生获奖情况是二分变量,因此采用卡方检验进行分析。由学习投入三个指标和获奖情况分别构成三个 2 × 3 列联表（三个列联表结合在一起呈现,表 3-4）。

在学术性投入和社会性投入纵列，χ^2 分别为 45.830 和 44.088，标准化系数 φ 分别为 0.197 和 0.193，p 均为 0.000<0.001，说明学术性投入水平和社会性投入水平均能显著影响学生的获奖情况，整体学习投入水平也是如此。但是，2×3 的列联表卡方检验只能判断差异的显著性，无法进行事后比较，我们尚不清楚这种差异在两两之间如何表现，因此还需要在后面的回归中进一步检验。以上分析结果表明，不同学习投入水平大学生的教育收获存在显著差异，投入水平越高，教育收获越大。

表 3-4　不同水平学习投入对大学生获奖情况的影响差异

项目	学术性投入			社会性投入			整体学习投入		
	高	中	低	高	中	低	高	中	低
未获奖/人	180	360	263	176	375	252	176	362	265
获奖/人	130	194	57	145	170	66	142	182	57
χ^2	45.830			44.088			54.006		
φ	0.197			0.193			0.214		
p	0.000			0.000			0.000		

（二）学习投入影响教育收获的整体模型建构：二阶因子分析

对学术性投入和社会性投入水平不同的学生进行方差检验，能获得学习投入对教育收获影响的初步认识，即大学生学习投入对其教育收获存在显著影响。但是，学术性投入和社会性投入本身又包含多个二阶因子，学术性投入和社会性投入的整合指标无法让我们了解其内部因子的具体作用方向和效应大小。为了对结果进行深入分析，笔者将学术性投入 3 个二阶因子和社会性投入 2 个二阶因子作为自变量，将教育收获的 3 个指标作为因变量，纳入同一个结构方程模型。具体操作分为两步：第一，先对学习投入和发展提高度潜变量指标进行题项打包；第二，建立结构方程模型。

1. 题项打包

题项打包又称为题目组合，是将同一量表的两个或两个以上的题目打包成一个新指标，用合成分数（总分或均值）作为新指标的分数进行分析的方法。[①]项目组合后生成的项目小组与量表或分量表的区别在于，项目小组反映的是单个因子、维度或潜变量，而一系列量表及分量表反映的是若干独立或相关的潜变

---

① Yang C M, Nay S, Hoyle R H. Three approaches to using lengthy ordinal scales in structural equation models:Parceling, latent scoring, and shortening scales[J]. Applied Psychological Measurement, 2010, 34(2):122-142.

量。[1]从测量学的角度来讲，指标多，正确抽取公共因子、定义潜变量的概率就会大大提高。但是，从模型的角度看，指标多意味着模型复杂，所需样本容量大，测量误差的绝对值也大，估计不稳定，模型参数也有相对较大的标准误。[2]题项打包可以很好地解决这一矛盾，通过大量的题目测量潜变量，既能正确定义潜变量，又能通过打包使指标数量变少，进而使测量误差总数变少。[3]总之，当研究目的是分析变量间的关系而非量表结构，且原始题项较多时，题项打包可以解决许多建模问题，因此题项打包在结构模型中的应用较为普遍。

在具体进行打包时，需要满足一个条件，即量表是单维且同质的。对多维结构的量表进行项目打包，则需要确保每个分量表或因子单维和同质。本问卷中各二阶因子都可视为分量表，下属一阶因子均可视为单维（第二章中的验证性因子分析结果已明示），内部一致性系数表明同质性较高，因此适宜采用多维结构量表测验的打包策略。具体而言，有两种打包方式：内部一致性法（internal-consistency approach）和领域代表法（domain-representative approach）。[4]内部一致性法也叫独立打包法（isolated parceling），是把同一因子下的题目打包，遵循小组内题目的一致性，其实质是缩小组内差异；领域代表法也称分配打包法（distributed parceling），是在各因子中抽一个题目合并打包，强调小组间的一致性和缩小组间差异。当量表有多个分量表时，在进行结构模型分析时，推荐用内部一致性法将维度内的题目打包。

根据验证性因子分析结果，笔者将学术性投入量表和社会性投入量表共计 5 个二阶因子作为潜变量，将每个二阶因子包含的 2~4 个一阶因子作为显变量，将一阶因子所含题项的平均分作为显变量测量指标，由此得到了简化的学习投入测量模型。

2. 建立学习投入影响教育收获的结构方程模型

在模型中（图 3-1），5 个自变量为潜变量，发展提高度、学业成绩等级和获奖情况为显变量，在初始模型的参数路径中设定 5 个学习投入潜变量分别对 3 个教育收获变量具有影响效应，即自变量与因变量之间有 15 条路径。模型中既包含连续变量，也包含虚拟变量和等级变量，因此严格来说模型估算的协方差矩阵应

---

① 卞冉，车宏生，阳辉. 项目组合在结构方程模型中的应用[J]. 心理科学进展，2007，15(3)：567-576.

② Little T D, Cunningham W A, Shahar G, et al. To parcel or not to parcel:Exploring the question, weighing the merits[J]. Structural Equation Modeling: A Multidisciplinary Journal, 2002, 9(2): 151-173.

③ Bandalos D L. The effects of item parceling on goodness-of-fit and parameter estimate bias in structural equation modeling[J]. Structural Equation Modeling: A Multidisciplinary Journal, 2002, 9(1): 78-102.

④ 卞冉，车宏生，阳辉. 项目组合在结构方程模型中的应用[J]. 心理科学进展，2007，15(3)：567-576.

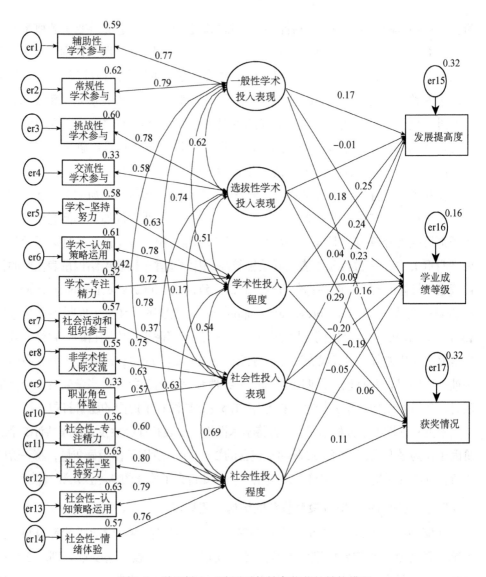

图 3-1　学习投入二阶因子与教育收获的结构模型

该基于典型多项相关（canonical polyserial correlation）而非皮尔逊相关，相应的估算方法应该采用对角加权最小平方法（diagonally weighted least squares，DWLS）。有研究者认为，采用最大似然法（maximum likelihood，ML）进行估算与采用对角加权最小平方法进行估算的结果稳定且非常相似。[①]因此，本模型采用最大似然法

———————————

[①]　曹小曙，林强. 基于结构方程模型的广州城市社区居民出行行为[J]. 地理学报，2011(2)：167-177.

进行估算。

表 3-5 列出了模型的各项适配指标。其中，χ^2=583.108，df=96，χ^2/df=6.074，由于卡方值极易受样本量大小的影响，不能完全以此作为判断模型优劣的标准。从其他适配指标来看，SRMR=0.017，RMSEA=0.065，GFI=0.943，AGFI=0.909，CFI=0.934，IFI=0.934，NFI=0.922，均达到临界值标准，模型与样本数据拟合较好。从简化模型的角度来讲，删掉不显著的路径可以提高模型指数拟合度。但在本模型中，我们发现删掉不显著路径并没有显著提高其指数拟合度，反而会带来另一个问题，即删掉部分路径，会影响到其他路径系数的作用大小甚至方向，也会因为改变了自变量数目而难以与回归分析结果进行对比。建构本模型的目的之一还包括考察多因多果整合模型结果与回归分析结果的一致性和稳健性，且现有模型拟合指数也符合好模型的标准，因此在模型中保留所有路径，并将系数的显著性结果在另外的表中列出（表 3-6）。

表 3-5　学习投入对教育收获影响的模型拟合指数

项目	χ^2	df	χ^2/df	GFI	AGFI	CFI	IFI	NFI	SRMR	RMSEA
指数	583.108	96	6.074	0.943	0.909	0.934	0.934	0.922	0.017	0.065

表 3-6　学习投入影响教育收获的路径显著性

项目	B	β	SE	t	p
发展提高度←一般性学术投入表现	0.229	0.167	0.103	2.210	0.027
发展提高度←选拔性学术投入表现	0.015	0.011	0.059	0.252	0.801
发展提高度←学术性投入程度	0.194	0.176	0.077	2.529	0.011
发展提高度←社会性投入表现	0.067	0.045	0.096	0.696	0.486
发展提高度←社会性投入程度	0.292	0.289	0.063	4.664	0.000
学业成绩等级←一般性学术投入表现	0.644	0.249	0.223	2.886	0.004
学业成绩等级←选拔性学术投入表现	0.600	0.243	0.132	4.548	0.000
学业成绩等级←学术性投入程度	0.191	0.092	0.164	1.164	0.245
学业成绩等级←社会性投入表现	−0.099	−0.052	0.133	−0.749	0.454
学业成绩等级←社会性投入程度	−0.562	−0.199	0.209	−2.685	0.007
获奖情况←一般性学术投入表现	0.289	0.235	0.108	2.680	0.007
获奖情况←选拔性学术投入表现	0.600	0.157	0.132	4.548	0.000
获奖情况←学术性投入程度	−0.191	−0.193	0.080	−2.379	0.017
获奖情况←社会性投入表现	0.104	0.114	0.051	2.037	0.038
获奖情况←社会性投入程度	0.076	0.057	0.099	0.770	0.442

从结构方程模型路径来看，学生的发展提高度受到一般性学术投入表现（$\beta=0.167$，$p=0.027<0.05$）、学术性投入程度（$\beta=0.176$，$p=0.011<0.05$）和社会性投入程度（$\beta=0.289$，$p=0.000<0.001$）的正向影响；学业成绩等级受到一般性学术投入表现（$\beta=0.249$，$p=0.004<0.01$）、选拔性学术投入表现（$\beta=0.243$，$p=0.000<0.001$）和社会性投入程度（$\beta=-0.199$，$p=0.007<0.01$）的影响。其中，一般性和选拔性这两类学术性投入表现对学业成绩等级均具有正向影响，而社会性投入程度对学业成绩等级则产生了负向影响。获奖情况受到一般性学术投入表现（$\beta=0.235$，$p=0.007<0.01$）、选拔性学术投入表现（$\beta=0.157$，$p=0.000<0.001$）、学术性投入程度（$\beta=-0.193$，$p=0.017<0.05$）以及社会性投入程度（$\beta=0.114$，$p=0.038<0.05$）的影响。除学术性投入程度对获奖情况具有负向影响外，其他 3 个变量对获奖情况均产生了正向影响。

（三）大学生学习投入对教育收获的具体影响效应：一阶因子分析

二阶因子的分析使我们进一步了解了学习投入对教育收获的作用方向和影响效应。但由于学习收获可能还受到其他因素的影响，我们尚不明确两者之间的净效应以及学习投入具体指标对教育收获的影响程度，因此有必要在控制相关变量后，进一步考察学术性投入和社会性投入因子对学习收获 3 个指标的影响效应。同时，为了更深层次地了解自变量的作用方式，在回归模型中，笔者不仅纳入二阶因子指标，也纳入一阶因子指标进行考察。为了避免共线性问题，分别将学习投入的一阶因子和二阶因子纳入不同的回归模型。

表 3-7 中列出了回归分析的结果。首先，对回归模型进行共线性诊断。一般来讲，回归分析中共线性诊断指标较为常用的是容忍度和方差膨胀因子。容忍度的值为 0～1，越接近 0，越有可能存在共线性问题；方差膨胀因子为容忍度的倒数，方差膨胀因子越大，越有可能存在共线性问题。一般情况下，方差膨胀因子大于 10 时，自变量间即有可能发生线性重合。[1]表 3-7 中所有因子的容忍度值为 0～1，方差膨胀因子均小于 10，表明共线性问题不严重。

---

① 吴明隆. 问卷统计分析实务：SPSS 操作与应用[M]. 重庆：重庆大学出版社，2010：412.

表3-7 学习投入各因子对大学生教育收获的多元回归分析

项目		发展提高度		学业成绩等级		获奖情况	
		模型1	模型2	模型3	模型4	模型5	模型6
截距项		1.119***	1.184***	1.708***	1.6497***	-7.965***	
人口统计变量	性别（女生=0）男生	0.071**	0.077**	-0.164***	-0.169***	0.104(1.109)	0.098(1.103)
	民族（少数民族=0）汉族	0.049*	0.059*	0.160***	0.180***	-0.464(0.629)	-0.713(0.490)
	年级（大一=0）大二	0.030	0.048			1.885(6.586)***	2.016(7.511)***
	大三	0.084*	0.096*			2.641(14.020)***	2.607(13.555)***
	大四	0.052	0.048			2.011(7.472)***	1.925(6.856)***
	专业（人文社科类=0）自然科学类	0.037	0.047			-0.150(0.860)	-0.122(0.885)
家庭背景	收入水平	-0.019	-0.015	0.042	0.035	0.095(1.100)	0.077(1.080)
	父亲职业	0.038	0.042	-0.024	-0.012	0.062(1.064)	0.101(1.106)
	母亲职业	0.019	0.010	0.010	0.013	-0.022(0.979)	-0.034(0.967)
	父亲受教育水平	-0.021	-0.017	-0.011	-0.007	0.174(1.190)	0.155(1.168)
	母亲受教育水平	-0.009	-0.009	0.001	0.005	0.023(1.024)	0.058(1.060)
	家庭经济支持	-0.050	-0.072*	-0.034	-0.051	-0.080(0.923)	-0.107(0.899)
	父母有效指导	-0.017	-0.015	0.032	0.037	0.033(1.034)	0.050(1.051)
	家庭社会关系	0.090**	0.095**	-0.044	-0.049	0.052(0.949)	0.046(0.955)
学校特征	学校类型（普通高校=0）985高校	-0.144*	-0.154*			0.0500(0.606)	-0.495(0.610)
	211高校	-0.057*	-0.071**			0.141(1.152)	0.024(0.930)
	生师比	-0.040	-0.053			-0.033(0.968)	-0.051(0.951)
学术性投入	辅助性学术参与	0.108***		-0.043		0.766(2.151)***	
	常规性学术参与	0.052		0.192***		-0.007(0.993)	
	挑战性学术参与	0.068*		0.179***		0.735(2.085)***	

续表

项目		发展提高度		学业成绩等级		获奖情况	
		模型 1	模型 2	模型 3	模型 4	模型 5	模型 6
学术性投入	交流性学术参与	-0.007		0.006		-0.152(0.859)	
	学术-坚持努力	0.091**		0.042		0.056(1.058)	
	学术-认知策略运用	0.110**		0.064		-0.013(0.987)	
	学术-专注精力	-0.001		0.082*		-0.161(0.852)	
	一般性学术投入表现		0.149**		0.151***		0.698(2.011)**
	选拔性学术投入表现		0.058		0.146***		0.608(1.837)***
	学术性投入程度		0.176***		0.073		-0.257(0.773)
社会性投入	社会性活动和组织参与	0.004		0.071*		1.033(2.81)***	
	非学术性人际交流	0.062		0.024		0.019(1.019)	
	职业角色体验	0.030		-0.133***		-0.442(1.643)**	
	社会性-专注精力	-0.001		-0.089***		-0.064(0.938)	
	社会性-坚持努力	0.092**		0.018		0.226(1.253)	
	社会性-认知策略运用	0.135***		-0.006		-0.259(0.772)	
	社会性-情绪体验	0.082*		-0.101***		0.212(1.236)	
	社会性投入表现		0.059		-0.047		0.498(1.646)**
	社会性投入程度		0.265***		-0.123***		0.273(0.884)
R^2		0.335	0.320	0.207	0.171	0.251	0.202
F		18.754***	24.835***	12.639***	16.044***		
χ^2						342.007***	266.974***
ΔR^2		0.270	0.255	0.145	0.109	0.114	0.065

注：ΔR^2是指在控制了相关变量后，学习投入各因子对因变量增加的解释率。模型 5 和模型 6 括号中的数据为 B 值，下同

1. 学习投入对大学生发展提高度的影响效应

笔者采用多元回归分析考察了在控制了人口统计学、学校特征和家庭背景等变量后，学习投入各因子对大学生整体发展提高度的影响效应（表 3-7）。模型 1 以学术性投入和社会性投入两个量表中的 14 个一阶因子为自变量，模型 2 则以 5 个二阶因子为自变量，数据显示，两类自变量的影响效应稳定且基本一致。在控制变量中，人口统计学和学校特征对大学生整体发展提高度有显著影响。男生汇报的发展提高度显著高于女生（$p<0.01$）；大三学生汇报的发展提高度显著高于大一学生（$p<0.05$），而大二、大四和大一学生之间没有显著差异。学校特征对大学生发展提高度的影响主要体现在学校类型上，与普通大学相比，"985 高校""211 高校"的大学生发展提高度显著更低。

在控制了人口统计学、学校特征和家庭背景等变量后，无论是一阶因子指标还是二阶因子指标，学术性投入和社会性投入对大学生的整体发展提高度都具有显著影响。模型 1 和模型 2 显示，R^2 分别为 0.335 和 0.320，说明学习投入对学生发展提高度具有非常显著的主效应，能解释较多的变异。进一步分析发现，一阶因子指标对发展提高度的影响效应存在差异。具体而言，学术性投入表现和学术性投入程度对学生的整体发展提高度均具有显著影响。其中，辅助性学术参与、挑战性学术参与、学术-坚持努力、学术-认知策略运用的影响达到了统计学意义上的显著水平，但常规性学术投入、交流性学术参与、学术-专注精力对大学生的发展提高度不存在显著影响。总体来讲，学术性投入表现和学术性投入程度对大学生发展提高度的影响具有共同性和一致性。社会性投入表现和社会性投入程度对个体发展提高度呈现出不同的影响效应。社会性投入表现对大学生发展提高度并没有显著影响，而社会性投入程度对大学生发展提高度的影响显著，其中社会性-坚持努力和社会性-认知策略运用做出了重要贡献。由此来看，在社会性投入对大学生发展提高度的影响中，投入程度的作用更明显，而投入表现的作用较为微弱，两者并未体现出协同一致的作用效应。

2. 学习投入对学业成绩等级和获奖情况的影响效应

由于学业成绩等级为连续变量，获奖情况为二分类变量，对两者进行回归分析采用了不同的方法。学业成绩的回归统计方式与发展提高度相同，采用多元线性回归，获奖情况采用二元 Logistic 回归。为了避免共线性问题，分别将自变量学习投入的一阶因子（模型 3 和模型 5）和二阶因子（模型 4 和模型 6）纳入不同的回归模型。为了更好地了解学习投入的影响效应，笔者同样采用了区组多元回归方式，步骤与发展提高度的回归方式相同。从理论上讲，学业成绩等级在不同年级、不同专业、不同学校均呈正态分布，且年级、专业、学校等因素并不会影响学业成绩等级的分布状况，组内不具有可比性，因此不将年级、专业、学校类型、学校生师比作为学业成绩等级的控制变量。表3-7呈现了第三步回归所得到的模型。

从学业成绩等级的回归结果来看，性别、民族对学业成绩等级存在显著影响。女生的学业成绩等级高于男生，汉族学生的学业成绩等级高于少数民族学生。学术性投入、社会性投入对学业成绩等级存在不同的影响效应。在学术性投入中，无论是一般性学术投入表现还是选拔性学术投入表现对学业成绩等级都具有显著正效应。具体而言，常规性学术参与、挑战性学术参与对学业成绩等级具有正向影响。学术-专注精力作为一阶因子对学业成绩等级具有正向影响，但纳入二阶因子学术性投入程度后，其影响不再显著。社会性投入程度对学业成绩等级存在负效应，具体表现为社会性-专注精力和社会性-情绪体验对学业成绩等级具有抑制作用。也就是说，大学生在社会性活动中越专注，投入的精力越多，体验到的积极情绪越多，其学业成绩等级越低。社会性投入表现对学业成绩等级的影响不显著。具体来看，社会性活动和组织参与对学业成绩有显著正效应，但从决定系数来看，影响并不大，而职业角色体验对学业成绩等级具有显著负效应。社会性投入表现的内部因子之间效应并不一致，可能是因为内部因子之间的正负抵消，使得社会性投入表现对学业成绩等级虽呈现出抑制作用，但其效应并不显著。

从获奖情况来看，民族、性别对获奖情况没有显著影响，而不同年级存在显著差异，与大一学生相比，大二、大三、大四的学生获奖的可能性显著提升，其中大二时期的获奖概率是大一时期的6.586倍，大三是大一的14.020倍，大四是大一的7.472倍。学术性投入和社会性投入对获奖概率均有显著影响，具体而言，辅助性学术参与和挑战性学术参与有利于促进获奖概率的提升，辅助性学术参与每增加1个单位，获奖的可能性提高2.151倍；挑战性学术参与每增加1个单位，获奖的可能性提高2.085倍。学术性投入对获奖概率的影响仅限于学术性投入表现，学术性投入程度对获奖情况没有影响。从社会性学习投入来看，社会性投入表现和社会性投入程度对学生获奖情况均具有正向影响，但具体分析每个一阶因子，作用效应不同。社会性活动和组织参与对获奖情况有正向影响，社会性活动和组织参与每提高1个单位，获奖概率提高2.811倍；职业角色体验每增加1个单位，获奖概率下降1.643倍。

3. 回归分析与结构模型的结果比较

回归分析与结构方程模型都采用了二阶因子指标，因此可以通过比较两种方法得出的结果来了解因子关系的稳健性。经比较可知，结构方程模型中学习投入对大学生发展提高度的影响效应及作用方向与回归分析结果一致，一般性学术投入表现、学术性投入程度和社会性投入程度对其具有独特效应；学习投入对学业成绩等级的影响效应及作用方向与回归分析结果也一致，一般性学术投入表现、选拔性学术投入表现和社会性投入程度对学业成绩等级具有独特效应。学习投入对获奖情况的影响既有一致也有不一致，比较一致的结果是一般性学术投入表现、选拔性学术投入表现、社会性投入表现在两类模型中的影响效应和作用方向一致。与回归分析结果稍有不同的是，在结构模型中，学术性投入程度对获奖情况的负效应由不显著变为显著，表明除社会性投入程度外，学习投入其他4个因子对大学生的获奖情况具有独特效应。总体来讲，回归分析结果与结构方程模型结果基本一致，没有出现较大的分歧，进一步证实了研究结果的稳健性。

二、家庭背景对教育收获的影响效应

笔者将家庭背景对教育收获三项指标的影响分别进行路径分析，得到三个"多因单果"模型，然后将家庭背景与教育收获三项指标纳入同一个模型，得到"多因多果"模型。将前三个模型和第四个模型进行比较，除数值大小有微小的变化外，路径效应大小、显著性的分析结果都较为一致。因此，下面仅呈现第四个全模型路径图（图3-2）。表3-8为结构模型中的路径系数的显著性，表3-9为结构模型的拟合指数。

如表3-9所示，从模型拟合指数来看，由于研究样本较大，卡方对样本数量非常敏感，所以 χ^2/df 稍大，故还需要结合其他拟合指数进行判断。CFI、NFI、TLI、GFI、IFI等各项指数均大于0.9的标准，SRMR与RMSEA的值均小于0.08，结果显示模型与数据拟合较好。图3-2中误差项之间的相关是基于模型修订系数并结合相关理论分析设定的。一般而言，误差项之间应尽量独立，但是对某些研究而言，如纵向数据、同方法数据、同质数据等则可放宽要求。客观家庭背景和主观家庭背景两个潜变量具有一定的同质性，因此在误差项中就可能存在由于数据同质而带来的相关。例如，误差项er8和er11就属于此类。另外，大量研究已经证实，父母受教育水平之间与父母职业之间存在一定的正相关。当它们共同指向同一个潜变量时，也会带来与数据同质性相似的残差相关，如 er6 与 er7、er6 与 er9 以及 er7 与 er10 之间的相关便属于此类。

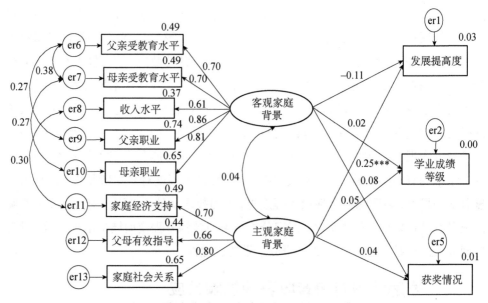

图 3-2 家庭背景影响教育收获的结构方程模型

表 3-8 家庭背景影响教育收获的路径系数的显著性

项目	B	β	SE	t	p
发展提高度←客观家庭背景	−0.035	−0.11	0.018	−1.902	0.057
发展提高度←主观家庭背景	0.039	0.25	0.022	4.239	0.000***
学业成绩等级←客观家庭背景	0.010	0.02	0.035	0.294	0.769
学业成绩等级←主观家庭背景	0.034	0.05	0.041	0.825	0.410
获奖情况←客观家庭背景	0.023	0.08	0.016	1.390	0.164
获奖情况←主观家庭背景	0.012	0.04	0.019	0.643	0.520

表 3-9 家庭背景影响教育收获模型的拟合指数

项目	χ^2	df	χ^2/df	GFI	AGFI	NFI	TLI	IFI	CFI	SRMR	RMSEA
指数	290.245	36	8.062	0.956	0.920	0.942	0.921	0.949	0.949	0.073	0.077

结合图 3-2 与表 3-8 可以发现，在大学场域中，家庭背景对教育收获的影响效应不太一致。具体而言，客观家庭背景和主观家庭背景对大学生发展提高度的影响不一致。客观家庭背景对大学生发展提高度具有负向影响，但影响未达到统计学上的显著性水平（p=0.057>0.05），主观家庭背景对大学生发展提高度则具有正向影

响,且影响极其显著($p<0.001$)。此外,客观家庭背景和主观家庭背景对大学生的学业成绩等级和获奖情况的影响效应一致,均为正向影响,但二者的影响都非常微弱,均未达到 0.05 的显著性水平。

统合以上分析结果,在大学场域内部来探讨家庭背景对学生教育收获的影响时,我们发现客观家庭背景的影响已变得不再显著,取而代之的是主观家庭背景的显著影响,说明主观家庭背景对大学生的发展提高度的影响具有独特效应,而客观家庭背景对大学生的发展提高度的影响不具有独特效应。此外,在教育收获的 3 项指标中,相对客观的自评指标如学业成绩等级和获奖情况两项均不受主观家庭背景的影响,受主观家庭背景影响的是学生自我感知到的发展提高程度,且两者呈正相关,即主观家庭背景得分越高,学生的发展提高程度越大。

三、主观家庭背景对发展提高度的作用机制:学习投入的中介效应检验

在家庭背景对学生教育收获的影响中,客观家庭背景对教育收获 3 项指标的影响效应均不显著,主观家庭背景对学业成绩等级和获奖情况的影响也不显著,不满足中介效应检验的前提条件。因此,笔者仅考虑对主观家庭背景和学生发展提高度之间的作用机制进行进一步探讨。

(一)检验内容和思路

主观家庭背景是个体意识到的家庭经济、文化和社会地位所能提供的资源的程度。从人的能动性来讲,环境本身并不直接作用于人的行为,人对环境的认知才是行为发生的起点。前述研究结果表明,在控制客观家庭背景后,主观家庭背景对发展提高度存在显著影响。从理论上讲,学习投入是教育收获最近端的变量,先前研究也发现学习投入与发展提高度存在显著相关,具体体现为一般性学术投入表现、学术性投入程度和社会性投入程度对发展提高度有正向影响。进一步而言,在主观家庭背景、学习投入和发展提高度之间建立中介假设模型有据可依:主观家庭背景对发展提高度的影响可能以学习投入为中介。

从前文教育收获对学习投入及其他变量的回归分析中可见,仅一般性学术投入表现、学术性投入程度和社会性投入程度 3 个潜变量的影响效应显著。在中介效应分析中,比较简洁的方法是仅考虑这 3 个潜变量即可,但是这样我们就不能清楚

地了解当每个因子单独作用时，是否也存在中介效应。因此，可以通过两项检验以全面地考虑以上两种情况。首先，通过结构方程建模分别检验学习投入 5 个二阶潜变量在主观家庭背景和发展提高度之间的中介作用；其次，用传统回归模型考察中介作用是否也存在独特效应。在第一项检验中，主要涉及的变量包括自变量（主观家庭背景）、中介变量（一般性学术投入表现、选拔性学习投入表现、学术性投入程度、社会性投入表现、社会性投入程度）和因变量（发展提高度）。自变量和中介变量均为潜变量，因变量为显变量。在第二项采用传统回归进行的检验中，将潜变量作为显变量处理。根据相关研究的建议，事先需要验证中介变量与自变量和因变量之间具有显著相关。从表 3-10 的结果初步判断，5 个投入因子均符合中介变量检验的基本要求。

表 3-10　主观家庭背景、发展提高度和学习投入二阶因子相关系数表

项目	发展提高度	一般性学术 投入表现	选拔性学术 投入表现	学术性 投入程度	社会性 投入表现	社会性 投入程度
主观家庭背景	0.195*** (5.388)	0.297*** (7.602)	0.413*** (9.047)	0.248*** (6.575)	0.317*** (7.673)	0.225*** (6.163)
发展提高度	1	0.475*** (11.458)	0.319*** (7.366)	0.552*** (12.749)	0.485*** (10.586)	0.538*** (12.920)

注：括号中的数据为估计参数的 t 值

（二）学习投入各因子的单独中介效应检验

下面将建构 6 个模型（1 个基准模型和 5 个中介模型），按照巴隆（Baron）和肯尼（Kenny）的方法来分析学习投入在主观家庭背景和发展提高度之间的单独中介效应。

1. 基准模型：主观家庭背景与发展提高度结构模型

检验中介效应之前，需要建立自变量与因变量之间的因果关系，两者的关系在图 3-2 和表 3-8 中已经得以证明。为了使中介效应分析过程更加明晰，将两者从整合模型中抽取出来，单独建立二者的因果关系图，作为不含中介变量的基准模型（图 3-3）。该模型的主要拟合指数如下：χ^2=5.036，χ^2/df =2.518，GFI=0.998，AGFI=0.989，NFI=0.995，CFI=0.997，IFI=0.997，SRMR=0.013，RMSEA=0.036，说明模型拟合较好。主观家庭背景对发展提高度影响的路径系数为 0.16（t=5.143，p<0.001），说明主观家庭背景对发展提高度具有正向影响，验证了综合模型的结果。

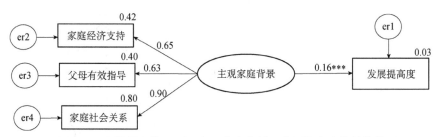

图 3-3　基准模型（模型 1）：主观家庭背景和发展提高度的结构模型

2. 以学习投入为中介的结构模型

笔者分别以学习投入的 5 个二阶因子潜变量作为中介变量，建构模型 2～模型 6。各模型的拟合指数均达到了可接受水平，具体如表 3-11 所示。

表 3-11　模型 2～模型 6 的拟合指数

拟合指数	χ^2	df	χ^2/df	GFI	AGFI	NFI	CFI	IFI	SRMR	RMSEA
模型 2	41.977	7	5.997	0.989	0.966	0.977	0.980	0.981	0.026	0.065
模型 3	94.913	7	13.559	0.974	0.921	0.937	0.941	0.941	0.044	0.085
模型 4	63.560	12	5.297	0.985	0.964	0.974	0.979	0.979	0.034	0.060
模型 5	56.877	12	4.740	0.987	0.969	0.972	0.978	0.978	0.035	0.056
模型 6	63.401	18	3.522	0.987	0.974	0.979	0.985	0.985	0.034	0.046

模型 2（图 3-4）在基准模型的基础上，加入了一般性学术投入表现作为中介变量，主观家庭背景到一般性学术投入表现的路径系数为 0.30（$t=7.933$，$p<0.001$），一般性学术投入表现到发展提高度的路径系数为 0.41（$t=10.718$，$p<0.001$）。加入中介变量后，主观家庭背景到发展提高度的直接效应降低至 0.04（$t=1.362$，$p=0.173>0.05$），直接效应不再显著。Sobel 检验中，$z=6.387$，$p<0.001$，中介效应显著。在这一模型中，一般性学术投入表现具有完全中介作用，主观家庭背景通过一般性学术投入表现影响学生发展提高度的间接效应为 0.123，间接效应约占总效应的 75.46%。

模型 3（图 3-5）在基准模型的基础上，加入了选拔性学术投入表现作为中介变量，主观家庭背景到选拔性学术投入表现的路径系数为 0.43（$t=8.286$，$p<0.001$），选拔性学术投入表现到发展提高度的路径系数为 0.22（$t=4.142$，$p<0.001$）。加入中介变量后，主观家庭背景到发展提高度的直接效应降低至 0.07（$t=1.907$，$p=0.057>0.05$），直接效应不再显著。Sobel 检验中，$z=4.337$，$p<0.001$，中介效应显著。在这一模型中，选拔性学术投入表现也具有完全中介作用，主观家庭背景通过选拔性学术投入表现影响学生发展提高度的间接效应为 0.095，间接效应约占总效应的 57.58%。

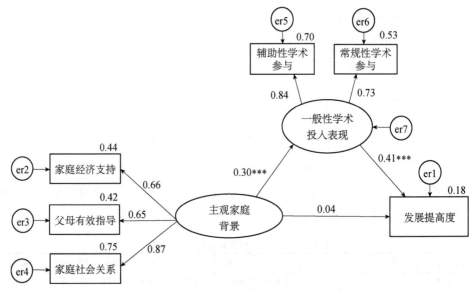

图 3-4   模型 2：一般性学术投入表现作为中介的结构模型

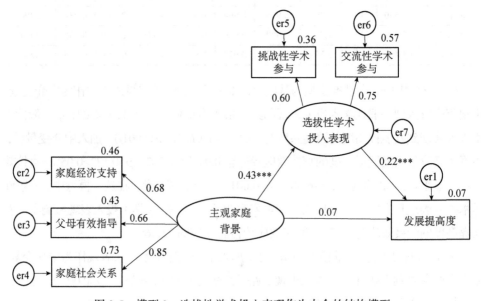

图 3-5   模型 3：选拔性学术投入表现作为中介的结构模型

模型 4（图 3-6）在基准模型的基础上，加入了学术性投入程度作为中介变量，主观家庭背景到学术性投入程度的路径系数为 0.24（t=6.476，p<0.001），学术性投入程度到发展提高度的路径系数为 0.49（t=14.952，p<0.001）。加入中介变量后，主观家庭背景到发展提高度的直接效应降低至 0.05（t=1.667，p=0.096>0.05），直接效应不再显著。Sobel 检验中，*z*=6.008，*p*<0.001，中介效应显著。在这一模型中，学术性投入程度也具有完全中介作用，主观家庭背景通过学术性投入程度影响学生发展提高度的间接效应为 0.118，间接效应约占总效应的 70.24%。

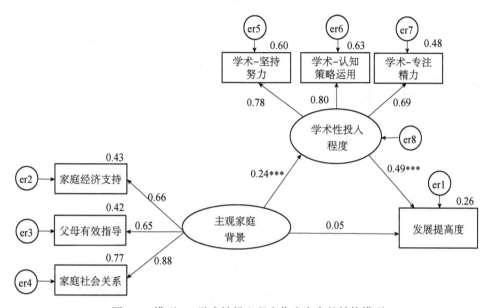

图 3-6　模型 4：学术性投入程度作为中介的结构模型

模型 5（图 3-7）在基准模型的基础上，加入了社会性投入表现作为中介变量，主观家庭背景到社会性投入表现的路径系数为 0.30（*t*=7.900，*p*<0.001），社会性投入表现到发展提高度的路径系数为 0.43（*t*=11.797，*p*<0.001）。加入中介变量后，主观家庭背景到发展提高度的直接效应降低至 0.04（*t*=1.092，*p*=0.275>0.05），直接效应不再显著。Sobel 检验中，*z*=6.603，*p*<0.001，中介效应显著。在这一模型中，社会性投入表现同样具有完全中介作用，主观家庭背景通过社会性投入表现影响学生发展提高度的间接效应为 0.129，间接效应约占总效应的 76.33%。

模型 6（图 3-8）在基准模型的基础上，加入了社会性投入程度作为中介变量，主观家庭背景到社会性投入程度的路径系数为 0.21（*t*=5.910，*p*<0.001），社会性投入程度到发展提高度的路径系数为 0.48（*t*=13.350，*p*<0.001）。加入中介变量后，主观家庭背景到发展提高度的直接效应降低至 0.06（*t*=2.114，*p*=0.035<0.05），直接效应同样显著。Sobel 检验中，*z*=5.217，*p*<0.001，中介效应显著。在这一模型中，社会性投入程度具有部分中介作用，其间接效应为 0.101，间接效应约占总效应的 62.73%。

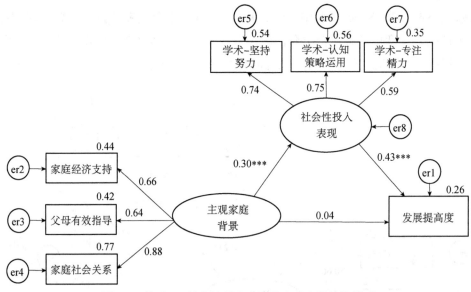

图 3-7　模型 5：社会性投入表现作为中介的结构模型

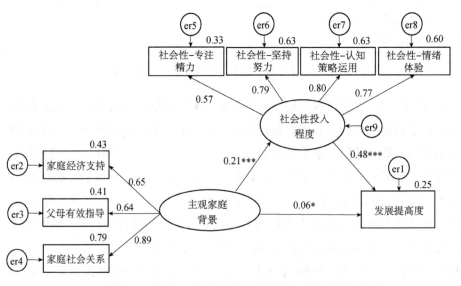

图 3-8　模型 6：社会性投入程度作为中介的结构模型

　　以上检验表明，当分别将学习投入各二阶因子作为中介变量时，每个因子在主观家庭背景与发展提高度之间都具有中介作用。除社会性投入程度具有部分中介作用以外，其他 4 个因子在主观家庭背景与发展提高度之间均具有完全中介作用。这一研究结果进一步证实了学习投入作为主观家庭背景与发展提高度之间中介变量的假设，为证明家庭背景与学生教育收获的作用机制提供了有力的证据。需要说明的是，结合图3-1中的模型，笔者发现分别考察学习投入因子和整合考察学习投入因子对发展提高度的效应，结果不太一致。分别考察时，每个二阶因子对发展提高度都产生了正向影响，而整合考察仅发现一般性学术投入表现、学术性投入程度和社会性投入程度对发展提高度产生了显著影响。这说明5个因子对发展提高度的独特效应有差别。那么，如果对其整合进行中介效应检验是否也存在这种独特效应呢？如果独特效应存在，那么没有产生独特效应的因子的中介效应是否还显著？对这两个问题的回答，对于我们判断中介模型的稳健性及解释中介作用的适用范围具有重要意义，为此我们需要进一步对学习投入因子中介作用的独特性进行检验。

（三）考虑学习投入的独特效应后的中介作用检验

对中介作用的独特效应分析，就是进行两个回归方程独特效应的考察：第一是多个自变量对因变量的独特影响；第二是多个中介变量对因变量的独特影响。在本节中，自变量即主观家庭背景，因此考察的重点在第二步。中介变量为学习投入的5个二阶因子，尽管验证性因子分析较好地证明了因子间的结构差异，但因子之间的中低度相关也表明它们彼此间往往倾向于协同共变。因此，为了深入了解学习投入在主观家庭背景和发展提高度之间中介作用的发生机制，并解释单独检验和整合检验结果的差异性，就有必要分别考察单一中介变量的独特效应。

1. 统计方式和技术步骤

考虑到独特效应的检验需要控制的变量较多，尽管结构方程模型在处理多因多果联系和潜变量关系中具有独特优势，但结构方程模型素以简洁为主，变量过多、模型过于复杂反而会影响模型和数据的拟合度，也违背了建立结构方程模型的初衷。多重回归在处理多个自变量分析独特效应方面具有自身的优势。用回归分析检验中介作用在同类研究中也被广泛使用，因此，本研究对中介作用独特性的考察采用多重回归的方式，将控制变量、自变量和中介变量分步放入回归方程，从而考察多个中介变量对结果变量的预测效应的大小（多对一的方式）。

在此需要澄清两个问题：第一，通过回归分析检验学习投入中介作用的存在，进一步证实（或证伪）结构方程模型的研究结果。第二，通过对学习投入因子进行整合检验，考察其独特效应，进一步验证中介作用中独特效应的存在。在具体操作中，独特效应的检验和中介作用的检验过程有一些重合，基本为同步进行。为了深入了解主观家庭背景的作用效应，在回归分析中加入控制变量（第一步）后还需要对主观家庭背景进行两项检验：一是将主观家庭背景三个指标同时纳入方程，完成回归分析的第二步和第三步；二是将主观家庭背景作为一个整合指标（取 3 个指标的总均值）纳入方程，完成回归分析的第四步和第五步。进行两项检验的目的各不相同，第一项检验的目的是了解主观家庭背景 3 个指标的具体作用方向和效应，第二项检验的目的是在前一项检验的基础上了解整合效应是否发生了改变，这种改变是如何发生的。此外，对学习投入中介效应的 Sobel 检验均以主观家庭背景整合指标对学习投入因子的影响路径来计算，这也是进行第二项检验的另外一个目的。

2. 结果分析

（1）发展提高度的回归分析

表 3-12 列出了发展提高度的多重回归分析结果。第一步，将控制变量纳入回归方程，结果表明大学生的发展提高度在性别、年级上呈现出显著的差异，男生的发展提高度高于女生，大三学生的发展提高度高于大一学生。客观家庭背景的 5 个指标对发展提高度均无显著影响。第二步，将主观家庭背景的 3 个指标纳入方程，结果表明父母有效指导与家庭社会关系对发展提高度均有显著影响，而家庭经济支持对发展提高度没有显著影响。第三步，将学习投入的 5 个因子纳入方程，结果表明一般性学术投入表现、学术性投入程度和社会性投入程度对发展提高度具有独特效应，能正向预测发展提高度，而选拔性学术投入表现和社会性投入表现对发展提高度没有独特效应。在第四步和第五步中，将主观家庭背景作为一个整合指标，重复第二步和第三步的操作，结果发现，在第四步中，主观家庭背景对发展提高度具有正向预测作用，且效应显著。第五步中的主观家庭背景的显著效应消失，而对比第三步的结果表明主观家庭背景出现了明显的正负抵消效应。

（2）学习投入的回归分析

表 3-13 列出了学习投入 5 个因子的分析结果。五次分析均采取相同的步骤，第一步，将控制变量纳入回归方程；第二步，将主观家庭背景 3 项指标纳入回归方程；第三步，用主观家庭背景作为一个整合指标替代三项独立指标纳入回归方程。

表 3-12　发展提高度的多重回归分析

项目			第一步			主观家庭背景3个指标						主观家庭背景整合指标					
						第二步			第三步			第四步			第五步		
			B	SE	β	B	SE	β	B	SE	β	B	SE	β	B	SE	β
	性别		0.138	0.032	0.130***	0.138	0.032	0.130***	0.082	0.028	0.077**	0.139	0.032	0.131***	0.088	0.028	0.083**
	民族		0.142	0.073	-0.056	0.152	0.072	0.061*	0.149	0.062	0.059*	0.143	0.072	0.057*	0.148	0.062	0.059*
	年级	大二	0.050	0.046	0.046	0.064	0.045	0.059	0.052	0.039	0.048	0.058	0.046	0.054	0.050	0.039	0.046
		大三	0.142	0.048	0.130**	0.158	0.048	0.145**	0.104	0.042	0.096*	0.150	0.048	0.138**	0.098	0.042	0.090*
		大四	0.055	0.068	0.026	0.083	0.067	0.039	0.103	0.058	0.048	0.069	0.067	0.033	0.096	0.058	0.045
	专业		-0.016	0.036	-0.015	-0.015	0.036	-0.014	0.049	0.031	0.047	-0.013	0.036	-0.012	0.053	0.031	0.050
	学校类型	985高校	0.002	0.086	0.002	0.003	0.086	0.002	-0.185	0.075	-0.154*	0.000	0.086	0.000	-0.192	0.075	-0.160*
		211高校	-0.094	0.061	-0.048	-0.071	0.061	-0.036	-0.141	0.053	-0.071*	-0.085	0.061	-0.043	-0.141	0.053	-0.072**
控制变量	生师比		0.003	0.007	0.023	0.002	0.007	0.013	-0.006	0.006	-0.053	0.002	0.007	0.013	-0.007	0.006	-0.058
	收入水平		0.006	0.015	0.013	-0.007	0.016	-0.018	-0.006	0.014	-0.015	-0.017	0.015	-0.041	-0.010	0.013	-0.024
	父亲职业		0.009	0.012	0.036	0.002	0.012	0.009	0.010	0.010	0.042	0.001	0.012	0.005	0.011	0.010	0.045
	母亲职业		0.023	0.012	0.087	0.020	0.012	0.076	0.010	0.010	0.010	0.019	0.012	0.072	0.002	0.010	0.006
	父亲受教育程度		-0.010	0.017	-0.026	-0.020	0.017	-0.053	-0.006	0.015	-0.017	-0.017	0.017	-0.044	-0.005	0.015	-0.014
	母亲受教育程度		-0.001	0.017	-0.004	-0.013	0.017	-0.035	-0.003	0.015	-0.009	-0.014	0.017	-0.035	-0.005	0.015	-0.014
主观家庭背景	家庭经济支持					-0.007	0.012	-0.023	-0.023	0.010	-0.072*						
	父母有效指导					0.040	0.012	0.118**	0.005	0.011	0.015						

续表

项目		第一步 B	SE	β	主观家庭背景 3 个指标 第二步 B	SE	β	第三步 B	SE	β	主观家庭背景整合指标 第四步 B	SE	β	第五步 B	SE	β
主观家庭背景	家庭社会关系				0.034	0.012	0.114**	0.028	0.010	0.095**						
	主观家庭背景整合										0.071	0.014	0.186***	0.008	0.013	0.021
学习投入	一般性学术投入表现							0.183	0.042	0.149***				0.182	0.042	0.148***
	选拔性学术投入表现							0.052	0.028	0.058				0.048	0.028	0.053
	学术性投入程度							0.179	0.034	0.176***				0.176	0.034	0.172***
	社会性投入表现							0.065	0.036	0.059				0.064	0.036	0.059
	社会性投入程度							0.268	0.033	0.265***				0.273	0.033	0.270***
R^2		0.038***			0.065***			0.320***			0.059***			0.315***		
ΔR^2					0.027***			0.255***			0.020***			0.256***		

注：表中性别（女生=0，男生=1）、民族（少数民族=0，汉族=1）、年级（大一=0，大二、大三、大四分别=1）、专业（人文社科类=0，自然科学类=1）、学校类型（普通学校=0，211 高校、985 高校分别=1）均进行虚拟变量处理；表中第二步是在第一步的基础上，纳入主观家庭背景 3 个指标，第三步则是在第二步的基础上纳入 5 个学习投入因子（实现第一项检验），第四步是在第一步的基础上纳入主观家庭背景整合指标，第五步则是在第四步的基础上纳入学习投入 5 个因子（实现第二项检验）

表 3-13 学习投入 5 个二阶因子的多重回归分析

项目		一般性学术投入表现			选拔性学术投入表现			学术性投入程度			社会性投入表现			社会性投入程度		
		第一步 β	第二步 β	第三步 β (B/SE)	第一步 β	第二步 β	第三步 β (B/SE)	第一步 β	第二步 β	第三步 β (B/SE)	第一步 β	第二步 β	第三步 β (B/SE)	第一步 β	第二步 β	第三步 β (B/SE)
性别		0.020	0.031	0.023	0.003	0.010	0.005	0.146***	0.157***	0.147***	0.148***	0.152***	0.150***	0.036	0.041	0.038
民族		0.036	0.042	0.037	0.000	0.002	0.001	0.008	0.014	0.008	-0.040	-0.038	-0.039	-0.025	-0.020	-0.024
年级	大二	0.048	0.065	0.061	-0.003	0.004	0.005	0.007	0.023	0.017	0.011	0.021	0.021	-0.029	-0.015	-0.021
	大三	0.194***	0.208***	0.206***	-0.112**	-0.108**	-0.104*	0.100*	0.113**	0.110*	0.040	0.050	0.051	-0.007	0.007	0.002
	大四	0.014	0.029	0.025	-0.113***	-0.107***	-0.106***	0.024	0.038	0.032	0.004	0.013	0.013	-0.070*	-0.057	-0.063
专业		-0.018	-0.010	-0.014	-0.073*	-0.067*	-0.071*	-0.073*	-0.066*	-0.070*	-0.141***	-0.136***	-0.137***	-0.138***	-0.135***	-0.135***
学校类型	985 高校	0.393***	0.377***	0.390***	0.436***	0.425***	0.434***	0.216***	0.200***	0.214***	0.094	0.088	0.092	0.138*	0.132*	0.136*
	211 高校	0.152***	0.168***	0.159***	0.126***	0.132***	0.131***	0.007	0.023	0.013	0.028	0.035	0.035	-0.028	-0.014	-0.023
控制变量 生师比		-0.158**	-0.128*	-0.141*	-0.172**	-0.153**	-0.161**	-0.096	-0.068	-0.083	-0.149**	-0.131*	-0.134*	-0.084	-0.066	-0.073
收入水平		0.041	-0.023	-0.046	0.033	-0.023	-0.022	0.000	-0.042	-0.069	0.058	-0.017	-0.018	0.073*	0.039	0.014
父亲职业		-0.099*	-0.136**	-0.148**	0.053	0.027	0.022	-0.048	-0.073	-0.087	0.010	-0.031	-0.033	0.028	0.003	-0.005
母亲职业		0.124**	0.096*	0.100*	0.088*	0.069	0.073	0.170***	0.148**	0.151**	0.057	0.034	0.036	0.089	0.073	0.072
父亲受教育程度		0.055	0.016	0.026	0.015	-0.004	-0.004	0.018	-0.017	-0.006	-0.071	-0.083	-0.096	-0.082	-0.112*	-0.102*
母亲受教育程度		-0.021	-0.080	-0.071	0.073	0.035	0.041	-0.017	0.067	-0.057	0.086*	0.040	0.042	0.013	-0.025	-0.021

续表

项目		一般性学术投入表现			选拔性学术投入表现			学术性投入程度			社会性投入表现			社会性投入程度		
		第一步 β	第二步 β	第三步 β（B/SE）	第一步 β	第二步 β	第三步 β（B/SE）	第一步 β	第二步 β	第三步 β（B/SE）	第一步 β	第二步 β	第三步 β（B/SE）	第一步 β	第二步 β	第三步 β（B/SE）
主观家庭背景	家庭经济支持		0.110**			0.134***			0.076*			0.124**			0.015	
	父母有效指导		0.233***			0.115**			0.230***			0.119**			0.166***	
	家庭社会关系		0.019			-0.009			-0.015			0.078*			0.056	
	主观家庭背景整合			0.297*** (0.092/0.011)			0.188*** (0.080/0.014)			0.238*** (0.089/0.014)			0.262*** (0.092/0.013)			0.202*** (0.076/0.014)
R^2		0.103***	0.165***	0.154***	0.193***	0.218***	0.213***	0.064***	0.111***	0.097***	0.060***	0.100***	0.100***	0.042***	0.073***	0.066***
ΔR^2			0.062***	0.051***		0.025***	0.021***		0.047***	0.033***		0.040***	0.040***		0.031***	0.024***

注：表中性别（女生=0，男生=1）、民族（少数民族=0，汉族=1）、年级（大一=0，大二、大三、大四分别=1）、专业（人文社科类=0，自然科学类=1）、学校类型（普通高校=0，211高校、985高校分别=1）均进行虚拟变量处理；第二步均在第一步的基础上纳入家庭主观家庭背景3个指标进入方程，第三步均在第一步的基础上纳入主观家庭背景整合指标进入方程；本着页面省俭原则，表中仅呈现标准化系数β值。由于在Sobel检验中需要用到非标准化系数和标准误，故第三步括号呈现系数的B/SE值

　　五项回归分析中,第一步和第二步的结果表明,在对一般性学术投入表现的回归分析中,年级、学校类型和生师比的影响显著,大三学生一般性学术投入表现好于大一学生,985 高校和 211 高校学生的一般性学术投入表现水平均高于普通高校大学生,高校生师比越低,大学生的一般性学术投入表现水平越高。在客观家庭背景中,父母职业的影响显著,但影响方向不一致。父亲职业负向影响一般性学术投入表现,而母亲职业正向影响一般性学术投入表现。在控制以上变量后,主观家庭背景中的家庭经济支持和父母有效指导对一般性学术投入表现依然表现出显著的预测作用。

　　在对选拔性学术投入表现的回归分析中,除年级、学校类型和生师比的影响显著外,专业的影响也比较显著。大三、大四学生的选拔性学术投入表现程度低于大一学生;人文社科类专业学生的选拔性学术投入表现程度高于自然科学类专业学生;985 高校和 211 高校学生的选拔性学术投入表现程度高于普通大学学生;学校生师比越低,学生选拔性学术投入表现程度则越高;客观家庭背景中的母亲职业表现出显著的正向影响效应。与一般性学术投入表现较为一致的是,在控制以上变量后,主观家庭背景中的家庭经济支持和父母有效指导对选拔性学术投入表现仍然具有显著的正向预测作用。

　　在对学术性投入程度的回归分析中,性别、年级、专业和学校类型的影响显著,男生的学术性投入程度显著高于女生,大三学生的学术性投入程度显著高于大一学生,人文社科类专业学生的学术性投入程度显著高于自然科学类专业学生,985 高校学生的学术性投入程度显著高于普通高校学生。在客观家庭背景中,仅母亲职业显著影响了学生的学术性投入程度。在控制以上变量后,家庭经济支持和父母有效指导对学术性投入程度同样具有显著的正向预测作用。

　　在对社会性投入表现的回归分析中,性别、专业、生师比的影响显著。男生的社会性投入表现程度显著高于女生;人文社科类专业学生的社会性投入表现程度显著高于自然科学类专业学生;生师比越低的高校,学生的社会性投入表现越多。在客观家庭背景中,母亲受教育水平正向影响了学生的社会性投入表现。在控制以上变量后,主观家庭背景中的家庭经济支持、父母有效指导以及家庭社会关系三项指标均对学生的社会性投入表现产生了正向预测作用。

　　在对社会性投入程度的回归分析中,专业类型的影响显著。人文社科类专业学生的社会性投入程度显著高于自然科学类专业学生。在客观家庭背景中,父亲受教育水平越高，学生的社会性投入程度越低。在控制了以上变量后，主观家庭背景中仅父母有效指导对学生的社会性投入程度有正向预测作用。

五次分析中，第一步和第三步的结果表明，在控制了其他变量以后，作为整合指标的主观家庭背景对学习投入 5 个因子均具有显著的正向预测作用。

以上分析表明，主观家庭背景对学习投入具有显著的预测作用。如果进行横向比较，会发现家庭经济支持除了对社会性投入程度影响不显著以外，对学习投入其他 4 个因子的影响均较为显著；父母有效指导对学习投入 5 个因子均具有正向预测作用；家庭社会关系仅对社会性投入表现具有正向预测作用。以上结果表明，第一，尽管内部指标影响效应有所不同，但在对学生学习投入的预测中，主观家庭背景 3 个指标和整合指标的研究结果基本一致；第二，在后续研究中，如果采用主观家庭背景 3 个指标进行研究，或许能获得更多有意义的信息。

（3）学习投入的中介效应

对表 3-12、表 3-13 的相关指标进行 Sobel 检验可知，一般性学术投入表现在主观家庭背景与发展提高度之间的中介效应显著，系数 a（自变量影响中介变量的路径系数）和系数 b（中介变量影响因变量的系数）均显著，且 Sobel 检验结果也显著（z=3.848，$p<0.001$）；选拔性学术投入表现在主观家庭背景与发展提高度之间的中介效应不显著，系数 a 显著，但系数 b 不显著，Sobel 检验结果也不显著（z=1.642，p=0.101>0.05）；学术性投入程度在主观家庭背景与发展提高度之间的中介效应显著，系数 a 和系数 b 均显著，且 Sobel 检验结果也显著（z=4.014，$p<0.001$）；社会性投入表现在主观家庭背景与发展提高度之间的中介效应不显著，系数 a 显著，但系数 b 不显著，Sobel 检验结果也不显著（z=1.724，p=0.085>0.05）；社会性投入程度在主观家庭背景与发展提高度之间的中介效应显著，系数 a 和系数 b 均显著，而且 Sobel 检验结果也显著（z=4.539，$p<0.001$）。

以上检验表明，学习投入不同因子对发展提高度具有不同的独特效应，当把学习投入各因子一起纳入回归模型分析其中介作用时，也体现出了因子中介效应的差异性。一般性学术投入表现、学术性投入程度和社会性投入程度在主观家庭背景与发展提高度之间的中介作用具有独特效应，这种独特效应表明以上 3 个因子是家庭背景和学生发展提高度的中介变量，具有一定的稳健性。选拔性学术投入表现与社会性投入表现原本显著的中介效应则因在整体模型中不具有独特效应而变得不再显著。

无论是对每个二阶因子中介效应的单独考察，还是整合地对其独特效应进行考察，学习投入二阶因子在主观家庭背景和发展提高度之间的中介作用均为正向关联，没有出现负值。通过表3-7对学习投入一阶因子的回归分析也可见，达到统计学显著水平的影响因子均为正值，个别因子虽为负效应，但并不显著。由此可以推论，以学习投入一阶因子作为中介变量对其在主观家庭背景和发展提高度之间的作用机制进行检验，其作用方向与二阶因子应是一致的。这也提示我们，在分析具体问题时，应注意研究结果的适用范围。

此外，在对主观家庭背景3个指标的检验中，笔者还得出了一些非常有意思的结果，即主观家庭背景内部指标发挥的作用不同。对比表3-12中的第二步和第三步，在纳入学习投入因子前，家庭经济支持对发展提高度的负效应并不显著，不符合中介检验的前提，说明家庭经济支持对发展提高度没有产生主效应，而父母有效指导和家庭社会关系对发展提高度的效应显著。但在纳入学习投入因子后，家庭经济支持的负效应反而变得显著，而父母有效指导和家庭社会关系的影响变得不显著或系数值变小，说明中介作用主要存在于后两个因子中。这也说明学生的家庭经济支持感知对其发展提高度的影响效应，会因中介变量的强度大小而发生改变。对这些指标进行整合可见，总体上体现出主观家庭背景正向的影响作用，但这种作用的大小也可能受到内部正负效应相抵消的影响。由此可见，主观家庭背景各指标对发展提高度的影响非常复杂，如果仅仅只考察某个指标的影响，可能就会得出不同的研究结论。只有进行整合考察，才会获得家庭背景对学习投入和学生发展影响更为全面的解释。

第四节　家庭背景影响大学生学习投入与教育收获的相关讨论

一、大学生教育收获综合指标及人口学变量的影响

教育收获是一个复合的上位概念，学界对其一直没有统一的操作性定义。它既可指向大学期间的成就，如主观发展提高程度、学业成绩等，又可指向大学后期的成就，如职业、社会地位等。经典研究证实，大学后期的成就与家庭社会经济地位

具有一定的相关。英国教育社会学家哈尔西（Halsey）认为，教育传统地被认为是个体获得成就的主要机构，但是代际的流动过程既是教育日益对其发挥支配作用的过程，也是先赋因素像教育一样竭力表现自己的过程，社会出身或先赋因素对一个人以后的职业生涯有直接的影响，即是说就业以后，家庭的影响也并没有随之结束。[①]为了尽可能地排除这种显而易见的结构影响，我们对大学生教育收获的考察仅限于大学生在大学期间取得的成就。在参考前人研究的基础上，笔者选取了3 个指标来表征大学生大学期间的教育收获，即发展提高度、学业成绩等级、获奖情况。

　　研究发现，发展提高度、学业成绩等级以及获奖情况都受到人口统计学变量的影响，但影响结果不完全一致。从学业成绩等级这一客观指标来看，女生的得分显著高于男生。女生在学业成绩上的优势也得到了国内外其他研究的证实。池（Chee）等对国外学生进行了研究，发现女生比男生更容易获得较高的 GPA。[②]姚本先等以学业成绩作为衡量学业成绩的指标，发现女性大学生的学业成绩显著优于男性大学生。[③]近年来，社会舆论中盛行的"女孩学业更优秀""男孩危机""高考女状元多"等媒体论调也反映出女性在学业成绩方面的优势。相关研究从心理、生理和社会文化等不同视角分析与解释了在学业成绩方面女优男劣的原因。笔者对学业成绩的性别差异研究支持了上述观点，但也有不同的发现，即教育收获的不同指标并非具有完全一致的性别差异。尽管在学业成绩等级指标上女生的优势明显，但在发展提高度指标上，男生自我评价的提高程度显著高于女生。究其原因，从概念范畴来讲，尽管学业成绩等级和发展提高度都属于教育收获这一概念框架，但二者的内涵却不同。学业成绩等级是考察专业知识掌握程度的核心指标，属于认知收获的概念范畴，而发展提高度不仅涵盖认知收获，也包括非认知收获，其内涵要大于学业成绩等级。换句话说，即便研究结果表明男生学业成绩等级低于女生，他们也并不认为自己在大学中所获得的发展更少，反之他们认为在学业成绩等级之外的收获更多。同样，女生学业成绩高于男生，也不足以说明她们在大学中获得的整体性提高优于男生。在性别刻板印象理论中，男性被认为是认知主体，是自我独立和主动

---

① 转引自：张人杰. 国外教育社会学基本文选[M]. 上海：华东师范大学出版社，2009：122-123.

② Chee K H, Pino N W, Smith W L. Gender differences in the academic ethic and academic achievement[J]. College Student Journal, 2005, 39(3): 604-618.

③ 姚本先，陶龙泽. 大学生学业成就的性别差异研究[J]. 长春工业大学学报（高教研究版），2004，25(1)：8-12.

的，具有可预见性、控制性和公众性，倾向于发展出"自我实现"的冒险文化。[①]因此，男生更偏好大学场域中更具"外向性"的社会性发展平台，其学业以外的收获可能更多。女性则被认为是认知客体，是依赖和被动的，具有不可预见性、服从性和私人性，倾向于发展出"制度服从"的保守文化。因此，女生更倾向于适应具有"学业导向"的大学价值规训和评判标准，这在一定程度上导致了二者的差异。性别维度在不同教育收获上出现的影响分歧，说明用单一指标来衡量大学生的教育收获可能会产生偏差。

　　就民族属性而言，汉族学生的发展提高度和学业成绩等级均显著高于少数民族学生。郭玮采用 NSSE-China 相关题项对蒙古族和汉族学生进行了调查，结果表明在学习成绩、知识技能以及获奖情况等各方面，汉族学生都显著优于蒙古族学生。[②]尽管民族类型不同，但少数民族大学生与汉族大学生相比较获得的相对较低的成就得到了国内外许多研究的支持。[③]相关研究多从文化差异等角度进行了解释。[④]但本章除了获得与既往研究相同的发现，还有不同的发现，即在获奖情况这一指标上，少数民族学生与汉族学生的差异并不显著。研究结论总体上表明，与汉族学生相比，虽然部分少数民族学生基于文化差异确实存在一定的学习劣势，但二者的差距在不断缩小。究其原因，近年来，在民族融合等治理理念的引导下，国家对包括高等教育在内的各领域大力推行少数民族优待和扶持政策，不仅促进少数族群在政治、经济、教育和文化等方面的参与，从而实行部分定员补偿，而且相关政策在很大程度上也提高了少数民族参与国家社会、政治、经济发展的主动性和积极性。高等教育作为民族融合教育的主体机构，在政策和理念的贯彻落实上自然责无旁贷，要更加充分地关注少数民族学生的发展。因此，尽管少数民族大学生与汉族大学生还存在成绩等级和发展提高度等方面的差异，但在获得校级奖励的概率上与汉族学生并无差异。

　　对人口统计学变量影响差异的解释虽非本章的重点，但具有一定的意义，后续

　　①　沈奕斐. 被建构的女性：当代社会性别理论[M]. 上海：上海人民出版社，2005：39.

　　②　郭玮. 蒙汉族大学生学业成就跨文化对比研究——以内蒙古财经大学为例[J]. 中小企业管理与科技（下旬刊），2014(11)：249-250.

　　③　Gibson M A, Ogbu J U. "Minority Status and Schooling": A Comparative Study of Immigrant and Involuntary Inorities[M]. New York: Garland Publishing, INC, 1991: 31.

　　④　祖力亚提·司马义. 少数民族学生低学业成就浅析[J]. 西北民族研究，2008，(2)：117-123；滕星. 西方少数民族学生学业成就归因理论综述[J]. 湖北民族学院学报（哲学社会科学版），2004(2)：58-63，85.

分析需进一步控制人口统计学变量对学业成绩的影响。特别是我们采用多个指标来表征教育收获后，发现人口统计学变量对教育收获具有不一致的影响，虽然增加了解释的复杂性，但也进一步说明如果仅用一个指标来替代教育收获，可能在后续自变量对因变量的解释中会出现偏差。综合各项指标进行分析，能够得到更全面的结果和做出更完整的判断。

二、学习投入对教育收获的影响：积极作用、抑制作用与无关效应

本研究采用多种方法来验证学习投入对大学生教育收获的影响。在分组检验中，除学生社会性投入影响学业成绩等级的分组差异不显著之外，学术性投入与社会性投入高、中、低不同组的学生在教育收获 3 个指标上都体现出较为明显的差异。总体来讲，呈现出学术性和社会性投入越多，收获越多的正向效应，初步验证了本研究的设想。但是，这一结果只能提供一种粗略的信息，无法深入了解学术性投入和社会性投入内部各因子的作用方式。因此，笔者进一步采用传统多元回归和结构方程模型对学习投入和教育收获之间的关系进行了深入分析。研究表明，学习投入对教育收获的影响非常复杂，存在积极作用、抑制作用和无关效应三种类型。

（一）学习投入对教育收获的积极作用

1. 学习投入对发展提高度的影响

在多元回归分析中，控制额外变量，对学习投入各因子影响教育收获的效应进行细致考察。采用"多对一"的检验，笔者发现在对发展提高度的影响中，一般性学术投入表现、学术性投入程度和社会性投入程度体现出独特效应，即将多个因子同时纳入回归方程中时，它们依然表现出较为显著的影响效应，在整合的结构模型中也体现出这种独特性效应。由于变量较多，回归分析步骤极为烦琐，笔者没有专门检验每个投入因子对发展提高度的影响。但是，在随后对学习投入每个因子的单独中介作用进行考察的过程中，发现当单独考察某个投入因子时，每个因子对发展提高度的影响均较为显著。出现这一情况的原因可能是二阶投入因子之间存在一定的相关性（共线性诊断符合要求），当作为一个整体对其进行考察时，彼此之间的相关性遮蔽了一些统计信息。这也说明在大学场域，无论是投入程度还是投入表

现，无论是社会性投入还是学术性投入，都会通过不同的途径使大学生获得发展和提高，但是不同的投入对大学生发展提高度的影响有所不同。

从影响效应的大小来看，社会性投入程度的影响最大，学术性投入程度和一般性学术投入表现的影响次之。选拔性学术投入表现和社会性投入表现则因其他三个投入因子的发生或增强，自身效应受到遮掩而变得不再显著。对于这种情况，也可以找到合理的解释。研究表明，心理学领域有一种匹配效应，即根据"特异性匹配原理"（specificity matching principle），特定的前因变量和与之具有匹配性质的结果变量的联系较为紧密，而与不匹配性质结果变量的联系则较为微弱。[①] 发展提高度是学生对自我发展增值的主观评价，属于思维和认知过程的心理活动，社会性投入程度和学术性投入程度均是从心理状态的角度来考察学生投入不同活动对象时调动心理资源的强度。这种心理资源包括认知策略、注意、情绪、意志等，调动的心理资源越多，在大脑中形成的联结越强，建构的神经通路就越多，知识、能力和价值观的记忆就越深刻，也就越容易形成个体的经验。此过程产生良性循环，个体的发展提高就越快。我国著名的课程专家钟启泉先生在对学习的阐述中认为，心智以两种方式起作用：一是实质性思考；二是外在的行为。在实质性思考和外在的行为之间，还有一个领域——感悟（洞察）。感悟是基于高度的注意力带来的、同客观世界直接接触时的感觉，是指在概念化、解说、评价之类的"思考"渗透之前直接体验客观世界的现实。感悟意味着原先的解说图式被打破了，"我"与客观世界的关系发生了根本性的变化。[②]这种变化意味着个体的内在增值，在某种程度上与主观发展提高度是等值的。而且，心理资源的调动也体现出了个人在某类活动中的主体性和掌控感，比如，作为"我"在学术性活动和社会性活动中所处的主体地位使"我"能够更多地调动心理资源来维持这种主体性与掌控感，从而有利于促进个体投入的积极性和主动性，进而促进个体的发展和提高。积极性和主动性与情绪体验密切相关。在社会性投入程度中，情绪体验是可以解释的因子，这也说明了为什么同样是对心理资源的调动，社会性投入程度的影响效应强于学术性投入程度。

---

① Jr Swann W B, Chang-Schneider C, McClarty K L. Do people's self-views matter?Self-concept and self-esteem in everyday life[J]. American Psychologist, 2007, 62(2): 84-94.

② 钟启泉. 概念重建与我国课程创新——与《认真对待"轻视知识"的教育思潮》作者商榷[J]. 北京大学教育评论，2005(1)：48-57.

　　在投入行为表现对发展提高度的影响中，尽管影响效应低于投入程度，但其影响也不可忽视。投入表现和投入程度实质上具有不同的向度，投入表现体现了学生参与学校活动的广度，而投入程度则体现出了学生参与活动的深度，两者并不矛盾，而是互为依托、相互促进。享誉世界的实用主义教育学家约翰·杜威（J. Dewey）提出教育即生活、生长和经验的改造，强调了在教育中根据个体经验组织教学活动的重要性。[①]教育心理学中的迁移理论也说明了多种经验的融合对知识习得的促进作用。一所好的大学应该通过多种途径构建促进学生经验增长的路径，而学生也应该积极参与到广泛的学校活动中，从不同的活动中积累经验，触类旁通，达到投入表现与投入程度的有机结合，从而更好地促进个体的发展。

　　在 3 个与投入表现相关的因子中，一般性学术投入表现对发展提高度的影响大于选拔性学术投入表现和社会性投入表现对发展提高度的影响。对此可能有两种不同的解释：第一，选拔性学术投入表现又可具体分为挑战性学术参与和交流性学术参与。前者主要是指学校中有一定难度的学术性学习活动，如尝试向期刊投稿；后者主要是指有一定条件（如经济条件或身份条件）要求的学术性学习活动，如境外交流学习。从经验层面上看，参与并积极投入到这类活动中，对学生个体发展的影响应该是较大的，但本研究的数据并没有支持这一经验判断。主要原因可能是这类活动具有特殊性和高要求，在测量中对此类问题采用的是意向判断和实际作为相结合的方式，即学生在回答这类题目时，并不要求其完全根据现实的参与表现，而是基于自身是否可能参与及参与的程度进行综合推断。这种推断也暗含了对现有能力、物质基础、身份条件的整体判断，但其并非实践经验，因此对学生个体发展的影响相对较弱。从题项选择情况来看，学生选择挑战性活动的意向并不强，表明大学生有意愿尝试有难度的学术活动，但标准差较大（$M=2.44$，$SD=0.67$），也说明学生内部的差异性比较大。但是，学生在交流性活动上的得分却是学术性投入表现中最低的，而且标准差较大（$M=1.97$，$SD=0.67$）。两者综合作用，促使学生在选择这一因子上的离散度更高。挑战性学术参与和交流性学术参与程度较低的学生更可能到其他学术性活动中去寻求发展，从而导致了选拔性学术活动对学生发展提高度的解释力不高，而且其影响效应很容易被其他学习投入因子遮蔽。

---

① 约翰·杜威. 民主主义与教育[M]. 王承绪，译. 北京：人民教育出版社，1990：14.

　　第二，社会性投入表现的子维度包括活动与组织参与、非学术性交流、职业角色体验 3 个。与学术性投入表现不同的是，对于几乎所有的社会性活动，都不存在强制性参与的要求，参与与否取决于学生的需求和选择。在不考虑其他 4 个学习投入二阶因子的情况下，社会性投入表现的影响效应也不低，但一旦控制其他学习投入，社会性投入表现的影响就几乎完全被消解。究其原因，一方面，可能在于此前我们所提及的"近端效应"；另一方面，也与大学中的学术导向有很大的关系。高学术导向的大学教育最终会产生学术导向的教育评价和过于看重分数的利益分配格局。大学提倡专注于学术无可厚非，但学术性知识学习绝非大学生唯一的任务，如果一味强调学生的学术性发展而忽视了社会性发展，最终可能会导致学生的发展出现偏差，学校和教师视社会性活动为学生的"自娱自乐"，不愿意花心思去挖掘和发现社会性活动的教育潜力，学生难以产生较高的自我增值感。

2. 学习投入对学业成绩等级的影响

　　研究发现，一般性学术投入表现和选拔性学术投入表现对学业成绩等级有显著的正向影响，这一结论符合我们的经验常识。一般来讲，在一般性学术投入表现中，常规性学术参与和辅助性学术参与不具有选拔性质，是学校中比较常见和普遍提倡的学习参与方式，每个学生只要愿意都能够参与其中。其中，常规性学术参与是指履行规定性的课堂学习要求的行为，如按要求完成课程阅读、做好课前准备、不缺课等，其对学业成绩等级的影响最为显著。辅助性学术参与主要是指未做明确要求，但有助于学生的学术性能力提高的学习行为，如聆听学术报告、与师生合作学习、运用电子资源学习等行为，但辅助性学术参与对学业成绩等级的影响并不显著。一方面，这可能与当下一些高校的学业评价体系有一定关联。学业成绩评价中常规性学术投入表现占有相当一部分权重，而学生的辅助性学术学习行为在评价中则难以直接体现。另一方面，也可能与传统教学方式的影响相关。尽管当代大学不断掀起"课堂革命"，但传统的教师"一言堂"的"单中心"教学倾向依然存在。在传统课堂上，教师是整个课堂的完全策划者和组织者，学生所学的知识内容以及学习方式基本由教师决定，许多学生长期处于被动学习状态，并且也习惯和依赖于这种方式，导致大学生极少会主动使用课堂要求以外的课程资源来提高学习效果。笔者的非正式调查发现，许多本科生缺乏对专业学习进行深入探究的动机和意图，他们总是被动、例行常规地完成学校安排的"规定动作"，比如，上课和完成作业。一些学校以"拉人头"的形式要求学生聆听学术报告，也成为学生比较反感的事情之一。一些学生在完成毕业论文这一重要任务之前，甚至都没有接触过电子学术资源，更不用说熟练掌握查阅方式了。

与一般性学术投入表现不同，挑战性学术参与和交流性学术参与对学生的能力有一定的要求，并非每一名学生都具有"准入资格"，因此统称为选拔性学术投入表现。研究结果显示，挑战性学术参与对学习成绩等级也有显著的预测作用，而交流性学术参与对学业成绩等级则不存在这种显著影响。挑战性学术参与是常规学术学习任务以外更高层次的学术性参与，这类学习参与要求学生具备相关能力，更关注参与过程可能产生的结果。交流性学术参与同样具有选拔性，与挑战性学术参与不同的是，它更重视获得参与机会的过程和学生的资质，对结果的关注度低于挑战性学术参与，因此其对学业成绩等级的影响并不太显著。正是因为两种选拔性学术参与存在的区分性，即前者以能力（智力、学习能力）为标准，后者以资质（经济条件、资优生或学生干部身份）为标准，它们对学业成绩等级的影响作用存在差异。学业成绩等级在某种程度上代表了学生的认知水平和学习能力，也是判断学生具备的能力和资质的标准化分数之一（尽管绝不是唯一标准）。因此，学业成绩等级与选拔性学术参与有共同之处，两者存在一定的正向联系。这也解释了为什么挑战性活动的参与度越高，学业成绩等级就可能越高。

3. 学习投入对获奖情况的影响

在影响获奖情况的学习投入因素中，学习投入表现的影响较大，其中一般性学术投入表现、选拔性学术投入表现和社会性投入表现三个因子具有独特效应。进一步分析发现，在一般性学术投入表现中，辅助性学术参与的影响显著；在选拔性学术投入表现中，挑战性学术参与的影响显著；在社会性投入表现中，社会性活动和组织参与的影响显著。这一结果也比较符合常识。根据前文的分析，辅助性学术参与和挑战性学术参与在内涵上虽不完全一致，但两者有中等程度的相关。其相似之处在于，两者均带有较强的主动探索学习的成分，主动探索学习的行为越多，学生参与各类学术竞赛的意愿就会越强烈，行动也会越多，获得课外科技学术活动奖励的可能性就越大。组织与参与的活动越多，获得文体奖励和学生管理工作奖励的可能性也就越大。一项采用 NSSE-China 数据进行分析的研究表明，"主动合作学习"水平和"教育经验丰富度"既会显著正向影响学生获国际/全国大奖的比例，也会显著正向影响学生获得普通奖项的比例。①

　　同时，研究结果也表明，学术性投入程度和社会性投入程度对奖励情况没有影响，这或许与一些大学存在的功利心有关。功利心是指一种把实际功效或者实用性看作个体行为的准则的心理倾向，也体现为实现暂时的、短期的利益而忽略了长远发展。②这种"短暂利益"或"实际功效"常常与社会现实和社会期待相联系，而与自我积淀相脱节，体现出重结果轻过程、重形式轻内涵的特点。尽管在实现一种功利性愿望的过程中，不可避免地会涉及心理资源的卷入，也会涉及投入过程中的意志、努力与认知策略，但从长远来看，功利化的成分很难使心理资源长久、高度且高效地卷入某项学术性和社会性活动，也就难以产生实质性的、深度的学术性和社会性投入。

（二）学习投入对教育收获的抑制作用和无关效应

1. 学习投入对教育收获的抑制作用

　　学习投入对教育收获的影响并不总是正向的。在研究中，我们还发现了学习投入与教育收获之间存在负相关，即学生的社会性投入程度与学业成绩等级呈显著负相关。对一阶因子进行分析，可以发现社会性-专注精力、社会性-情绪体验两个因子均显著负向影响学业成绩等级。究其原因，一方面，由于社会性活动不具有强制性，是否参与或投入多少精力完全在于学生自己的主观愿望，因此维持行动的因素更多源于兴趣、满足感、效能感等内在机制而非外在的要求和规约。兴趣越浓厚，满足感和效能感越强，在社会性活动中体验到的积极情绪就越多，个人就越愿意花费更多的精力和时间来维持、增强这种满足感与自我效能感。但是，个人的时间和精力是有限的，在学校中能够同时平衡社会性活动和学术性活动并且出彩的学生毕竟只是少数。当社会性活动与学术性活动发生冲突时，有的学生就可能倾向于牺牲参与学术性活动的时间，或者将更多的心理资源投入到社会性活动中，因而在无形中设置了参与学术性活动的限度，最终影响了较高学业成绩等级的获得。另一方面，也可能是由于一些低学业成绩等级的学生难以在学术性活动中获得效能感和满足感，出于生物体自我防御的本能，他们会在学术性活动以外去寻找能提高

---

① 郭芳芳，史静寰，涂冬波. 研究型大学创新人才培养研究——基于本科生获奖及创新力提高差异的实证分析[J]. 清华大学教育研究，2012(5)：13-20，26.

② 瞿建国，陈红. 当代大学生功利心理理论结构的剖析[J]. 校园心理，2009(5)：297-299.

自身心理资本水平的其他活动，如此进一步弱化了其在学术性活动中的投入，使两者之间呈现出了负向联系。

与社会性投入程度有所不同的是，尽管社会性投入表现两个二阶因子也显示出对学业成绩等级的消极影响，但其抑制效应并不显著。对其一阶因子进行分析，可以发现职业角色体验对学业成绩等级有显著的负向影响，而社会性活动和组织参与却对其有显著的正向影响。从系数上看，职业角色体验对学业成绩等级的抑制作用大于社会性活动和组织参与对学业成绩等级的正向影响，因此极有可能是因子之间正负作用的抵消导致社会性投入表现的整体抑制作用不再显著。这说明社会性投入对大学生教育收获的作用方式较为复杂。职业角色体验之所以会对学业成绩等级产生抑制作用，可能是由于在大学中，"象牙塔"精神之下的"学院派"风格和价值导向使得课业评价体系中对学生学业的考核具有明显的学术性而非实用性。布鲁贝克（Brubacher）强调，在大学中一直存在着两种理念纷争，即认识论的高等教育哲学与政治论的高等教育哲学。尽管近年来二者逐渐从二元对立走向融合，但这种融合更多表现在学校定位、办学理念和大学发展等宏大的教育叙事层面，在课程设置、教学和学习过程、评价体系等具体的微观实践层面还保留着非常明显的"认识论"倾向。也就是说，学校中知识的生产和传递属性明显多于知识的应用属性，专业教育课程设置缺乏社会联系，学生缺乏实践对接能力。[①]认识论倾向的教育哲学观使得学校的课程设置、学业成绩评判标准与学生未来职业发展之间的关系弱化，"学"与"用"明显脱节，"两条腿"走路的情况严重，学业成绩评价更是很难体现出学生的职业能力水平。职业角色体验和学业成绩等级之间的低相关性，使个体很难同时在两者之间找到时间资源和心理资源投入的平衡点，因而两者难以协同发展。

学术性投入程度对学生获奖情况的影响在回归分析与结构方程模型中均表现出抑制效应。我们认为，学术性投入程度对获奖情况的抑制与社会性投入程度对学业成绩等级的抑制作用是一致的。学术性投入程度表征的是学生对学术性活动的心理资源投入，而这里的奖励不仅包括课外科技竞赛活动，还包括文化娱乐活动以及学生管理工作等活动。课外科技竞赛活动与学术性活动有一定的关联，但文化娱乐活动、学生管理工作与学术性活动的关联并不紧密，因此学术性投入程度对获奖

---

① 转引自：汪霞，钱小龙. 高校课程结构调整与大学生就业：基于工作搜寻理论的分析[J]. 清华大学教育研究，2012(3)：21-27.

情况表现出抑制效应，也就能够得到解释。进一步而言，这种部分关联性也说明学术性投入程度对获得奖励的显著性影响并不太稳定，因而在两种分析中显著性水平不一致。

2. 学习投入与教育收获的无关效应

学习投入因子与教育收获之间一些并不显著的两两关系也值得探讨。比如，在研究中，我们发现学术性投入程度对学业成绩等级没有显著影响，这一结论似乎有悖常理。但如果从学业成绩的评判标准入手进行考察，对这一结果也可获得合理的解释。相关研究表明，大学生更注重将自己的学习努力置于课程学习评价的基础之上，他们对学习时间和学习重点的分配都是基于对学习评价的理解。评价影响了学生的学习策略、学习方法、学习活动，并引导学生学习行为的选择和偏重。[1]因此，要分析这个问题，首先应该了解大学学业成绩的评价标准。目前，大学学业成绩主要指多门课程的总体情况，它是对各单科学习成绩的整体评价。一般来讲，单科成绩是由教师在学期末对学生修学某门课程的表现给出的最终量化评价。过去这种评价常常采用"一刀切"的方法，仅以课程期末考试成绩为标准。这一传统评价方式因重视结果而忽略了过程、简单粗糙不利于有效促进学生发展而饱受诟病。在后来改进性的评价方式中，教育者开始关注学生参与课程学习的日常表现，包括考勤、平时作业完成情况等，这些日常表现与考试成绩一样都在最终的量化评分中占据了一定的比重。如果进一步分析，我们就会发现在大部分学校的绝大部分专业，占据较大比重的期末成绩仍然脱离不了机械学习的怪圈。期末考试形式单一，考前指定范围、划定重点、死记硬背、阅卷时依点给分等情况仍然占据主流。许多学生就算平时不努力，临考突击也能取得不错的成绩，这在我们后期的访谈中也得到了印证。学术性投入程度考察的是学生在学术性学习过程中的努力、意志、注意和深层认知策略的使用情况，体现出长期性、持续性而非短期性、阶段性的学习特质，而且学生只有在学习自己感兴趣的内容或有强烈的内部学习动机时，这种特质才能得以发展。因此，如果单从学业评价的角度来讲，当高校的学业成绩考察方式与表层学习的关联更多，而与深层学习的关联较少时，学生投入到学习任务中的程度深或者浅，都不会直接影响学生的学业成绩等级。

其次，学术性投入程度对学业成绩等级影响的显著性也可能受到学生已有的

---

① 　Bryan C, Clegg K. Innovative Assessment in Higher Education[M]. New York: Routledge, 2006: 65.

学术基础的左右。一项对农村和城市学生学业投入水平进行考察的研究发现，农村学生比城市学生对学业更加投入，他们花费的时间可能更多，但是农村学生的学业成绩等级并不总是高于城市学生[1]，其原因在于学生原本的学术水平不高。对于城市学生来讲，他们拥有更多适应大学教育的经验，对知识的更新和建构效率更高，并不需要花费太多的时间和精力便能轻松地理解教材与基本概念。农村学生"先天营养不良"或"水土不服"，花费比城市学生更多的时间和精力，可能也仅仅能达到与城市学生一样的水平。这就使得学术性投入程度与学业成绩等级之间不具有特异性。

最后，就学术性学习本身而言，不同的学习内容相互之间的影响也不同。在高校，大学生"考证热"持续不退甚至愈演愈烈，学生将更多的时间和精力投入到包括英语四六级在内的各级各类资格证书考试中已是不争的事实。这种具有工具性价值的学习内容与课程学业有着本质的不同，由于内容差异太大，同样是将心理资源运用到学术性学习中，却对学业成绩等级没有太大的影响。需要说明的是，尽管学术性投入程度没有体现出独特效应，但并不意味着学术性投入程度对学业成绩等级完全没有影响，我们尝试单独考察学术性投入程度对学业成绩等级的影响，结果发现影响效应非常显著（$t=8.754$，$p<0.001$）。因此，相对而言，与专业学习相关的学术性投入表现对学业成绩等级的影响更大。

三、家庭背景对教育收获的影响：内隐化与渐弱化

（一）大学场域中家庭背景对教育收获依然存在影响

大学场域中家庭背景对学生教育收获的影响，主要体现在主观家庭背景对大学生发展提高度的影响上，但是对学业成绩等级和获奖情况却没有显著影响。进一步而言，将大学阶段的教育收获与大学前各阶段的学生教育收获相比，家庭背景的影响效应发生了一些变化。

1966 年，美国著名的《科尔曼报告》指出，学生的家庭背景对学生教育收获的影响最大，而学校特征和教师对其只有很小的影响[2]，这在彼时的美国社会引起

---

① 廖友国. 大学生学习投入问卷的编制及现状调查[J]. 集美大学学报（教育科学版），2011(2): 39-44.

② Coleman J S, Campbell C E, Hobson J. Equality of Educational Opportunity[M]. Washington: U.S. Government Printing Office, 1966: 10-32.

了巨大的反响。随后，不少研究也相继证实了家庭背景特别是家庭社会经济地位与儿童学习成绩、学业发展、毕业率之间的正相关关系。詹克斯（Jencks）等的研究发现，学生的家庭背景特别是社会经济地位比学校因素更能说明学生的学业表现差异，家庭背景解释了一半以上的学习成绩变异量。[①]西林（Sirin）对 1990—2000 年调查的 101 157 名学生的研究文献进行了元分析，结果表明家庭社会经济地位与教育收获之间具有强关系，同时也指出包括家庭社会经济地位测量方式、变量范围、资源等都可能会影响二者关联的强弱变化。[②]戈特弗里德（Gottfried）等基于个体从婴孩到青少年成长的纵向研究也表明，家庭社会经济地位对儿童发展及其家庭生活环境具有持续显著的影响。[③]

在我国，任春荣等采用多水平模型追踪研究了家庭社会经济地位对小学生成绩的预测效应，发现总体上表现出家庭经济地位和学业成绩的正相关，但是家庭社会经济地位到达某个高位点时，学生的学业成绩出现了拐点。[④]刘笑飞等采用回归估计和曲线估计研究了家庭社会经济背景与初三学生学业成绩的关系，发现回归估计能更好地拟合抽样数据。其研究结果表明，家庭背景越好，学生的语文和数学成绩越好。[⑤]赵红霞以东部和西部两个经济发展差异较大省份的初中生为研究对象，发现家庭背景对学业成绩差异具有一定的解释力，其中父母受教育水平、职业对学业成绩有显著影响[⑥]，这与李志峰基于另外一个省份的研究结果较为一致[⑦]。乔娜等对初中生群体的研究也发现，家庭社会经济地位能正向预测初中生的学业成绩。[⑧]对于高中生群体，潘敏的研究发现家长学历、家庭社会地位与学生的英语

---

① Jencks C, et al. Inequality:A Reassessment of the Effect of Family and Schooling in America[M]. New York: Basic Books, 1972: 22-43.

② Sirin S R. Socioeconomic status and academic achievement:A meta-analytic review of research[J]. Review of Educational Research, 2005(3): 417-453.

③ Gottfried A W, Gottfried A E, Bathurst K, et al. Socioeconomic status in children's development and family environment:Infancy through adolescence// M. Bornstein, R. Bradley(Eds.), Socioeconomic Status, Parenting, and Child Development[M]. Mahwah:Lawrence Erlbaum Associates, 2003: 189-207.

④ 任春荣, 辛涛. 家庭社会经济地位对小学生成绩预测效应的追踪研究[J]. 教育研究, 2013(3): 79-87.

⑤ 刘笑飞, 卢珂. 学生学业成绩与家庭社会经济背景相关性研究[J]. 天中学刊, 2009(1)：130-133.

⑥ 赵红霞. 影响初中生学业成绩差异的机制研究——回归分析模型的探讨[D]. 华东师范大学博士学位论文, 2011：141.

⑦ 李志峰. 家庭背景对学业成绩的影响研究——以济南市为例[D]. 山东师范大学博士学位论文, 2013：178-181.

⑧ 乔娜, 张景焕, 刘桂荣, 等. 家庭社会经济地位、父母参与对初中生学业成绩的影响：教师支持的调节作用[J]. 心理发展与教育，2013(5)：507-514.

成绩有显著正相关。[①]尽管有研究者认为这是由于高社会经济地位个体拥有更多的文化和教育资源[②]，张欣怡（Cheung）等的研究却发现，即使控制了这些资源要素，家庭社会经济地位仍然对个体的教育表现有较大的影响[③]。

综上所述，在基础教育领域和中等教育领域，家庭背景对学生学业成绩影响的相关研究成果不胜枚举，两者的正相关几乎已经成为共识。甚至有学者直言，教育就是"家长主导制的意识形态"。[④]但是，在大学场域，国内基于家庭背景与大学生教育收获的研究却相对较少，更多的研究集中在大学教育资格的获得和大学后的高职业地位的获取。在为数不多的研究中，一些结论也不太一致，比如，郭俊等的研究发现，家庭人口结构、经济收入对大学生挂科门次、课程出勤率有显著的正向影响。[⑤]唐银的研究却发现，贫困生较之非贫困生在学习成绩总体水平上较高，获奖比例也较高。[⑥]谭英等对客观家庭背景进行分解，发现家庭经济条件、家庭结构、家庭变故、父母文化程度等家庭背景变量对高等教育阶段学生的学业成绩有较显著的影响，父母职业性质对学业成绩则没有影响。[⑦]曹春春的研究发现，家庭经济、社会和文化资本对大学生学习成绩均具有正向影响，其中家庭经济资本对大学生学业成绩的影响最大，社会资本的影响次之，文化资本的影响较小。[⑧]再如，乔志宏等采用父母教育程度、父母职业和家庭年收入作为家庭社会经济地位的指标，发现其与学生大学期间的科研经历、获奖级别、专业证书的取得不存在相关。[⑨]李晗蓉的研究也发现，学生阶层背景对知识的获取基本没有影响。[⑩]然而，国外研究更多地表明，阶层背景与大学生的学

① 潘敏. 中国高中生的英语学习成绩与家庭背景的相关性研究[D]. 山东师范大学硕士学位论文，2013：47.

② de Graaf P M. The impact of financial and cultural resources on educational attainment in the Netherlands[J]. Sociology of Education, 1986, 59(4): 237-246.

③ Cheung S Y, Andersen R. Time to read: Family resources and educational outcomes in Britain[J]. Journal of Comparative Family Studies, 2003, 34(3):413-434.

④ Phillip B. The "third wave": Education and the ideology of parentocracy//A. H. Halsey(Eds.), Education:Culture, Economy and Society[M]. New York:Oxford University Press, 1997: 393-408.

⑤ 郭俊，李凯，张璐帆，等. 家庭背景对大学生学业表现影响的实证研究[J]. 教育学术月刊，2012(8)：29-34.

⑥ 唐银. 高校贫困生学业成就研究——以广西大学为例[D]. 广西大学硕士学位论文，2012：51.

⑦ 谭英，刘志成. 高等教育学生家庭背景的客观性变量与学业成绩的关系研究[J]. 扬州大学学报（高教研究版），2012，16(2)：57-62.

⑧ 曹春春. 家庭资本与大学生学习成绩关系的研究——以 A 大学为例[D]. 安徽师范大学硕士学位论文，2013:35.

⑨ 乔志宏，苏迪，占诗苑，等. 人力资本和家庭社会经济地位对大学生就业去向和结果的影响研究[J]. 中国青年研究，2014(8)：92-97.

⑩ 李晗蓉. 阶层背景对大学生学业成就影响的研究[D]. 湖南农业大学硕士学位论文，2009：36.

习成绩有直接联系，比如，拉文（Lavin）统计了关于阶层背景与学习成绩的 19 项研究，发现 13 项研究认为阶层背景越好，学生的学业成绩越好。[①]

笔者认为，这些研究结论之所以在大学领域难以统一甚至出现矛盾，主要有三个方面的原因。其一，从教育层次的纵向发展水平来看，样本群体的同质性增强。随着大学的扩招和大学前教育的分流（一些家庭背景优越的孩子更可能被送往教育资源更为优越的发达国家接受高等教育，而某些家庭条件不好的孩子由于初等教育和中等教育所累积的学业劣势，难以通过大学的选拔性考试，因此早早流入社会），进入大学场域的学生在家庭背景上在某种程度上具有趋同性，这无疑使获得极具差异性的家庭背景数据存在很大难度。其二，生命历程假设认为，伴随个体的成长过程，其对原生家庭的依赖程度在减弱。因此，随着年龄的增长以及个体心理成熟度和自我意识的增强，家庭经济地位对孩子学业成就的影响可能会被削弱。其三，相关研究对教育收获的界定不太一致。第一个方面的原因是一种社会现实，分流的两类学生都已经不再属于本书研究的对象范畴，而且家庭背景的趋同性增强并不代表不存在差异，因此我们在抽样过程中需要尽可能地纳入可以代表整体的样本。同时，这一情况也表明，基于研究对象的整体趋同性，如果依然能发现不同家庭背景学生在教育收获上（哪怕是微小的）的差异（达到统计学意义上的显著性差异），也足以说明问题。第二个方面的原因表述了研究对象对家庭依赖程度降低的事实，但也提示我们家庭背景的影响可能会以另一种方式存在和延续。研究对象的认知和思维能力已经发展到一定水平，他们对客观家庭背景在多大程度上可以为自己提供经济、文化和社会关系方面的支持有一定的认识能力，完全可以依据自己所处的情境做出主观判断。因此，学生对客观家庭背景的主观认识很有可能比客观测量更能解释学生行为的过程和结果。第三个方面的原因则说明或许需要对教育收获不同的测量指标进行比较研究，才能得出相对更为完整的解释。

基于以上思考，我们在家庭背景和教育收获的测量上做了一些改进：在保留客观家庭背景测量的基础上，增加了与之相对应的学生对自身家庭背景的主观评价指标，并以此作为客观家庭背景的共同测度指标；在教育收获的测量上，同时考察不同的指标，由此获得了一些有价值的发现。总体上，我们认为家庭背景对大学生教育收获依然存在影响，这种影响主要体现为大学生对家庭经济支持、父母有效指

① Lavin D E. The Prediction of Academic Performance: A Theoretical Analysis and Review of Research[M]. New York: Russell Sage Foundation, 1965: 23.

导和家庭社会关系的整体认知显著地影响了其发展提高度，但是客观家庭背景的影响却不再显著。因此，与初等、中等教育相比，在大学场域，家庭背景依然存在影响，但其影响效应呈现出内隐化和渐弱化的趋势。

（二）家庭背景对大学生教育收获影响的内隐化和渐弱化趋势

趋势是一种长期性的发展态势，是历时态的存在形式。内隐化是与外显化是相对而言的，它们处于发展线上的不同层面。从对教育收获的衡量指标上来看，外显化体现为可以由观察者实际考察到的成长和进步，而内隐化则存在于个体自我评判的意识层面，是一种内省的认知。如果评判标准不同，那么现实的考察与自我评判可能会出现较大的差异。本章提出的内隐化和渐弱化趋势是一个相对的概念，是指与基础教育和中等教育等阶段相比，家庭背景对教育收获的影响在范围和程度上的变化。罗伯特·梅尔（Mare）曾提出"选择性衰变"假设（selective attrition hypothesis）来解释升学机会的不平等变化。他认为，社会出身对儿童较早阶段的升学机会影响较大，而对大学阶段后升学机会的影响则相对较小。[①]本章的数据分析结果在某种程度上验证了梅尔的理论。与之不同的是，笔者并非关注升学机会，也并非仅使用单一的指标来衡量这种变化。家庭背景对大学生教育收获影响的内隐化和渐弱化趋势具体表现为三种情况。

1. 影响对象从教育收获的显性指标到隐性指标的转变

在本研究中，学业成绩等级和获奖情况被用来表征显性的教育收获，发展提高度则用来表征隐性的教育收获。研究发现，家庭背景对学业成绩等级和获奖情况均不存在显著影响，而对发展提高度则存在显著影响。也就是说，如果基于现实可观察的学业成绩等级和获奖状况，未能发现家庭背景的显著影响，这说明无论家庭背景优劣，学生获得不同学业成绩等级和获得奖励的概率是没有差别的。但这是否表明学生自我评估的教育收获相同呢？结果并非如此。同一样本的数据显示，若基于个体自省的成长和进步，则家庭背景的影响显著。这一结果很有趣，它提示我们，成绩高低、获奖与否和个体感知的发展提高度并不一定有必然的联系。成绩好和获奖多并不必然表明个体获得的发展水平更高，而成绩相对较差和未曾获奖也并不表明个体感知到的发展提高度较低。国外有与之相似的研究，结论却并不一致。帕

---

① Mare R D. Change and stability in educational stratification[J]. American Sociological Review, 1981, 46(1): 72-87.

克（Park）等在一项针对小学和初中学生的研究中发现，家庭所在地（城市或乡村）会影响学生的学业成绩，却对学生的主观发展认知没有影响。[①]我们认为两项研究出现差异的原因可能在于研究对象在年龄上有很大的不同。

家庭背景对大学生教育收获外显指标和内隐指标的影响不同，其原因也在于学校定位与学生认知之间存在错位和冲突。从政策层面来看，教育政策制定的核心应该是如何使学生得到更好的发展，政策制定的主体是相关教育行政部门及高校，而非学生这一利益主体。自上而下的政策执行方式意味着学生在政策制定过程中的主体缺位和在政策实施过程中的被动到场。具体到教育收获层面，由于学校对学生的综合评价是围绕学校发展定位、学校教育目标和学生培养标准进行的，那么在其宏观规约之下的教学目标、教材选择、授课内容、考核范围也必将是围绕学校的整体学科建设和人才培养方案展开的，相应地作为显性指标的学生学业成绩等级和获奖情况也就不可避免地带有官方意志。然而，对于学生来讲，他们有自己的认同方式和选择偏好，尽管学校实施一系列教学活动的核心是促进学生的发展和成才，但对于通达这一目标的途径，学生可能有不同的认知和理解。如果其理解与学校思想一致，那么就可能出现协同互促的积极结果。比如，学生认同以取得较好的学业成绩或者获得相关奖励的方式来证明自己在大学期间的收获和发展，那么他们就会去争取更好的考试名次或更多的奖励。如果学生的理解与学校思想不太一致，那么就可能出现制约性的结果。比如，有学生并不完全认同专业成绩或学校奖励可以证明自己的收获或发展，反而遵循内心的需要，在大学中去做自己感兴趣的事情，如为了深入了解某个知识点，广泛地去阅读与之相关的书籍，尽管其不会在考卷中出现；抑或是组建一支乐队和一个社团，尽管这支乐队或这个社团不会获得任何的官方奖励。此外，我们使用学业成绩等级和获奖情况这两个指标，虽然考虑了学术性学习和社会性活动两个方面，但也不可能包含所有对学生教育收获的客观表述。因此，从词义的广度上讲，发展提高度包含的维度比学业成绩和学校奖励更广泛，这也可能是教育收获的显性指标和隐性指标出现分离的另一原因。

在大学这一相对开放和自由的场域，对每个学生而言，都有得到最大化发展的可能，但是以哪种方式来承载个体的发展，抑或可以达到何种程度的发展，则受到

---

① Park Y S, Park Y K. Academic achievement and quality of life among urban and rural students:A comparative analysis of the influence of residence, parental expectations of academic achievement, parent-child conflict and self-efficacy[J]. Studies on Korean Youth, 2011, 22(3): 5-41.

多种因素的影响。其中，家庭背景的影响是最早发生也是最不可忽视的。家庭背景对学生发展提高度的影响主要源于个体感知到的家庭支持，而在家庭支持中，尤以父母有效指导和家庭社会关系的影响较强，家庭经济支持的影响相对较弱。一方面，家庭成员（主要是父母，也包括关系亲密的其他家庭成员）提供的直接经验或间接经验会影响学生自身的经验建构和对外部世界的感知，并决定其是否能将先前的经验更好地融入大学环境，以更有效地利用大学的物质资源、学术资源、活动资源和人际资源来建构和发展新的经验网络。另一方面，从师生关系来看，高等教育扩招使师生关系不断疏离：多校区建设使教师疲于路途奔波而无多余的时间与学生相处；生师比居高不下使教师无暇顾及每一位学生，导致教育教学质量大打折扣；科研和教学相冲突使教师不得不草率应付"相对价值"较低的教学工作。这些都使得近年来高校师生关系一直饱受诟病。除了基本教学和必要的思想政治教育引导，一些学生在学校难以得到全方位的有效指导，多数学生在第一、二学年基本是处于自我摸索的"混沌"阶段。难怪有学者这样评价大学：对于那些赋予存在意义，并帮助学生正确对待自己生活中重大而超越的问题，其一直漠然置之。[①]在这样的背景下，来自家庭的资源或支持便有了发挥作用的空间。一般来讲，父母的指导程度越高，学生就越能较快地融入大学，并可以较早地对自己的未来发展进行周全的规划，无论规划目标与官方标准是否一致，都可以使学生在相对较短的时间获得更大的进步，也能为学生潜心于自己的规划提供强大的支持。对家庭成员社会关系的认知，也能促使学生认真分析自己的家庭优势，同时结合学校所能提供的资源，有目的地促使自己的人力资本增值。在影响学生发展的具体因素上，家庭社会关系与父母指导或许不完全相同，但在促进学生发展上均能发挥有效的作用。

尽管家庭背景对学生发展存在一定的影响，但同时我们也发现，家庭背景的影响在逐渐削弱。这种削弱化趋势不仅表现为不太高的影响系数，而且表现为用于测量影响效度的指标从能够轻易被观察到的显性指标转移到相对较为模糊晦涩的自省发展分数。这一方面说明大学场域中家庭背景的影响在与其他因素（如个体动机、学校影响）的博弈中日渐式微；另一方面，或许是家庭背景的影响随个体不同阶段教育目标的变化而"主动让位"。这种"主动让位"出现的原因如下：随着学习阶段的变化，教育收获的显性指标在达成不同阶段目标中的权重发生了变化。在

---

① 欧内斯特·博耶. 美国大学教育——现状·经验·问题及对策[M]. 复旦大学高等教育研究所，译. 上海：复旦大学出版社，1988：21.

大学前期，显性指标（学业成绩等级或获奖情况）在达成该阶段目标（获得大学入学资格）中举足轻重，使得家庭背景在这一阶段竞相发挥作用。大学期间以及大学后期，"入学资格"目标已然达成，成长目标变得更加多元化，学业成绩等级或获奖情况在多元化目标中的权重整体下降，因此家庭背景的影响就变得更为分散而非集中，从而并不那么容易在学业成绩等级或获奖情况这类具体显性指标上呈现出来，反倒更多地体现在个体发展提高度这类隐性指标上。

2. 影响主体从客观家庭背景到主观家庭背景的转变

研究发现，客观家庭背景对大学生教育收获没有显著影响，而主观家庭背景对大学生教育收获有显著影响。对于这一结果，可以从以下三个方面来进行解释。

第一，从大学的性质来看，在实现现代化的进程中，大学不可避免地会与社会发生越来越多的联系，但大学从未停止对自治和自由的追求。大学相对独立于社会系统的运行规律和内部规范，使大学场域既有别于中小学场域，也有别于其他社会组织，显性经济资本、社会资本和文化资本在大学场域的可运作空间相对有限。换言之，客观家庭背景在大学场域内部对学生最终教育收获的影响较为有限。

第二，从客观家庭背景指标和主观家庭背景指标的性质来看，客观家庭背景的主体是学生拥有的家庭资源，即来自父母的经济收入、受教育水平和职业地位，家庭背景的影响在哪方面发挥作用以及发挥多大程度的作用，取决于父母的价值判断，但家庭（或父母）的价值判断并不完全等同于学生主体的判断。如果将大学阶段视为动态连续的过程，大多数的家庭（或父母）更重视将资本作用于这一动态连续过程的前后两端，即大学入学资格的获得和大学毕业后优质职业的获取，而往往不太在意大学学习的中间过程。主观家庭背景是学生个体对家庭支持程度的认知，其实践主体是学生本人，在学校学习过程中，学生受到环境的影响会直接导致学生认知和价值的变化，因此主观家庭背景感知更可能作用于整个大学阶段而不仅仅是前后两端。安尼特（Annette）基于美国社会的研究认为，在养育子女的过程中，与子代之间不同的社会互动方式会较大程度地影响子代的教育成就。[①]

第三，从数据结果和主客观关系来看，由于主客观家庭背景之间存在中等程度的相关，当我们同时对二者进行考量时，就不能不注意某个因素的存在可能遮蔽了

---

① Lareau A. Invisible inequality:Social class and childrearing in black families and white families[J]. American Sociological Review, 2002, 67(5): 747-776.

另一个因素而呈现出独特效应。在这种独特效应下，客观家庭背景的式微实质上符合客观影响被主观影响分解和替代这一对事物运行规律的基本哲学解释。当打破了主客体的简单决定论之后，哲学家对客体和主体这对基本范畴进行探讨时，通常用"客体的主体化""主体的客体化"来界定两者之间的辩证统一关系。客体主体化和主体客体化并不是分离，而是同时发生的同一过程的两个不同侧面。

社会学家进一步将"客体主体化"运用到对结构的解释范式之中。布迪厄借助"象征资本"将结构分析从客观事物扩展到了表达领域。资本不仅是物质性的，而且是象征性的，阶层不仅意味着一种客观的社会结构，还存在于表达结构之中，表现为区隔、思想的倾向、风格和语言。[①]在布迪厄看来，结构既是客观的也是表达的，而且表达性的现实是客观性现实的主体反映，二者是对等和一致的。但是福柯（Foucault）对此提出了不同的看法，指出了话语与实践之间的不一致，并认为话语具有更强的真实性，比客观实践更有意义。姑且不论话语的内涵指向，福柯的看法的意义在于，他指出布迪厄未加以思考的表达与实践可能存在差异。但是，不可否认的是，尽管纯粹的客观主义和表达主义之间存在明显差异，但他们有一个共同的假定，即表达性现实与客观性现实之间保持基本的一致。在此基础上，社会学家黄宗智在结构与主体（内容）、表达与实践（形式）两组上位概念中建构出四个分析维度——客观性结构、表达性结构、客观性主体、表达性主体，并用以分析和理解结构与主体之间的互动、转化。[②]在他的分析中，客观等同于实践，实践呈现的是一种客观的秩序。客观性结构与表达性主体分别代表简单的客观主义者和简单的表达主义对世界的理解，位于中间部分的表达性结构与客观性主体则维系着对简单决定论的复杂化解释。表达性结构和客观性主体实质上与哲学的"客体主体化""主体客体化"是同义的，因此二者并非事物发生变化的两个阶段，而是同时发生的。在客观性结构向表达性结构转换的同时，也就形成了客观性主体。尽管黄宗智提及的表达性结构更为关注的是群体而非个体话语表达，但其基本理论对我们分析主观和客观家庭背景对学生投入的影响差异依然有一定的启发。

对家庭背景进行主客观的区分，实质上是将客观结构进行了有意义的动态延

---

① 黄宗智. 中国革命中的农村阶级斗争——从土改到文革时期的表达性现实与客观性现实//黄宗智. 中国乡村研究（第二辑）[M]. 北京：商务印书馆，2003：66-95.

② 黄宗智. 中国革命中的农村阶级斗争——从土改到文革时期的表达性现实与客观性现实//黄宗智. 中国乡村研究（第二辑）[M]. 北京：商务印书馆，2003：66-95.

伸。主观家庭背景作为对客观结构的主体性表达，既与客观结构具有一致性，又由于主体本身的表述差异而具有不一致的地方。将与客观结构的一致性和不一致性糅合在一起的过程对应着个体对家庭背景主观建构的表达性结构。从主体建构的角度来看，当结构特征体现为主体认知时，实质上便建立了主体的客观性特征，即客观性主体。从这个意义上来讲，主观家庭背景既是一种表达性结构，也形成了客观性主体。主客观家庭背景中度而非高度的相关也表明，两者之间存在如福柯所言的表述差异。尽管尚未找到主客观家庭背景差异比较的相关研究，但国内外有不少关于主客观阶层的相似研究。国外关于主观阶层和客观阶层的研究发现，主客观阶层之间也只有中等程度的相关[1]，中国也存在社会阶层的主观建构与客观实不一致的问题[2]。因此，与主观阶层相类似，主观家庭背景也可能出现与客观家庭背景不一致的情况。这就使得学生的主观家庭背景比客观家庭背景表现出更大的离差，由此表现出两类指标在预测结果上的差异：主观家庭背景对大学生教育收获的影响显著，而客观家庭背景的影响不显著。以上分析表明，在大学场域，家庭背景对个体教育收获的影响变得越来越内隐化。

3. 影响方式从直接影响到间接影响的转变

主客观家庭背景对学业成绩等级和获奖情况均不存在显著影响，客观家庭背景对发展提高度也不存在显著影响，因此我们仅对主观家庭背景与发展提高度的作用机制进行了深入分析。从影响方式上看，主观家庭背景对发展提高度的影响依然是有限的，其对发展提高度的直接作用远远小于通过学习投入产生的间接作用。从总体指标来看，主观家庭背景得分越高，社会性投入和学术性投入越多，学生感知到的发展提高度越大。前文分析中提及，从社会性投入和学术性投入各二阶因子来看，无论选择参与何种形式的活动，或是仅在某一类活动中投入更多的心理资源，都会影响学生的发展提高度，而主观家庭背景促进了学生的参与和投入。进一步分析发现，主观家庭背景对学生学习投入的影响却又不完全一致。在主观家庭背景的指标中，父母有效指导能使学生产生更多的投入行为，并提高了投入的程度；

---

① Adler N E, Epel E S, Castellazzo G, et al. Relationship of subjective and objective social status with psychological and physiological functioning:Preliminary data in healthy, white women[J]. Health Psychology, 2002,19(6):586-592; Goodman E, Adler N E, Kawachi I, et al. Adolescents' perceptions of social status:Development and evaluation of a new indicator[J]. Pediatrics, 2001,108(2):1-8; Kraus M W, Piff P K, Keltner D. Social class, sense of control, and social explanation[J]. Journal of Personality and Social Psychology, 2009, 97(6): 992-1004.

② 王春光，李炜. 当代中国社会阶层的主观性建构和客观实在[J]. 江苏社会科学，2002(4)：95-100.

家庭经济支持也能使学生产生更多的投入行为，但在投入程度方面仅影响了学生的学术性投入程度；家庭社会关系显著影响了学生的社会性投入表现，对学习投入其他因子的影响不显著。因此，从影响范围来看，主观家庭背景指标中影响序列从大到小依次为父母有效指导、家庭经济支持、家庭社会关系。

在5个单独中介效应检验的模型图中，4个模型图显示出了完全中介效应。这说明家庭背景对发展提高度的影响基本通过中介变量而发生。换句话说，在对发展提高度的影响过程中，家庭背景的影响经过中间环节的过渡变得不再强烈和稳定，其对发展提高度的影响也表现出对中介变量的高度依赖。也就是说，在大学场域，家庭背景对作为中介机制的学习投入的影响可能远远大于对作为结果变量的教育收获的影响。要深入探讨家庭背景在大学场域的效应，就有必要以大学生学习投入为结果变量，进一步探索家庭背景对学习投入的影响机制。

本 章 小 结

通过对教育收获和家庭背景相关理论与研究文献的梳理，本章采用主客观家庭背景双重指标以及复合的教育收获指标进行了研究，应用传统回归和结构方程模型等多种统计方法检验了大学生学习投入与教育收获的关系，并初步验证了家庭背景对学习投入和教育收获的影响，得出了以下结论。

1）大学场域中，学生的教育收获既包括认知收获，也包括非认知收获，既有隐性指标，也有显性指标，可以从学生发展提高度、学业成绩等级和获奖情况3个方面进行衡量。

2）对于家庭背景，可以从客观家庭背景和主观家庭背景两个方面进行量化。客观家庭背景和主观家庭背景既有一致的基础，也存在差异。采用主观家庭背景和客观家庭背景双重指标进行研究分析，具有理论与实证依据。

3）从整体上看，大学生学习投入对教育收获有显著的正向影响，但从局部看，二者之间的关系非常复杂。不同的学习投入指标对教育收获的影响效应并不一致，促进作用与抑制作用并存。具体来讲，在5个二阶因子中，一般学术性投入表现、学术性投入程度和社会性投入程度对发展提高度具有独特的正向影响效应。一般性学术投入表现和选拔性学术投入表现对学业成绩等级具有独特的正向影响效应，而社会性投入程度对学业成绩等级存在独特的负向影响效应。一般性学习投入表现、选拔性学术投入表现和社会性投入表现对获奖情况存在正向影响效应。在一阶因子中，常规性学术参与对学业成绩等级有显著正向影响；辅助性学术参与对发展提高度和获奖情况有显著正向影响；挑战性学术参与对教育收获的指标均有显著正向影响；学术-坚持努力和学术-认知策略运用仅对发展提高度有显著正向影响；学术-专注精力仅对学业成绩等级有显著正向影响；社会性活动和组织参与对学业成绩等级和获奖情况有显著正向影响；职业角色体验对学业成绩等级和获奖情况有显著负向影响；社会性-专注精力和社会性-情绪体验对学业成绩等级有显著负向影响；社会性-坚持努力和社会性-认知策略运用对发展提高度有显著正向影响。一阶因子效应的相互抵消或累加会影响二阶因子的作用效应。

4）家庭背景对大学阶段学生的教育收获依然存在影响，主要体现在主观家庭背景对大学生发展提高度有正向影响。考察发现，研究结果有两个特征：第一，从个体受教育的发展阶段来看，与初等教育和中等教育相比，随着时间的流逝，家庭背景这一先赋性的结构因素对高等教育场域中学生教育收获的影响效应并未消解，但表现出弱化的趋势。第二，从影响的过程和结果来看，家庭背景对大学生教育收获的影响更加隐蔽，主要表现为三个转变：影响客体从教育收获的显性指标向隐性指标的转变；影响主体从客观家庭背景到主观家庭背景的转变；影响方式从直接影响到间接影响的转变。

5）学习投入在家庭背景与教育收获之间有显著的中介效应。家庭背景对学习投入的影响远远大于对教育收获的影响。要深入探讨家庭背景在大学场域的效应，就有必要以大学生学习投入为结果变量，进一步探索其对学习投入的影响机制。

本章通过量化研究澄清了过去研究中出现的一些矛盾和问题，但也发现了值得深入思考的新问题。比如，家庭背景在大学场域对学生教育收获的影响整体弱化和隐性化这一过程是如何发生的？对这一问题的解答，有助于我们全面把握大学生发展的规律，并对高等教育领域的公平问题进行理性思考。与教育收获相比，家庭背景对作为中介变量的大学生学习投入的影响更为显著。因此，有必要将学习投入作为结果变量，通过深入考察家庭背景与学习投入之间"结构与行动"的关系和内部作用机制，来尝试对这一问题进行澄清，具体的研究将在第四章和第五章展开。

家庭背景对大学生学习投入的影响机制

第三章的研究结果表明，学习投入可以有效预测大学生的发展提高度，也验证了主观家庭背景与学习投入之间的关系，并证明学习投入在主观家庭背景与大学生发展提高度之间有中介效应。第三章的研究验证了学习投入的中介作用，但并没有对家庭背景与学习投入之间的关系进行深入的分析。我们通过相关数据可以发现，不仅是主观家庭背景，客观家庭背景的一些指标也对学习投入有显著影响。由此可见，主客观家庭背景对学习投入的影响程度远远大于对教育收获的影响。尽管不同的学习投入都有利于大学生获得发展和提高，但实质上不同的学习投入对学生发展提高度的具体影响是不一样的，家庭背景对其的影响也可能存在差异。第一章已经对自我效能感的相关研究进行了分析，并提出自我效能感（尤其是特定自我效能感）在家庭背景与学习投入之间存在中介作用的假设。基于此，本章要研究的问题是，在大学场域主客观家庭背景对学习投入各因子是否具有独特效应或累加效应？当主客观家庭背景共同作用时，它们对大学生学习投入各因子的影响路径和机制是怎样的？自我效能感是否在二者之间具有中介作用？厘清这些问题，有助于我们进一步了解家庭背景中的经济资本、文化资本和社会资本对学习投入的作用机制，并深入剖析家庭背景在大学场域作用的过程。

第一节　自我效能感的测度

本章的研究样本与第三章的研究样本相同，共 1184 名有效被试。按照研究设计，将自我效能感分为学业自我效能感和社会自我效能感。

一、学业自我效能感

学业自我效能感是指个体对自身有效地掌握学术知识、较好地参与学术活动的能力的信念。[1]梁宇颂参考宾特里奇（Pintrich）和狄格鲁特（DeGroot）的学业自我效能感问卷有关维度，将学业自我效能感量表分为学习能力自我效能感和学习行为自我效能感两个分量表。在该量表中，学习能力自我效能感是指个体对自己是否具有顺利完成学业、取得良好成绩和避免学业失败的学习能力的判断和自信；学习行为自我效能感是指个体对自己能否采取一定的学习方法达到学习目标的判断与自信。[2]结合具体题目，笔者认为该分量表中的学习行为效能是针对已经发生了的行为的判断。尽管效能感建立在过去行为和能力的基础之上，但有能力做某件事情并不代表会用某种具体的方式去做某件事情，其表述内容过于具体，如"学习时我总是喜欢通过自问自答的方式来检验自己是否已掌握了所学的内容"。学习能力自我效能感更能体现"对能力的主观评价"这一核心要素，且表述内容相对不那么具体，如"我相信自己有能力在学习上取得好成绩"。笔者认为学习能力自我效能感足以反映学业自我效能感的主要内涵，因此本章选用学习能力自我效能感分量表来测量学业自我效能感。该分量表共包括 11 个题项，采用 5 级评分，从"完全不符合"到"完全符合"分别计 1～5 分，分数越高，代表学业自我效能感越强。在梁宇颂等的研究中，该分量表的内部一致性信度系数 $\alpha=0.820$，在本书研究中，学业自我效能感的内部一致性信度系数 $\alpha=0.893$。

二、社会自我效能感

社会自我效能感是个体对自己在社会交往中获得和维持人际关系的能力的信念。[3]本书研究采用由史密斯（Smith）和贝茨（Betz）的成人社会自我效能感量表

---

[1] Bandura A. Perceived self-efficacy in cognitive development and functioning[J]. Educational Psychologist, 1993, 28(2): 117-148.

[2] 梁宇颂. 大学生成就目标、归因方式与学业自我效能感的研究[D]. 华中师范大学硕士学位论文, 2000：32.

[3] Smith H M, Betz N E. Development and validation of a scale of perceived social self-efficacy[J]. Journal of Career Assessment, 2000, 8(3): 283-301.

（The Scale of Perceived Social Self-efficacy，PSSE）中文版本进行测量。该量表的中文版由范津砚等于2010年进行修订[1]，修订后的中文版量表包含18个项目，量表为单因素结构，所有项目使用5级评分，得分越高，表示社会自我效能感越强。在范津砚等的修订报告中，该量表的内部一致性信度系数 $\alpha=0.930$，在本书研究中内部一致性信度系数 $\alpha=0.932$。

客观家庭背景、主观家庭背景、学习投入变量以及控制变量与第三章的研究相同，本章不再赘述。

第二节 数据分析结果

一、家庭背景、自我效能感与学习投入的相关分析

表4-1列出了各主要变量的相关矩阵。相关数据表明，家庭背景、自我效能感与学习投入三者之间存在显著正相关。从学习投入的基本特征来看，大学生学习投入表现和学习投入程度与客观家庭背景、主观家庭背景、自我效能感均呈显著正相关。从相关系数大小来看，学习投入与客观家庭背景的相关系数低于主观家庭背景，与自我效能感的相关最高。

二、家庭背景、自我效能感对学习投入的独特效应检验

笔者采用多重回归的方法，对学习投入的5个二阶因子分别进行分析，考察了家庭背景、自我效能感能否预测学习投入。对以下每个回归方程进行共线性诊断，方差膨胀因子（均远远小于10，多数变量小于2，个别变量在2～4）、容忍度（均大于0.1，多数变量接近1，个别变量在0.3～0.6）等各项指标都在可接受的范围，表明共线性问题并不严重，可以进行独特效应检验。

---

① Fan J Y, Meng H, Gao X P, et al. Validation of a U.S. adult social self-efficacy inventory in Chinese populations[J]. The Counseling Psychologist, 2010, 38(4):473-496.

表 4-1 家庭背景、自我效能感与学习投入各变量的描述统计

	1.收入水平	2.父亲受教育水平	3.母亲受教育水平	4.父亲职业	5.母亲职业	6.家庭经济支持	7.父母有效指导	8.家庭社会关系	9.学业自我效能感	10.社会自我效能感	11.一般性学术投入表现	12.选拔性学术投入表现	13.学术性投入程度	14.社会性投入表现	15.社会性投入程度
2.	0.429***	1													
3.	0.423***	0.675***	1												
4.	0.521***	0.694***	0.595***	1											
5.	0.489***	0.558***	0.660***	0.716***	1										
6.	0.545***	0.408***	0.441***	0.482***	0.463***	1									
7.	0.278***	0.400***	0.407***	0.383***	0.364***	0.411***	1								
8.	0.458***	0.418***	0.412***	0.475***	0.421***	0.582***	0.567***	1							
9.	0.097**	0.079**	0.102***	0.092**	0.134***	0.124***	0.216***	0.124***	1						
10.	0.101**	0.064*	0.092**	0.109***	0.097**	0.134***	0.207***	0.172***	0.440***	1					
11.	0.128***	0.103***	0.108***	0.073*	0.137***	0.200***	0.244***	0.179***	0.421***	0.244***	1				
12.	0.223***	0.251***	0.276***	0.277***	0.283***	0.283***	0.256***	0.236***	0.322***	0.198***	0.441***	1			
13.	0.098**	0.088**	0.104***	0.098**	0.162***	0.159***	0.234***	0.153***	0.621***	0.378***	0.576***	0.374***	1		
14.	0.105***	0.046	0.105***	0.079***	0.109***	0.194***	0.184***	0.191***	0.282**	0.427***	0.462***	0.366***	0.413***	1	
15.	0.115***	0.048	0.083***	0.104***	0.123***	0.130***	0.207***	0.167***	0.371***	0.496***	0.338***	0.267***	0.518***	0.549***	1

注：第 1 列中的数字对应第一行中的变量序号

（一）家庭背景、自我效能感对一般性学术投入表现的独特效应检验

表 4-2 列出了一般性学术投入表现的多重回归分析结果。第一步，将控制变量纳入回归方程，本章中的控制变量与第三章一致。第二步，将客观家庭背景和主观家庭背景各维度纳入方程，结果表明客观家庭背景中的父亲职业能负向预测一般性学术投入表现，母亲职业能正向预测一般性学术投入表现，主观家庭背景中的家庭经济支持和父母有效指导能正向预测一般性学术投入表现。这表明主客观家庭背景对一般性学术投入表现均具有独特效应。第三步，将学业自我效能感和社会自我效能感纳入方程，结果表明学业自我效能感和社会自我效能感均能显著预测一般性学术投入表现。

表 4-2　一般性学术投入表现的多重回归分析

项目			第一步			第二步			第三步		
			B	SE	β	B	SE	β	B	SE	β
控制变量	性别		0.023	0.025	0.026	0.027	0.025	0.031	0.013	0.023	0.015
	民族		0.078	0.057	0.038	0.085	0.055	0.042	−0.056	0.051	0.028
	年级	大二	0.030	0.036	0.034	0.058	0.035	0.065	0.058	0.032	0.066
		大三	0.161	0.038	0.181***	0.184	0.037	0.208***	0.163	0.034	0.184
		大四	0.023	0.053	0.013	0.051	0.052	0.029	0.038	0.047	0.022
	专业	自然科学类	−0.021	0.028	0.024	−0.009	0.028	−0.010	0.011	0.025	0.013
	学校类型	985 高校	0.409	0.067	0.418***	0.369	0.066	0.377***	0.340	0.060	0.348***
		211 高校	0.275	0.047	0.172***	0.269	0.047	0.168***	0.286	0.043	0.179***
	生师比		0.016	0.006	0.164**	0.012	0.005	0.128*	0.010	0.005	0.107*
客观家庭背景	收入水平					−0.008	0.012	−0.023	−0.010	0.011	−0.029
	父亲受教育水平					0.005	0.013	0.016	0.010	0.012	0.032
	母亲受教育水平					−0.025	0.013	−0.080	−0.024	0.012	−0.075*
	父亲职业					−0.027	0.009	−0.136**	−0.025	0.008	−0.128**
	母亲职业					0.021	0.009	0.096*	0.014	0.008	0.066
主观家庭背景	家庭经济支持					0.028	0.009	0.110**	0.024	0.009	0.096*
	父母有效指导					0.064	0.009	0.233***	0.040	0.009	0.145***
	家庭社会关系					0.005	0.009	0.019	0.006	0.009	0.025
自我效能感	学业自我效能感								0.230	0.020	0.325***
	社会自我效能感								0.068	0.019	0.110***
R^2			0.092***			0.165***			0.297***		
ΔR^2						0.073***			0.132***		

（二）家庭背景、自我效能感对选拔性学术投入表现的独特效应检验

表 4-3 列出了选拔性学术投入表现的多重回归分析结果。结果表明，主观家庭背景中的家庭经济支持和父母有效指导能正向预测选拔性学术投入表现。客观家庭背景的各指标对选拔性学术投入表现的预测作用均未达到统计学上的显著水平，表明主观家庭背景对选拔性学术投入表现具有独特效应，而客观家庭背景对选拔性学术投入表现无独特效应。将学业自我效能感和社会自我效能感纳入方程，结果表明，学业自我效能感和社会自我效能感均能显著预测选拔性学术投入表现。

表 4-3　选拔性学术投入表现的多重回归分析

项目		第一步			第二步			第三步		
		B	SE	β	B	SE	β	B	SE	β
控制变量	性别	0.010	0.033	0.009	0.012	0.033	0.010	0.028	0.031	0.024
	民族	0.010	0.076	0.004	0.005	0.074	0.002	0.024	0.070	0.008
	年级　大二	−0.060	0.047	−0.049	0.005	0.046	0.004	0.006	0.044	0.005
	年级　大三	−0.193	0.050	−0.158***	−0.131	0.049	−0.108**	−0.153	0.047	−0.126**
	年级　大四	−0.300	0.071	−0.127***	−0.254	0.069	−0.107***	−0.266	0.065	−0.113***
	专业　自然科学类	−0.120	0.038	−0.102**	−0.079	0.037	−0.067	−0.059	0.035	−0.050
	学校类型　985 高校	0.673	0.089	0.502***	0.570	0.087	0.425***	0.542	0.083	0.404***
	学校类型　211 高校	0.365	0.062	0.166***	0.290	0.062	0.132***	0.309	0.060	0.140***
	生师比	0.024	0.007	0.181**	0.020	0.007	0.153**	0.018	0.007	0.137***
客观家庭背景	收入水平				−0.011	0.016	−0.023	−0.013	0.015	−0.028
	父亲受教育水平				−0.002	0.018	−0.004	0.003	0.017	0.008
	母亲受教育水平				0.015	0.017	0.035	0.017	0.017	0.038
	父亲职业				0.007	0.012	0.027	0.009	0.012	0.033
	母亲职业				0.020	0.012	0.069	0.020	0.012	0.046
主观家庭背景	家庭经济支持				0.047	0.012	0.134***	0.043	0.012	0.124***
	父母有效指导				0.043	0.013	0.115**	0.019	0.012	0.049
	家庭社会关系				−0.003	0.012	−0.009	−0.002	0.012	−0.005
自我效能感	学业自我效能感							0.232	0.028	0.239***
	社会自我效能感							0.072	0.027	0.077*
R^2		0.152***			0.218***			0.291***		
ΔR^2					0.066***			0.073***		

（三）家庭背景、自我效能感对学术性投入程度的独特效应检验

表 4-4 列出了学术性投入程度的多重回归分析结果。结果显示，客观家庭背景中的母亲职业和主观家庭背景中的家庭经济支持和父母有效指导能正向预测学术性投入程度，表明主客观家庭背景对学术性投入程度均具有独特效应。将学业自我效能感和社会自我效能感纳入方程，结果表明，学业自我效能感和社会自我效能感均能显著预测学术性投入程度。

表 4-4　学术性投入程度的多重回归分析

项目		第一步			第二步			第三步		
		B	SE	β	B	SE	β	B	SE	β
控制变量	性别	0.157	0.031	0.150***	0.164	0.031	0.157***	0.088	0.025	−0.084***
	民族	0.025	0.071	0.010	0.035	0.069	0.014	0.020	0.055	0.008
	年级 大二	−0.018	0.044	−0.017	0.025	0.044	0.023	0.026	0.035	0.024
	年级 大三	0.082	0.047	0.076	0.121	0.046	0.113**	0.081	0.037	0.076*
	年级 大四	0.038	0.066	0.018	0.079	0.064	0.038	0.055	0.051	0.026
	专业 自然科学类	−0.084	0.035	−0.081*	−0.069	0.034	−0.066*	−0.031	0.028	−0.030
	学校类型 985 高校	0.288	0.083	0.243**	0.236	0.082	0.200**	0.179	0.066	0.152***
	学校类型 211 高校	0.054	0.058	0.028	0.045	0.058	0.023	0.072	0.047	0.037
	生师比	0.012	0.007	0.102	0.008	0.007	0.068	0.004	0.005	0.034
客观家庭背景	收入水平				−0.017	0.015	−0.042	−0.021	0.012	−0.050
	父亲受教育水平				−0.007	0.017	−0.017	0.003	0.013	0.007
	母亲受教育水平				−0.025	0.016	−0.067	−0.022	0.013	−0.059
	父亲职业				−0.017	0.011	−0.073	−0.014	0.009	−0.059
	母亲职业				0.038	0.011	0.148**	0.025	0.009	0.099**
主观家庭背景	家庭经济支持				0.023	0.012	0.076*	0.016	0.009	0.054*
	父母有效指导				0.076	0.012	0.230***	0.031	0.010	0.093**
	家庭社会关系				−0.004	0.011	−0.015	−0.001	0.009	−0.004
自我效能感	学业自我效能感							0.444	0.022	0.519***
	社会自我效能感							0.113	0.021	0.137***
R^2		0.046***			0.111***			0.432***		
ΔR^2					0.065***			0.321***		

（四）家庭背景、自我效能感对社会性投入表现的独特效应检验

表 4-5 列出了社会性投入表现的多重回归分析结果。结果显示，客观家庭背景中的父亲受教育水平能负向预测社会性投入表现，主观家庭背景中的 3 个指标均能正向预测社会性投入表现，表明主客观家庭背景对社会性投入表现具有独特效应。将学业自我效能感和社会自我效能感纳入方程，结果表明，学业自我效能感和社会自我效能感均能显著预测社会性投入表现。

表 4-5 社会性投入表现的多重回归分析

项目		第一步			第二步			第三步		
		B	SE	β	B	SE	β	B	SE	β
控制变量	性别	0.153	0.029	0.157***	0.149	0.029	0.152***	0.120	0.026	0.123***
	民族	−0.083	0.067	0.036	0.089	0.065	0.038	0.110	0.059	0.047
	年级 大二	−0.009	0.041	−0.009	0.022	0.041	0.021	0.013	0.037	0.013
	年级 大三	0.021	0.044	0.021	0.050	0.043	0.050	0.029	0.039	0.029
	年级 大四	0.000	0.062	0.000	0.026	0.061	0.013	0.031	0.055	0.016
	专业 自然科学类	−0.152	0.033	−0.156***	−0.132	0.032	−0.136***	−0.121	0.030	−0.125***
	学校类型 985 高校	0.150	0.078	0.136**	0.097	0.077	0.088	0.121	0.071	0.109*
	学校类型 211 高校	0.096	0.055	0.053	0.064	0.055	0.035	0.164	0.051	0.091*
	生师比	0.017	0.006	0.159**	0.014	0.006	0.131*	0.014	0.006	0.127***
客观家庭背景	收入水平				−0.007	0.014	−0.017	−0.013	0.013	−0.033
	父亲受教育水平				0.008	0.016	−0.097*	−0.025	0.014	−0.070*
	母亲受教育水平				0.036	0.015	0.040	0.011	0.014	0.030
	父亲职业				0.037	0.011	−0.031	0.010	0.010	−0.044
	母亲职业				0.022	0.011	0.034	0.006	0.010	0.026
主观家庭背景	家庭经济支持				0.034	0.011	0.124**	0.031	0.010	0.108**
	父母有效指导				0.033	0.011	0.119**	0.014	0.010	0.044
	家庭社会关系				0.021	0.011	0.078*	0.017	0.010	0.060
自我效能感	学业自我效能感							0.063	0.023	0.079**
	社会自我效能感							0.284	0.022	0.369***
R^2		0.044***			0.100***			0.254***		
ΔR^2					0.057***			0.154***		

（五）家庭背景、自我效能感对社会性投入程度的独特效应检验

表 4-6 列出了社会性投入程度的多重回归分析结果。结果表明，客观家庭背景中的父亲受教育水平能负向预测社会性投入程度，主观家庭背景中的父母有效指导能正向预测社会性投入程度，学业自我效能感和社会自我效能感均能显著预测社会性投入程度。

表 4-6　社会性投入程度的多重回归分析

项目			第一步			第二步			第三步		
			B	SE	β	B	SE	β	B	SE	β
控制变量	性别		0.050	0.032	0.048	0.043	0.031	0.041	0.001	0.027	0.001
	民族		−0.052	0.072	−0.021	−0.049	0.071	−0.020	0.082	0.061	0.033
	年级	大二	−0.046	0.045	−0.042	−0.016	0.045	−0.015	−0.026	0.039	−0.024
		大三	−0.023	0.047	−0.021	0.007	0.047	0.007	−0.023	0.041	−0.021
		大四	−0.155	0.067	−0.074*	−0.119	0.066	−0.057	−0.117	0.057	−0.056*
	专业	自然科学类	−0.157	0.036	−0.150***	−0.141	0.035	−0.135***	−0.122	0.031	−0.117***
	学校类型	985 高校	0.205	0.085	0.173***	0.156	0.084	0.132**	0.174	0.073	0.146*
		211 高校	−0.015	0.059	−0.008	−0.028	0.060	−0.014	0.089	0.052	0.046
	生师比		0.010	0.007	0.090	0.008	0.007	0.066	0.007	0.006	0.057
客观家庭背景	收入水平					0.016	0.016	0.039	0.009	0.013	0.021
	父亲受教育水平					−0.043	0.017	−0.112**	−0.031	0.015	−0.080*
	母亲受教育水平					−0.009	0.017	−0.025	−0.013	0.015	−0.034
	父亲职业					0.001	0.012	0.003	−0.002	0.010	−0.009
	母亲职业					0.019	0.012	0.073	0.015	0.010	0.056
主观家庭背景	家庭经济支持					0.005	0.012	0.015	−0.002	0.010	−0.005
	父母有效指导					0.055	0.012	0.166***	0.022	0.011	0.065*
	家庭社会关系					0.017	0.012	0.056	0.011	0.010	0.038
自我效能感	学业自我效能感								0.144	0.024	0.167***
	社会自我效能感								0.339	0.023	0.409***
R^2			0.026***			0.073***			0.306***		
ΔR^2						0.047***			0.233***		

三、自我效能感在家庭背景与学习投入之间的中介作用检验

（一）家庭背景对自我效能感的独特效应检验

1. 家庭背景对学业自我效能感的独特效应检验

笔者采用多重回归考察了家庭背景能否独特地预测学业自我效能感。表 4-7 列出了学业自我效能感的多重回归分析结果。第一步，将控制变量纳入回归方程，我们考察的是学业自我效能感和社会自我效能感的共同中介效应，因此在原控制变量的基础上将社会自我效能感纳入回归方程，以了解其他变量影响学业自我效能感的净效应。第二步，将客观家庭背景和主观家庭背景各维度纳入方程，结果表明客观家庭背景中的母亲职业和主观家庭背景中的父母有效指导对学业自我效能感有正向预测作用，其余的主客观家庭背景指标的预测作用均不显著。

表 4-7　学业自我效能感的多重回归分析

项目		第一步			第二步		
		B	SE	β	B	SE	β
控制变量	性别	0.117	0.033	0.096***	0.128	0.033	0.105***
	民族	0.077	0.075	0.027	0.090	0.075	0.031
	年级 大二	−0.049	0.047	−0.039	−0.025	0.047	−0.020
	年级 大三	0.032	0.049	0.025	0.051	0.050	0.041
	年级 大四	0.053	0.070	0.022	0.075	0.069	0.031
	专业 自然科学类	−0.077	0.037	−0.063	−0.072	0.037	−0.059
	学校类型 985 高校	0.237	0.088	0.172***	0.206	0.089	0.150***
	学校类型 211 高校	0.178	0.062	0.079**	0.178	0.063	0.079*
	生师比	0.012	0.007	0.090	0.009	0.007	0.069
	社会自我效能感	0.428	0.025	0.446***	0.406	0.026	0.423***
客观家庭背景	收入水平				−0.006	0.016	−0.013
	父亲受教育水平				0.000	0.018	0.000
	母亲受教育水平				−0.016	0.018	−0.037
	父亲职业				−0.016	0.012	−0.057
	母亲职业				0.028	0.012	0.092**
主观家庭背景	家庭经济支持				0.006	0.013	0.018
	父母有效指导				0.061	0.013	0.158***
	家庭社会关系				−0.021	0.012	−0.060
R^2		0.220***			0.241***		
ΔR^2					0.021***		

2. 家庭背景对社会自我效能感的独特效应检验

笔者采用多重回归考察了家庭背景能否独特地预测社会自我效能感。表 4-8 列出了社会自我效能感的多重回归分析结果，步骤同上。结果表明，主观家庭背景中的父母有效指导和家庭社会关系对社会自我效能感有正向预测作用，其余主客观家庭背景指标的预测作用均不显著。

表 4-8　社会自我效能感的多重回归分析

项目			第一步			第二步		
			B	SE	β	B	SE	β
控制变量	性别		0.003	0.035	0.002	0.002	0.035	0.001
	民族		0.001	0.078	0.000	0.001	0.077	0.000
	年级	大二	0.005	0.049	0.004	0.038	0.049	0.029
		大三	−0.012	0.051	0.010	0.025	0.052	0.019
		大四	−0.094	0.073	−0.037	−0.059	0.072	−0.023
	专业	自然科学类	−0.010	0.039	−0.008	0.014	0.039	0.011
	学校类型	985 高校	−0.131	0.092	−0.091	−0.188	0.092	−0.131**
		211 高校	−0.333	0.064	−0.142	0.373	0.065	−0.159***
	生师比		−0.003	0.008	−0.022	−0.005	0.007	−0.032
	学业自我效能感		0.466	0.027	0.447	0.439	0.028	0.421***
客观家庭背景	收入水平					0.021	0.017	0.041
	父亲受教育水平					−0.025	0.019	−0.054
	母亲受教育水平					0.019	0.018	0.042
	父亲职业					0.017	0.013	0.060
	母亲职业					−0.011	0.013	−0.036
主观家庭背景	家庭经济支持					0.008	0.013	0.021
	父母有效指导					0.025	0.013	0.061*
	家庭社会关系					0.026	0.013	0.073*
R^2				0.218			0.244	
ΔR^2							0.026	

（二）自我效能感在家庭背景与学习投入之间的中介效应检验

1. 自我效能感在家庭背景与一般性学术投入表现之间的中介效应检验

根据温忠麟提出的中介效应检验程序[①]，对自我效能感在家庭背景与一般性学术投入表现之间的中介效应进行分析。第一步，需要确定家庭背景对一般性学术投入表现的预测作用是否显著。由表 4-2 可知，在控制了人口统计学变量和院校类型变量后，父亲职业、母亲职业、家庭经济支持、父母有效指导 4 个家庭背景指标能够显著预测一般性学术投入表现（父亲职业、母亲职业、家庭经济支持、父母有效指导对一般性学术投入表现的回归系数分别为 $\beta=-0.136, p<0.01; \beta=0.096, p<0.05; \beta=0.110, p<0.01; \beta=0.233, p<0.001$）。因此，仅对以上 4 个家庭背景指标继续进行第二步检验。第二步，进行巴隆和肯尼提出的部分中介检验[②]，即依次检验自我效能感对家庭背景的回归系数和一般性学术投入表现对自我效能感的回归系数。如果两个回归系数都显著，表明家庭背景对一般性学术投入表现的影响至少有一部分是通过自我效能感这一中介变量实现的，第一类错误率小于或等于 0.05，继续第三步。如果至少有一个不显著，由于该检验的功效较低，所以还不能下结论，需要进行第四步，即进行 Sobel 检验。按以上步骤分别对父亲职业、母亲职业、家庭经济支持、父母有效指导 4 个家庭背景变量与一般性学术投入表现之间的中介效应进行检验。

1）对自我效能感在父亲职业与一般性学术投入表现之间的作用进行第二步检验发现，父亲职业对学业自我效能感的影响未达到显著水平（$\beta=-0.057, p>0.05$），学业自我效能感对一般性学术投入表现的影响达到了显著水平（$\beta=0.325, p<0.001$），此时还不能对中介效应成立与否下结论。进行第四步 Sobel 检验可知，学业自我效能感在父亲职业与一般性学术投入表现之间具有中介作用（$z=-4.559, p<0.001$）。父亲职业对社会自我效能感的影响未达到显著水平（$\beta=0.060, p>0.05$），社会自我效能感能显著预测一般性学术投入表现（$\beta=0.110, p<0.001$），同样需要进行 Sobel 检验。进一步的检验表明，社会自我效能感在父亲职业与一般性学术投入表现之间具有中介作用（$z=3.470, p<0.001$）。根据朱迪（Juddy）和肯尼提出的

① 温忠麟，张雷，侯杰泰，等. 中介效应检验程序及其应用[J]. 心理学报，2004，36(5)：614-620.

② Baron R M, Kenny D A. The moderator-mediator variable distinction in social psychological research: Conceptual, strategic, and statistical considerations[J]. Journal of Personality and Social Psychology, 1986, 51(6): 1173-1182.

完全中介检验步骤，结果表明父亲职业对一般性学术投入表现的直接效应为$\beta=-0.128$，$p<0.01$。以上结果说明，父亲职业对一般性学术投入表现的影响部分通过学业自我效能感和社会自我效能感两个中介变量实现，两个中介变量在父亲职业和一般性学术投入表现之间具有并联的部分中介作用，但两者的作用方向并不一致。父亲职业负向影响学业自我效能感，从而对一般性学术投入表现产生间接的抑制作用（$\beta=-0.057$，$p<0.05$），这一中介的间接效应与直接效应作用方向一致。父亲职业通过正向影响社会自我效能感，从而对一般性学术投入表现产生促进作用（$\beta=0.060$，$p<0.05$），这一中介的间接效应与直接效应作用方向相反，属于"不一致中介效应"。[①]总体而言，父亲职业通过自我效能感产生的间接作用（$\beta=-0.013$，$p<0.01$）与直接作用（$\beta=-0.128$，$p<0.01$）对一般性学习投入表现均具有抑制效应。

2）对自我效能感在母亲职业与一般性学术投入表现之间的作用进行第二步检验发现，母亲职业能显著预测学业自我效能感（$\beta=0.092$，$p<0.01$），学业自我效能感能显著预测一般性学术投入表现（$\beta=0.325$，$p<0.001$）。进一步进行 Sobel 检验可知，学业自我效能感在母亲职业与一般性学术投入表现之间具有中介作用（$z=6.934$，$p<0.001$）。母亲职业对社会自我效能感的影响未达到显著水平（$\beta=-0.036$，$p>0.05$），社会自我效能感能显著预测一般性学术投入表现（$\beta=0.110$，$p<0.001$）。进行第四步 Sobel 检验可知，社会自我效能感在母亲职业与一般性学术投入表现之间具有中介作用（$z=-2.451$，$p=0.014<0.05$）。根据朱迪和肯尼提出的完全中介检验步骤，结果表明，母亲职业对一般性学术投入表现的直接效应为$\beta=0.066$，$p>0.05$，说明母亲职业对一般性学术投入表现的影响完全通过中介变量学业自我效能感和社会自我效能感实现，两个中介变量在母亲职业和一般性学术投入表现之间具有并联的完全中介作用，但二者的作用方向不一致。母亲职业通过正向影响学业自我效能感对一般性学术投入表现产生间接的促进作用（$\beta=0.030$，$p<0.01$），以学业自我效能感为中介的间接效应与直接效应作用方向一致。母亲职业通过负向影响社会自我效能感对一般性学术投入表现产生抑制作用（$\beta=-0.004$，$p<0.01$），以社会自我效能感为中介的间接效应与直接效应作用方向相反，属于"不一致中介效应"。总体而言，母亲职业通过自我效能感产生的间接作用（$\beta=0.026$，$p<0.01$）对一般性学习投

① MacKinnon D P. Introduction to Statistical Mediation Analysis[M]. New York: Taylor & Francis Group, 2008: 79-102.

入表现有促进效应。

3）对自我效能感在家庭经济支持与一般性学术投入表现之间的作用进行第二步检验发现，家庭经济支持对学业自我效能感的预测效应不显著（β=0.018，p>0.05），学业自我效能感能显著预测一般性学术投入表现，且影响达到了显著水平（β=0.325，p<0.001），此时还不能确定中介效应成立与否。进行 Sobel 检验，结果显示，学业自我效能感对家庭经济支持与一般性学术投入表现确实不具有中介作用（z=1.380，p=0.167>0.05）。家庭经济支持对社会自我效能感的影响未达到显著水平（β=0.021，p>0.05），社会自我效能感能显著预测一般性学术投入表现（β=0.110，p<0.001），需要进行 Sobel 检验。进一步检验可知，社会自我效能感在家庭经济支持与一般性学术投入表现之间也不具有中介作用（z=1.544，p=0.123>0.05）。研究结果表明，家庭经济支持对一般性学术投入表现具有直接效应，自我效能感在两者之间不具有中介作用。

4）对自我效能感在父母有效指导与一般性学术投入表现之间的作用进行第二步检验发现，父母有效指导能显著预测学业自我效能感（β=0.158，p<0.001），学业自我效能感能显著预测一般性学术投入表现，且影响达到了显著水平（β=0.325，p<0.001）。进一步进行 Sobel 检验可知，学业自我效能感在父母有效指导与一般性学术投入表现之间具有中介作用（z=9.733，p<0.001），父母有效指导能显著预测社会自我效能感（β=0.073，p<0.05），社会自我效能感能显著预测一般性学术投入表现（β=0.110，p<0.001）。进一步进行 Sobel 检验可知，社会自我效能感在父母有效指导与一般性学术投入表现之间具有中介作用（z=3.502，p<0.001）。完全中介检验步骤的结果表明，父母有效指导对一般性学术投入表现的直接效应为 β=0.145，p<0.001，说明父母有效指导对一般性学术投入表现的影响有一部分是通过中介变量学业自我效能感和社会自我效能感实现的，两个中介变量在父母有效指导和一般性学术投入表现之间具有并联的部分中介作用，且作用方向一致。父母有效指导通过正向影响学业自我效能感，从而对一般性学术投入表现产生间接的促进作用（β=0.051，p<0.01），以学业自我效能感为中介的间接效应与直接效应作用方向一致。父母有效指导通过正向影响社会自我效能感，从而对一般性学术投入表现产生间接的促进作用（β=0.006，p<0.01），以社会自我效能感为中介的间接效应与直接效应作用方向也一致。总体而言，父母有效指导通过自我效能感产生的间接作用（β=0.057，p<0.01）对一般性学术投入表现具有促进效应。上述中介效应路径模型

如图 4-1 所示。

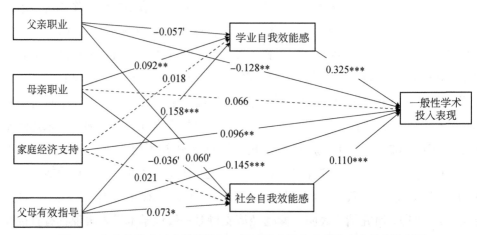

图 4-1   自我效能感对家庭背景与一般性学术投入表现的中介效应路径图

注：'表示尽管该路径系数在 0.05 水平上未达到显著，但 Sobel 检验中介效应显著。下同

2. 自我效能感在家庭背景与选拔性学术投入表现之间的中介效应检验

对自我效能感在家庭背景与选拔性学术投入表现之间的中介效应进行分析。首先需要确定家庭背景中哪些指标对选拔性学术投入表现具有显著的预测作用。由表 4-3 可知，在控制了人口统计学变量及院校类型变量后，客观家庭背景对选拔性学术投入表现的预测作用不显著，主观家庭背景中的家庭经济支持和父母有效指导能够显著预测选拔性学术投入表现（选拔性学术投入表现对家庭经济支持和父母有效指导的回归系数分别为 $\beta=0.134$，$p<0.001$；$\beta=0.115$，$p<0.01$）。因此，对家庭经济支持和父母有效指导的作用机制进行第二步检验。

1）对自我效能感在家庭经济支持和选拔性学术投入表现中的中介作用进行第二步检验发现，家庭经济支持对学业自我效能感的预测效应不显著（$\beta=0.018$，$p>0.05$），学业自我效能感能显著预测选拔性学术投入表现，且影响达到了显著水平（$\beta=0.239$，$p<0.001$）。采用 Sobel 检验，结果显示，学业自我效能感对家庭经济支持与选拔性学术投入表现确实不具有中介作用（$z=1.367$，$p=0.172>0.05$）。家庭经济支持对社会自我效能感的影响未达到显著水平（$\beta=0.021$，$p>0.05$），社会自我效能感能显著预测选拔性学术投入表现（$\beta=0.077$，$p<0.05$）。进行 Sobel 检验可知，社会自我效能感在家庭经济支持与选拔性学术投入表现之间也不具有中介作用

（ z=1.406， p=0.160>0.05 ）。研究结果表明，家庭经济支持对选拔性学术投入表现具有直接效应，自我效能感在两者之间不具有中介作用。

2）对自我效能感在父母有效指导和选拔性学术投入表现之间的中介作用进行第二步检验发现，父母有效指导能显著预测学业自我效能感（ β=0.158， p<0.001 ），学业自我效能感能显著预测选拔性学术投入表现（ β=0.239， p<0.001 ）。进一步采用 Sobel 检验可知，学业自我效能感在父母有效指导与选拔性学术投入表现之间具有中介作用（ z=6.985， p<0.001 ）。父母有效指导能显著预测社会自我效能感（ β=0.061， p<0.05 ），社会自我效能感能显著预测选拔性学术投入表现（ β=0.077， p<0.05 ）。进一步进行 Sobel 检验可知，社会自我效能感在父母有效指导与选拔性学术投入表现之间具有中介作用（ z=2.437， p=0.015<0.05 ）。根据朱迪和肯尼的完全中介检验步骤可知，父母有效指导对选拔性学术投入表现的直接效应为 β=0.049， p>0.05，说明父母有效指导对选拔性学术投入表现的影响完全通过中介变量学业自我效能感和社会自我效能感实现，两个中介变量在父母有效指导和选拔性学术投入表现之间具有并联的完全中介作用，且作用方向一致。父母有效指导通过正向影响学业自我效能感，从而对选拔性学术投入表现产生间接的促进作用（ β=0.038， p<0.01 ），以学业自我效能感为中介的间接效应与直接效应的作用方向一致；父母有效指导通过正向影响社会自我效能感，从而对选拔性学术投入表现产生间接的促进作用（ β=0.005， p<0.01 ），以社会自我效能感为中介的间接效应与直接效应作用方向也一致。总体而言，父母有效指导通过自我效能感产生的间接效应（ β=0.043， p<0.01 ）对选拔性学习投入表现产生促进作用。上述中介效应路径模型如图 4-2 所示。

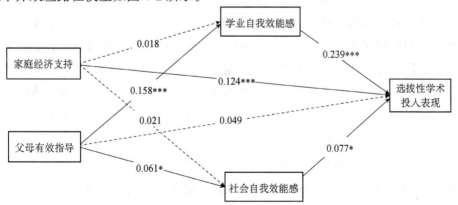

图 4-2　自我效能感对家庭背景与选拔性学术投入表现的中介效应路径图

3. 自我效能感在家庭背景与学术性投入程度之间的中介效应检验

对自我效能感在家庭背景与学术性投入程度之间的中介作用进行分析。首先确定家庭背景中哪些指标对学术性投入程度有显著的预测作用。由表 4-4 可知，在控制了人口统计学变量及院校类型变量后，客观家庭背景中的母亲职业对学术性投入程度的预测作用显著。主观家庭背景中的家庭经济支持和父母有效指导能够显著预测学术性投入程度，其余指标的预测作用不显著（学术性投入程度对母亲职业、家庭经济支持和父母有效指导的回归系数分别为 $\beta=0.148$，$p<0.01$；$\beta=0.076$，$p<0.05$；$\beta=0.230$，$p<0.001$）。因此，对母亲职业、家庭经济支持和父母有效指导的作用机制进行第二步检验。

1）对自我效能感在母亲职业与学术性投入程度之间的中介作用进行第二步检验发现，母亲职业能显著预测学业自我效能感（$\beta=0.092$，$p<0.01$），学业自我效能感能显著预测学术性投入程度（$\beta=0.519$，$p<0.001$）。进一步进行 Sobel 检验可知，学业自我效能感在母亲职业与学术性投入程度之间具有中介作用（$z=7.291$，$p<0.001$）。母亲职业对社会自我效能感的影响未达到显著水平（$\beta=-0.036$，$p>0.05$），社会自我效能感能显著预测学术性投入程度（$\beta=0.137$，$p<0.001$），因此进行 Sobel 检验。进一步检验可知，社会自我效能感在母亲职业与学术性投入程度之间具有中介作用（$z=-2.549$，$p=0.011<0.05$）。根据朱迪和肯尼的完全中介检验步骤，母亲职业对学术性投入程度的直接效应为 $\beta=0.099$，$p<0.01$，说明母亲职业对学术性投入程度的影响部分通过中介变量学业效能感和社会自我效能感实现，两个中介变量在母亲职业和学术性投入程度之间具有并联的部分中介作用。但两种自我效能感的作用方向不一样，母亲职业通过正向影响学业自我效能感，从而对学术性投入程度产生间接的促进作用（$\beta=0.048$，$p<0.01$），以学业自我效能感为中介的间接效应与直接效应作用方向一致；母亲职业通过负向影响社会自我效能，从而对学术性投入程度产生抑制作用（$\beta=-0.005$，$p<0.01$），以社会自我效能为中介的间接效应与直接效应的作用方向相反，属于"不一致中介效应"。总体而言，母亲职业通过自我效能感产生的间接效应（$\beta=0.043$，$p<0.01$）对学术性投入程度产生促进作用。

2）对自我效能感在家庭经济支持和学术性投入程度之间的中介作用进行第二步检验发现，家庭经济支持对学业自我效能感的预测作用不显著（$\beta=0.018$，$p>0.05$），学业自我效能感能显著预测学术性投入程度（$\beta=0.519$，$p<0.001$），此时

还不能下结论。进行 Sobel 检验，结果显示，学业自我效能感对家庭经济支持与学术性投入程度确实不具有中介作用（$z=1.382$，$p=0.167>0.05$）。家庭经济支持对社会自我效能感的影响未达到显著水平（$\beta=0.021$，$p>0.05$），但社会自我效能感能显著预测学术性投入程度（$\beta=0.137$，$p<0.001$），进行 Sobel 检验可知，社会自我效能感在家庭经济支持与学术性投入程度之间也不具有中介作用（$z=1.568$，$p=0.117>0.05$）。研究结果表明，家庭经济支持对学术性投入程度具有直接效应（$\beta=0.054$，$p<0.05$），自我效能感在两者之间不具有中介作用。

3）对自我效能感在父母有效指导和学术性投入程度之间的中介作用进行第二步检验发现，父母有效指导能显著预测学业自我效能感（$\beta=0.158$，$p<0.001$），学业自我效能感能显著预测学术性投入程度（$\beta=0.519$，$p<0.001$）。进行 Sobel 检验可知，学业自我效能感在父母有效指导与学术性投入程度之间具有中介作用（$z=10.804$，$p<0.001$）。父母有效指导能显著预测社会自我效能感（$\beta=0.061$，$p<0.05$），社会自我效能感能显著预测学术性投入程度（$\beta=0.137$，$p<0.01$）。进一步进行 Sobel 检验可知，社会自我效能感在父母有效指导与学术性投入程度之间具有中介作用（$z=3.809$，$p<0.001$）。根据朱迪和肯尼的完全中介检验步骤，结果表明，父母有效指导对学术性投入程度的直接效应为 $\beta=0.093$，$p<0.001$，说明父母有效指导对学术性投入程度的影响部分通过中介变量学业自我效能感和社会自我效能感实现，两个中介变量对父母有效指导和学术性投入程度起并联的部分中介作用。两种自我效能感的作用方向一致，父母有效指导通过正向影响学业自我效能感，从而对学术性投入程度产生间接的促进作用（$\beta=0.082$，$p<0.01$），以学业自我效能感为中介的间接效应与直接效应作用方向一致；父母有效指导通过正向影响社会自我效能感，从而对学术性投入程度产生间接的促进作用（$\beta=0.008$，$p<0.01$），以社会自我效能感为中介的间接效应与直接效应的作用方向也一致。总体而言，父母有效指导通过自我效能感产生的间接效应（$\beta=0.090$，$p<0.01$）对学术性投入程度产生促进作用。上述中介效应路径模型如图 4-3 所示。

4. 自我效能感在家庭背景与社会性投入表现之间的中介效应检验

对自我效能感在家庭背景与社会性投入表现之间的中介效应进行分析。首先确定对社会性投入表现具有显著的预测作用的家庭背景指标。由表 4-5 可知，在控制了人口统计学变量及院校类型变量后，客观家庭背景中的父亲受教育水平对社

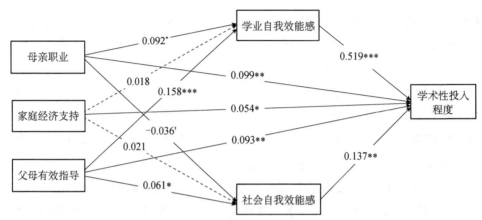

图 4-3 自我效能感对家庭背景与学术性投入程度的中介效应路径图

会性投入表现的预测作用显著，其余指标的预测作用不显著。主观家庭背景的3 个指标均能够显著预测社会性投入表现。社会性投入表现对父亲受教育水平、家庭经济支持、父母有效指导和家庭社会关系的回归系数分别为 $\beta=-0.097$，$p<0.05$；$\beta=0.124$，$p<0.01$；$\beta=0.119$，$p<0.01$；$\beta=0.078$，$p<0.05$。因此，对父亲受教育水平、家庭经济支持、父母有效指导和家庭社会关系的作用机制进行第二步检验。

1）对自我效能感在父亲受教育水平和社会性投入表现之间的中介作用进行第二步检验发现，尽管学业自我效能感可以显著预测社会性投入表现（$\beta=0.079$，$p<0.01$），由于父亲受教育水平对学业自我效能感的预测效应为 0（$\beta=0.000$，$p>0.05$），学业自我效能感在父亲受教育水平与社会性投入表现之间完全不具有中介作用。父亲受教育水平对社会自我效能感的预测作用不显著（$\beta=-0.054$，$p<0.001$），社会自我效能感能显著预测社会性投入表现（$\beta=0.369$，$p<0.001$）。进一步进行 Sobel 检验可知，社会自我效能感在父亲受教育水平与社会性投入表现之间具有中介作用（$z=-2.802$，$p=0.005<0.01$）。根据朱迪和肯尼的完全中介检验步骤，父亲受教育水平对社会性投入表现的直接效应为 $\beta=-0.070$，$p<0.05$，说明父亲受教育水平对社会性投入表现的影响部分通过中介变量社会自我效能感实现。两条中介路径中，仅社会自我效能感在父亲受教育水平和社会性投入表现之间具有部分中介作用，且直接效应和间接效应的作用方向一致。总体而言，父亲受教育水平对社会性投入表现产生了直接的抑制作用，也通过负向影响社会自我效能感从而对社会性投入表现产生间接的抑制作用（$\beta=-0.020$，$p<0.01$）。

2）对自我效能感在家庭经济支持和社会性投入表现之间的中介作用进行第二步检验发现，家庭经济支持对学业自我效能感的预测作用不显著（$\beta=0.018$，$p>0.05$），学业自我效能感可以显著预测社会性投入表现（$\beta=0.079$，$p<0.01$）。进行Sobel检验，结果显示，学业自我效能感对家庭经济支持与社会性投入表现确实不具有中介作用（$z=1.284$，$p=0.199>0.05$）。家庭经济支持对社会自我效能感的影响未达到显著水平（$\beta=0.021$，$p>0.05$），社会自我效能感能显著预测社会性投入表现（$\beta=0.369$，$p<0.001$）。进行Sobel检验可知，社会自我效能感在家庭经济支持与学术性投入程度之间也不具有中介作用（$z=1.608$，$p=0.108>0.05$）。研究结果表明，家庭经济支持对学术性投入表现仅具有直接效应（$\beta=0.108$，$p<0.01$），自我效能感在两者之间不具有中介作用。

3）对自我效能感在父母有效指导和社会性投入表现之间的中介作用进行第二步检验发现，父母有效指导能显著预测学业自我效能感（$\beta=0.158$，$p<0.001$），学业自我效能感能显著预测社会性投入表现（$\beta=0.079$，$p<0.01$）。进一步进行Sobel检验可知，学业自我效能感在父母有效指导与社会性投入表现之间具有中介作用（$z=3.305$，$p<0.001$）。父母有效指导能显著预测社会自我效能感（$\beta=0.061$，$p<0.05$），社会自我效能感能显著预测社会性投入表现（$\beta=0.369$，$p<0.001$）。进一步进行Sobel检验可知，社会自我效能感在父母有效指导与社会性投入表现之间具有中介作用（$z=4.519$，$p<0.001$）。根据朱迪和肯尼的完全中介检验步骤，父母有效指导对社会性投入表现的直接效应为$\beta=0.044$，$p>0.05$，说明父母有效指导对社会性投入表现的影响完全通过中介变量学业自我效能感和社会自我效能感实现，两个中介变量对父母有效指导和社会性投入表现起并联的完全中介作用，且作用方向一致。父母有效指导通过正向影响学业自我效能感从而对社会性投入表现产生间接的促进作用（$\beta=0.012$，$p<0.01$），以学业自我效能感为中介的间接效应与直接效应的作用方向一致。父母有效指导通过正向影响社会自我效能感从而对社会性投入表现产生间接的促进作用（$\beta=0.023$，$p<0.01$），以社会自我效能感为中介的间接效应与直接效应的作用方向也一致。总体而言，父母有效指导通过自我效能感产生的间接效应（$\beta=0.035$，$p<0.01$）对社会性投入表现产生了促进作用。

4）对自我效能感在家庭社会关系和社会性投入表现之间的中介作用进行第二步检验发现，家庭社会关系对学业自我效能感的预测作用不显著（$\beta=-0.060$，

$p>0.05$），学业自我效能感能显著预测社会性投入表现（$\beta=0.079$，$p<0.01$）。进一步进行 Sobel 检验可知，学业自我效能感在家庭社会关系与社会性投入表现之间具有中介作用（$z=-2.831$，$p=0.005<0.01$）。家庭社会关系能显著预测社会自我效能感（$\beta=0.073$，$p<0.05$），社会自我效能感能显著预测社会性投入表现（$\beta=0.369$，$p<0.001$）。进一步进行 Sobel 检验可知，社会自我效能感在家庭社会关系与社会性投入表现之间具有中介作用（$z=5.325$，$p<0.001$）。根据朱迪和肯尼的完全中介检验步骤，家庭社会关系对社会性投入表现的直接效应为 $\beta=0.060$，$p>0.05$，说明家庭社会关系对社会性投入表现的影响完全通过中介变量学业自我效能感和社会自我效能感实现，两个中介变量对父母有效指导和社会性投入表现起并联的完全中介作用，但二者的作用方向不一致。家庭社会关系通过负向影响学业自我效能感从而对社会性投入表现产生间接的抑制作用（$\beta=-0.005$，$p<0.01$），以学业自我效能感为中介的间接效应与直接效应的作用方向相反，属于"不一致中介效应"；家庭社会关系通过正向影响社会自我效能感从而对社会性投入表现产生间接的促进作用（$\beta=0.027$，$p<0.01$），以社会自我效能感为中介的间接效应与直接效应的作用方向一致。总体而言，家庭社会关系通过两类自我效能感产生的间接效应（$\beta=0.022$，$p<0.01$）对社会性投入表现具有促进作用。上述中介效应路径模型如图 4-4 所示。

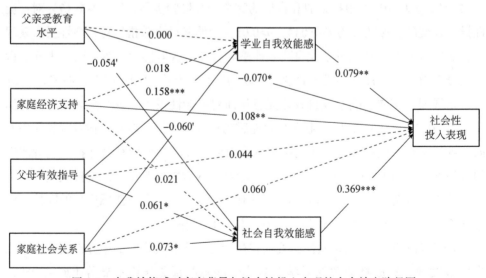

图 4-4　自我效能感对家庭背景与社会性投入表现的中介效应路径图

5. 自我效能感在家庭背景与社会性投入程度之间的中介效应检验

对自我效能感在家庭背景与社会性投入程度之间的中介效应进行分析。由表 4-6 可知，在控制了人口统计学变量及院校类型变量后，客观家庭背景中的父亲受教育水平对社会性投入程度的预测作用显著，其余指标的预测作用不显著。主观家庭背景中的父母有效指导对社会性投入程度的预测作用显著，其余指标的预测作用不显著。社会性投入程度对父亲受教育水平和父母有效指导的回归系数分别为 $\beta=-0.112$，$p<0.01$，$\beta=0.166$，$p<0.001$，因此对父亲受教育水平和父母有效指导的作用机制进行第二步检验。

1）对自我效能感在父亲受教育水平和社会性投入程度之间的中介效应进行第二步检验发现，尽管学业自我效能感可以显著预测社会性投入程度（$\beta=0.167$，$p<0.001$），但是由于父亲受教育水平对学业自我效能感的预测效应为 0（$\beta=0$，$p>0.05$），因此学业自我效能感在父亲受教育水平与社会性投入程度之间完全不具有中介作用。父亲受教育水平对社会自我效能感的预测作用不显著（$\beta=-0.054$，$p>0.05$），社会自我效能感能显著预测社会性投入程度（$\beta=0.409$，$p<0.001$）。进一步进行 Sobel 检验可知，社会自我效能感在父亲受教育水平与社会性投入程度之间具有中介作用（$z=-2.806$，$p=0.005<0.01$）。根据朱迪和肯尼的完全中介检验步骤，父亲受教育水平对社会性投入程度的直接效应为 $\beta=-0.080$，$p<0.05$，说明父亲受教育水平对社会性投入程度的影响部分通过中介变量社会自我效能感实现，两个中介变量仅社会自我效能感在父亲受教育水平和社会性投入程度之间起部分中介作用，且直接效应和间接效应的作用方向一致。总体而言，父亲受教育水平对社会性投入程度产生了直接的抑制作用，也通过负向影响社会自我效能感从而对社会性投入程度产生了间接的抑制作用（$\beta=-0.022$，$p<0.01$）。

2）对自我效能感在父母有效指导和社会性投入程度之间的中介效应进行第二步检验发现，父母有效指导能显著预测学业自我效能感（$\beta=0.158$，$p<0.001$），学业自我效能感显著预测社会性投入程度（$\beta=0.167$，$p<0.001$）。进一步进行 Sobel 检验可知，学业自我效能感在父母有效指导与社会性投入程度之间有中介作用（$z=9.039$，$p<0.001$）。父母有效指导能显著预测社会自我效能感（$\beta=0.061$，$p<0.05$），社会自我效能感能显著预测社会性投入程度（$\beta=0.409$，$p<0.001$）。进一步进行 Sobel 检验可知，社会自我效能感在父母有效指导与社会性投入程度之间有中介作用（$z=4.537$，$p<0.001$）。根据朱迪和肯尼的完全中介检验步骤，父母有效指导对社会

性投入程度的直接效应为 $\beta=0.065$，$p<0.05$，说明父母有效指导对社会性投入程度的影响部分通过中介变量学业自我效能感和社会自我效能感实现，两个中介变量对父母有效指导和社会性投入程度产生并联的部分中介作用，且作用方向一致。父母有效指导通过正向影响学业自我效能感从而对社会性投入程度产生间接的促进作用（$\beta=0.026$，$p<0.01$），以学业自我效能感为中介的间接效应与直接效应的作用方向一致。父母有效指导通过正向影响社会自我效能感从而对社会性投入程度产生间接的促进作用（$\beta=0.025$，$p<0.01$），以社会自我效能感为中介的间接效应与直接效应的作用方向也一致。总体而言，父母有效指导通过自我效能感产生的间接效应（$\beta=0.051$，$p<0.01$）对社会性投入程度产生促进作用。

上述中介效应路径模型如图 4-5 所示。

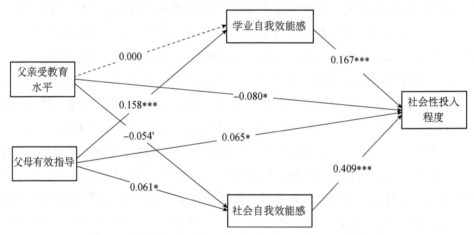

图 4-5   自我效能感对家庭背景与社会性投入程度的中介效应路径图

第三节   家庭背景对大学生学习投入
影响机制的相关讨论

一、家庭背景对学习投入的影响体现出"结构再制"的特点

在相关分析结果中，除父亲受教育水平与大学生社会性投入表现和社会性投入程度之间的相关未达到显著水平，家庭背景各指标与学习投入各二阶因子均存

在显著正相关。回归分析亦表明，在对学习投入各二阶因子达到统计学显著意义的各项家庭背景指标中，正向系数累加值远远大于负向系数累加值，进一步证实了家庭背景对大学生学习投入的正向影响，即体现出"结构再制"的特点。但对主客观家庭背景指标与学习投入二阶因子进行细致分析，可以发现在"结构再制"的表象下，还呈现出家庭背景对学习投入影响的复杂性。具体表现在两个方面：其一，客观家庭背景和主观家庭背景对大学生学习投入影响的强度不同。当把两类指标放在一起进行考察时，主观家庭背景对大学生学习投入的影响强度远远大于客观家庭背景。此外，还可以从主客观家庭背景在高等教育不同阶段发挥作用的主体差异进行分析。

如果把"结构与行动"理论置于宏大的教育发展脉络中，对这一结果还存在另外一种可能的解释，即主观家庭背景和客观家庭背景对个体的行动存在双重影响。第一重影响通过学生个体本身发挥效应，第二重影响则通过个体背后的整个家庭发挥效应，两种影响可能因为不同主体对教育目的和意义认知的不同而有所差异。从大学教育的完整阶段来看，"结构"最为明显的影响作用体现在高等教育阶段的前后两端，即受教育资格的获得和高职业地位的获取，所谓的"结构"最终也是通过人在发挥效用。对于主观家庭背景而言，"人"即为学生个体。对于客观家庭背景而言，"人"并不完全等同于作为被研究者的"个体"，还包括与个体密切相关的其他家庭成员。家庭成员和学生个体对于"教育"这一过程的目的和意义的认知并不相同。在教育场域，家庭成员并非直接的过程体验者，他们对结果的重视可能远胜于对过程的重视。这一阶段已经完成了高等教育资格的获取，所以其资源投入的重点在于接受高等教育后的结果，即如何使子女获取较高职业地位，从而确保阶层地位向上流动或避免受到向下流动的影响。实现这一目标的途径是多样的，学术性学习投入仅是达成目标的途径之一，因此家庭成员并不会只将家庭资源投放于促进子女的学习方面。但对于学生个体（即子女）来讲，他们是高等教育过程的实践者和体验者，无论他们的实践和体验是否会对最终结果产生重要影响，结构的影响都会通过个体的行为表现出来。因此，反映在学习投入这一高等教育的实践过程中，也就是客观家庭背景和主观家庭背景影响的不同。

家庭背景中的个别指标对学习投入产生了负向影响，其作用方向并不完全与"结构对行动产生正向影响"这一观点一致。尽管个别指标的负效应并不会从根本上改变家庭背景对学习投入影响的正效应，但是会削弱家庭背景对大学生学习投人影响的强度。而且，同一个家庭背景指标对不同的学习投入二阶因子的影响也出现了正负不同的结果，这充分说明了家庭背景对学习投入的影响极为复杂。过去的研究得出的结论不一致，可能也是因为选取的家庭背景指标和学习投入指标不同。另外，从统计分析的角度来看，不一致效应的产生也可能是因为在统计分析过程中因子之间产生了相互影响。尽管回归分析表明各模型均不存在多重共线性，但家庭背景各要素之间彼此中低程度的相关，或多或少会在回归分析中对影响效应原本不强的个别因子产生影响。为此笔者专门对家庭背景各指标逐一进行了回归检验，结果表明，当将家庭背景的每个指标独立放入回归模型，以规避彼此的相互关联时，每个家庭背景指标对大学生学习投入二阶因子均有正向影响（个别指标的影响未达到统计学上的显著水平）。此外，家庭背景个别因子作用方向不一致的情况只存在于客观家庭背景中，主观家庭背景各指标总是体现出一致的"结构效应"。在现实的生活情境中，家庭背景对大学生学习投入产生的影响是整体的、综合的，独立地探讨某个指标的影响并不能全面地解释现象，反而会遮蔽一些真实状况，因此在明确家庭背景对大学生学习投入的影响呈现出"结构再制"的特征时，我们也要认识到影响过程内部的复杂性和不规律性，其中蕴藏的某种"改变的力量"或许更值得深入探讨。

二、家庭背景中的非经济因素对学生自我效能感的影响更大

数据分析表明，显著影响学业自我效能感的家庭背景指标是母亲职业和学生感知到的父母有效指导，显著影响社会自我效能感的家庭背景指标是学生感知到的家庭社会关系和父母有效指导，以上家庭背景指标均正向影响了大学生的学业自我效能感和社会自我效能感。也就是说，母亲职业地位越高，大学生感知到的父母有效指导越多，学业自我效能感越强；大学生感知到的家庭社会关系作用越大、父母有效指导越多，其学业自我效能感和社会自我效能感就越强。这与国外一些研究结论比较一致。家庭对个体自我效能感的影响有许多方式，通过家庭资本产生影响是其中比较重要的途径之一，这些资本包括资源和有利条件，即经济等物质资源、教育等文化资源以及社会关系网络等社会资源。[1]一般来讲，良好的家庭背景

① Bradley R H, Corwyn R F. Socioeconomic status and child development[J]. Annual Review of Psychology, 2002, 53(1): 371-399.

所提供的资源和有利条件可以使大学生获得更多直接或间接的学习经验、交往经验以及事务经验，而劣势家庭背景的学生则难以获得这类资源或有利条件，外部支持的缺乏可能会使他们对自己是否可以胜任某项任务产生怀疑，从而导致自我效能感较低。

职业地位常被用来代表阶级分层标准。布劳和邓肯在《美国职业结构》一书中提出，阶级虽然可以根据经济资源与利益来定义，但是对于大多数人而言，决定这些的首要因素是其职业地位。[①]在当代社会，职业或许可以被定义为内容不同的工作，但职业地位则远远超越了工作本身的概念，它并不是不同的分工那么简单，而是代表某一行业对经济利益和社会资源的掌控程度。对利益和资源的掌握可以极大地提高个体成功的概率，从而增强个体的自我效能感，形成稳定的信念。这种稳定的信念，一方面可以通过父代的榜样作用（如高职业地位父母社会认可程度）在代际进行潜移默化的传递，影响子代自我认知的发展；另一方面也可以通过资源利用的辐射效应，使子女在面对全新或有挑战性的环境时体验到更高的胜任感，提高成功的概率，从而增强其自我效能感。青少年时期，个体面临的主要任务是接受学校教育，相对而言，学业是最重要的事务，父母职业地位越高，子女越容易在早期教育中获得成功，进而形成较高的学业自我效能感。尽管如此，我们亦发现父亲职业和母亲职业对子女自我效能感的影响效应不同。传统性别角色分工理论认为，由于女性的生理结构和心理特点，与男性相比，她们更适合承担在家庭中养育子女的责任。尽管现代社会中这种性别分工已经不再那么明显，不少女性也承担了工作任务甚至获得了不亚于男性的职业地位，但是养育子女依然是她们工作之外约定俗成且义不容辞的责任。因此，在一般情况下，母亲与子女相处的时间远远多于父亲，她们是与子女日常接触最多的家庭成员，对子女产生作用的可能性更大。因此，母亲职业对大学生学业自我效能感的影响比父亲职业对其的影响更为显著。

父母有效指导何以正向影响子女的自我效能感？一般来讲，父母对大学生在大学期间的有效指导涉及的层面比较广泛，包括学习指导和生活指导、对学校物质资源的使用和人力资源的利用、当前困境的解除和未来生活的规划、直接的帮助和间接的指引等。父母的有效指导使大学生能够获得间接的大学经验，明确自己的目

---

① Blau P M, Duncan O D. The American Occupational Structure[M]. New York: John Wiley & Sons Inc, 1967: 6.

标及其实现的途径，有效利用各方面的资源，从而提升达成目标的信念。因此，父母有效指导也表现出广泛和稳定的正向影响效应。此外，除了父母有效指导产生的实际影响，在此过程中，大学生还可以感知到以父母为主的家庭成员传递的三类信息：第一，家庭成员对子女成长的参与；第二，家庭成员对子女成长的期望；第三，家庭成员对子女成长的支持和鼓励。大量研究表明，这些信息都能促进个体自我效能感的提升。有研究表明，父母积极参与到学生的决定中会显著影响学生的自我效能感。[1]父母为子女提供的社会性支持、鼓励等会在亲子之间建立起积极的情绪联系，从而提高子女的胜任感，并促使其做出更多的自主行为。[2]研究者对韩国青少年的研究也表明，亲子之间开放式的交流会促使学生获得较高的社会自我效能感。[3]总之，父母对子女的有效指导会生成积极亲密的亲子关系，可以有效减少个体在面对全新或充满压力的环境时的焦虑，使其做出更多的积极行为，在完成新的或具有挑战性的任务时更加从容和具有胜任感。[4]这种良性循环是促进个体自我效能感增强的基础。

个体感知到的家庭社会关系并不会影响其学业自我效能感，但对社会自我效能感的影响显著。原因在于，与社会关系相关的情境认知有助于学生获得间接的经验。班杜拉在榜样学习理论中指出，由于人有通过语言和非语言形式获得信息以及进行自我调节的能力，个体不必事事经过亲身体验，通过观察他人（榜样）表现出来的行为及结果就能学到复杂的行为反应。[5]广泛的家庭社会关系网络意味着家庭成员的社会联系和人际交往较多，通过观察家庭成员的交往过程，学生可以获得与人交往以及融入社会的间接经验。广泛的家庭与外界的交往也使学生获得了更多

---

① Khu B, Min Y J. The effects of positive involvement of parent and self efficacy on career decision and career prepared behaviors of adolescents[J]. Korea Journal of Counseling, 2010, 11(1): 171-187.

② Peterson M S, Lawman H G, Wilson D K. The association of self-efficacy and parent social support on physical activity in male and female adolescents[J]. Health Psychology, 2013, 32(6):666-674; GroInick W S, Ryan R M. Parent styles associated with children's self-regulation and competence in school[J]. Journal of Educational Psychology, 1989, 81(2): 143-154.

③ Jang J Y, Kim Y C. The effects of parent-child communication patterns on children's interactive communication in online communities:Focusing on social self-efficacy and unwillingness to communicate as mediating factors[J]. Asian Journal of Communication, 2012, 22(5): 493-505.

④ Cutrona C E, Cole V, Colangelo N, et al. Perceived parental social support and academic achievement: An attachment theory perspective[J]. Journal of Personality and Social Psychology, 1994, 66(2): 369-378.

⑤ 阿尔伯特·班杜拉. 社会学习理论[M]. 陈欣银, 李伯黍, 译. 北京：中国人民大学出版社，2015: 100.

与外部社会直接联系的机会，并通过观察家庭以外群体的社会交往方式、处世原则，进而了解人际社会的运行规则。这些直接和间接经验都能有效提升学生对社会性活动目标达成的结果预期和社会自我效能感，使他们可以更好地适应和利用环境提供的线索与资源，投入到社会性活动中。

从社交关系的性质来看，美国社会学家格兰诺维特（Granovetter）认为，人际关系网络可以分为强关系网络和弱关系网络，两种关系的强弱决定了能够获得信息的性质以及个人达到其行动目的的可能性。[①]在一个弱关系社会，社会网络的异质性越强、信息面越广，越容易达成行动目的。与国外研究不同的是，中国学者边燕杰等则根据中国的实际情况提出了强关系假设，认为中国的关系社会资本具有强连带性、功能复用性和频发义务性三个特征。[②]在中国，强关系所能给予的确定而有力的帮助可以提高成功概率。因此，个体对家庭社会关系强弱的感知主要是指强关系。这种强关系包含了个体对家庭成员通过情感联系、权力地位来调动人脉资源有效性的判断。与弱关系相比，强关系相对较为固定和狭窄，直接的强关系更为稀少，更多是具有中间人存在的分段式关系，这种分段式关系使委托人与最终办事人之间联系的强度递减，因此强关系更多用于对人生发展具有重大影响或决定性的事务上，如入读大学的资格或就业、职业升迁的帮助等。虽然大学有别于外界社会，但大学场域也不可避免地涉及利益分配问题，因此也具有强关系的运行空间。比如，在访谈中，很多学生谈到学校的学生组织也具有科层制的特征，相对而言，在学生组织中占据领袖地位的学生可以通过自己所经营的社会关系网络，获得更多的资源和平台。另外，无论是直接强关系还是间接强关系，在信息公开透明、权利意识不断加强、竞争程度不断提高、体制的确定性不断增强的当代社会，关系的运作并不会堂而皇之，多是以隐蔽的形式进行。社会关系网络必须与个体努力相结合，在达到某种统一标准以后，才有更加充分和合理的"寻租"空间，而大学场域是缩小与这种统一标准之间距离的最好"加工厂"。

最后，从职业期待来看，对于大多数学生而言，读大学的最终目的是尽可能地寻求一份称心的职业。相对于职业发展来说，学业只是基本要求，个人素质以及社

---

① Granovetter M S. The strength of weak ties[J]. The American Journal of Sociology, 1973, 78(6): 1360-1380.

② 边燕杰，张磊. 论关系文化与关系社会资本[J]. 人文杂志，2013(1)：107-113.

会适应性和职业胜任度才是最终决定其职业发展程度的关键要素。因此，个体感知到的家庭社会关系越强，职业成功期望就会越高，社会自我效能感也就越强。为了使成功的可能性更大，一些大学生愿意投身于与社会性发展相关的活动中，通过参与实践提高相应的素质和能力，这样又会进一步提高自身的社会自我效能感。

家庭背景对自我效能感的影响，在主客观家庭背景方面也体现出一定的差异。主观家庭背景的影响显著大于客观家庭背景，这与此前的研究结果一致。也就是说，与主观家庭背景相比，在大学场域中，客观家庭背景对大学生的认知与行为、活动与选择的影响日渐式微，而主观家庭背景的影响更为突出。结构并非刻板不变的秩序，而是由个体意识到的可加以利用的资源构成的表达性结构。这种认知受制于自我与客观结构的共同影响，往往随境而迁，在特定环境中通过个体的比较与自省而形成。社会学关注结构之下的行动以及行动建构的结构，对结构与行动之间的结构化过程的重视往往不够，而这一中间过程才是结构与行动发生联系的关键。

另外，当把各种因素同时纳入回归模型时，最能反映家庭背景优劣的经济因素并没有对大学生的自我效能感产生显著影响，而家庭背景中的家庭文化氛围或家庭社会关系等非经济因素对学生自我效能感的影响远远大于经济类因素。虽然在布迪厄看来，经济资本、社会资本和文化资本之间可以相互转化，但更易转化的往往是可以用某种价格进行标示的产品，比如，商人通过经济投资快速获得权力地位、社会关系网络等社会资本。品位、知识、学识等身体化的文化资本以及文凭等制度化的文化资本往往不能快速转化，资本内在价值的转化也需要更长的时间，但经济资本的参与可以加速其转化的过程和效率。经济资本与社会资本、文化资本均可能发生勾连。因此，经济因素对自我效能感的影响往往不是直接的，需要一定的转化过程，当其转化为家庭的文化资本和社会资本时，其直接影响便会被削弱。

三、自我效能感是影响学习投入的必要因素但非充分条件

研究结果表明，无论是学业自我效能感还是社会自我效能感对学习投入均有显著影响，这与以往的研究结果一致。自我效能感的重要作用在不同的教育阶段以及不同年龄、发展水平和文化背景的群体中都已经得到了证明。玛顿（Multon）等

的研究发现，自我效能感能解释学业表现 14% 的差异。[1]斯达科维柯（Stajkovic）等认为，学生在学校的表现情况有 28% 可以被自我效能感解释。[2]其他研究也证实，高自我效能感对个体的成就行为如任务选择、努力、坚持以及采用有效的学习策略有积极的影响[3]，这些行为的结果（如达成目标、获得成就）和环境（如教师反馈、与同质群体比较）反过来又会影响个体的自我效能感。

　　社会认知理论认为，自我效能感是影响动机和投入的主要认知变量。社会认知理论的概念框架可以用来解释各种替代性经验、象征性行为和自我调节的过程。自我效能感对行为的影响也有许多中介机制的参与，比如，自我效能感通过激发动机进而影响个体行为，动机的激发又可以通过改进目标设定和自我评估来实现。因此，在大学场域，学生的自我效能感越高，设定的学术性或社会性目标可能就越高，对实现目标的过程的自我评估越积极，越可能激发学生强烈的参与动机，进而产生实质性的投入行为和心理卷入。[4]但是，面对特定的情境，特定的自我效能感发挥的作用效应有差异。研究结果表明，学业自我效能感和社会自我效能感对学术性投入和社会性投入影响的效力是不同的。学业自我效能感能促使学生设定更高的学术性目标，对实现学术性目标产生积极判断和成功愿景，从而激发学生强烈的学术性动机，并表现出更多的学术性投入行为和对学术性活动更深层次的心理卷入。因此，学业自我效能感与学术性投入表现和学术性投入程度的关联更加紧密。社会自我效能感能促使学生设定更高的社会性目标，并对实现社会性目标的整个过程进行积极评估，从而激发学生强烈的社会性动机，并表现出更多的社会性投入行为和对社会性活动更深层次的心理卷入。因此，社会自我效能感与社会性投入表现和社会性投入程度的关联更为紧密。

　　数据分析结果表明，尽管自我效能感对学习投入有显著影响，但其只能解释学习投入的部分变异。这说明尽管自我效能感非常重要，但它并非影响行为的唯一变

① Multon K D, Brown S D, Lent R W. Relation of self-efficacy beliefs to academic outcomes:A meta-analytic investigation[J]. Journal of Counseling Psychology, 1991, 38(1): 30-38.

② Stajkovic A D, Luthans F. Self-efficacy and work-related performance:A meta-analysis[J]. Psychological Bulletin, 1998, 124(2): 240-261.

③ Shunk D H, Pajares F. Self-efficacy theory//K. R. Wentzel, A. Wigfield(Eds.), Handbook of Motivation at School[M]. New York:Routledge, 2009:35-53; Usher E L, Pajares F. Sources of self-efficacy in school: Critical review of the literature and future directions[J]. Review of Educational Research, 2008, 78(4): 751-796.

④ Pajares F. Self-efficacy beliefs in academic settings[J]. Review of Educational Research, 1996, 66(4): 543-578.

量。有研究认为，当缺乏必要技能的时候，再强的自我效能感也不可能使个体具有胜任的表现。[1]同样，对成就的期望和对目标的价值判断是自我效能感发挥作用的重要条件。[2]即便学生认为对某一活动有较强的自我效能感，但如果他们不认同其价值或认为需要付出的代价远远大于回报，也很难表现出投入的行为。也就是说，只有在具有必要技能、积极价值和成就期待的前提下，自我效能感才是个体投入行为的关键决定因素。[3]在大学场域，每个学生拥有的技能、对目标的价值判断和成就期待都不可能是一致的，它们会受到家庭、社区、学校等各类环境和成长经历的影响。一个人的行为选择是所有环境和个体因素共同作用的结果，比如，当某些家庭（如父母"高经济低学历"）的学生从父辈身上获得了"学业好坏与创造经济财富无关"的认知，或者某类学校环境的影响（如学校的政策导向更重视学生学业发展而忽视了学生的社会性发展）使其并不认可学术性学习投入或社会性学习投入的重要价值时，学业自我效能感和社会自我效能感对两类学习投入的影响效应便非常有限。

四、自我效能感在家庭背景与学习投入之间的中介效应有差异

总体而言，研究结果证实了自我效能感在家庭背景与学习投入之间存在中介作用。具有较高统计功效的 Sobel 检验也使一些原本仅为边缘显著的路径系数通过了中介检验，进一步证实了该研究结果。对主客观家庭背景和学习投入二阶因子进行具体分析，可以发现学业自我效能感和社会自我效能感的中介效应有差异。

父亲职业既可以通过负向影响学业自我效能感进而对一般性学术投入表现产生负向影响，也可以通过正向影响社会自我效能感而对一般性学术投入表现产生正向影响。虽然不同路径的作用方向不同，但这一结果也可以得到解释。一方面，在现代社会，一个人要获得更高的职业地位，就需要在工作中花费更多的时间、付出更大的努力。一般而言，父亲职业地位越高，表明父亲在工作中的付出相对越

---

① Shunk D H, Pajares F. Self-efficacy theory//K. R. Wentzel, A.Wigfield (Eds.), Handbook of Motivation at School[M]. New York: Routledge, 2009: 35-53.

② Bandura A. Self-efficacy: The Exercise of Control[M]. New York: W. H. Freeman, 1997: 125.

③ Shunk D H, Pajares F. Self-efficacy theory//K. R. Wentzel, A. Wigfield (Eds.), Handbook of Motivation at School[M]. New York: Routledge, 2009: 35-53.

多。社会性别分工使男性承担着更多的家庭经济责任,并未赋予男性更多主内的角色,因此与女性相比,大多数男性对家庭的关注会远少于对工作的关注。他们在子女学业发展、与子女进行学业沟通、学业辅助方面花费的时间和精力相对更少,子女在遇到学业困难时获得的来自父亲的鼓励也会更少。所以,父亲职业地位并没有正向影响子女的学业自我效能感。另一方面,在某种程度上,职业地位也象征着权力和社会关系,具有强大的资源配置功能。当子女的学业表现不佳时,具有较高职业地位的父亲可以通过社会关系为子女争取其他资源,以其他途径和方式补偿子女在学术能力上的欠缺。这或许也会使子女形成不努力也有"办法"达到同样结果的思想,这并不利于子女学业自我效能感的培育。

但是,父亲职业对子女的社会自我效能感的影响是正向的。高职业地位的父亲拥有更能发挥"效用"的社会关系,与他人的社会交往、分析现实问题、处理复杂事务的经验会更加丰富。子女通过直接或间接的观察习得这种"默会"的知识,进而会影响其社会自我效能感的发展。社会自我效能感对一般性学术投入表现的正向影响也能通过合作学习、讨论交流等互动学习过程体现出来。

从学业自我效能感和社会自我效能感对一般性学术投入表现影响的效应来看,学业自我效能感对一般性学术投入表现有更强的预测作用。自我效能感在父亲职业与一般性学术投入表现之间并非完全起中介作用,这表明在自我效能感之外,可能还存在其他因素影响一般性学术投入表现。比如,在前面分析中提到的高职业地位具有的资源配置功能可能会使学生对学术性学习产生较低的价值认同,从而影响其一般性学术投入表现。职业地位具有明显的"结构"特征,但是从父亲职业与一般性学术投入表现的关系来看,似乎并没有体现出这种结构的"再制"功能,这与笔者的预设有些不太一致。虽然总体上看结构对行动具有方向一致的"再制"影响,但影响过程中多个中介因素正负效应的不一致也提示,结构中某些要素并不一定遵循正向的影响。关于这种不一致的机制,需要在后续研究中进一步探讨。

母亲职业通过正向影响学业自我效能感、社会自我效能感进而对一般性学术投入表现、学术性投入程度产生正向影响。父亲职业和母亲职业对子女一般性学术投入表现的影响效应却相反,对这一结果并不难解释。虽然职业相同,但是在实际工作中,一般而言,一些女性由于家庭的责任和义务,她们选择承担的工作内容、强度和职业发展压力往往小于男性。与男性相比,某些有行政职务的女性在工作内容上更多是从事科教文卫、群团工会等"软性"工作，这既是社会角色刻板印象在职业分工中的具体表现，也是女性在家庭与事业之间进行主动平衡的结果。这不仅使得女性作为母亲在工作之余承担着更多辅导子女学业的责任，而且具有一定职业地位的女性具有更高的能力自信，这种能力自信也会在沟通交流的过程中传递给子女，从而影响子女的学业自我效能感和社会自我效能感的发展，并进一步影响子女的一般性学术投入表现和学术性投入程度。研究结果表明，自我效能感在母亲职业和一般性学术投入表现之间具有完全中介作用。这说明在日常养育中，母亲的职业自信对子女的自我信念有很大的影响，她们更倾向于对子女学习过程（包括子女学业自我效能感）产生影响，而非对结果的直接干涉。但是母亲职业对子女学术性投入程度并非存在完全中介作用，而是存在部分中介作用，这说明除了自我效能感，母亲职业对学术性投入程度的影响可能还通过其他因素发挥作用。与学术性投入表现不同，学术性投入程度还包括专注、努力、坚持、认知策略运用等深度学习的表现，而这并非仅仅具有自我效能感便可以达到，包括性格、气质、认知等个体因素都有可能会对学术性投入程度产生影响，母亲职业也可能通过影响以上个体因素进而影响子女的学术性投入程度。

研究结果表明，自我效能感在父亲受教育水平与社会性投入之间存在负向的中介影响，但这种中介作用仅发生于社会自我效能感作为中介因素的因果路径中。具体而言，父亲受教育水平通过负向影响社会自我效能感从而对社会性投入表现和社会性投入程度产生负向影响。除此以外，父亲受教育水平还对社会性投入表现和社会性投入程度产生了直接的负向影响。在控制了职业、经济收入等其他客观家庭背景指标的情况下，父亲受教育水平对社会自我效能感和社会性投入产生的负向影响，可能与高学历父亲的工作领域更为专业化有关。在研究样本中，被试的父母受教育水平在大学或研究生以上的并不多，而这类高学历群体的职业多为高级专业技术人员，针对专一领域的工作性质也决定了其交往的群体相对比较有限，这使得子女日常生活中缺乏替代性经验或间接经验。因此，父亲的高学历并不一定能让子女习得更多的社会交往技能，相反还可能因经验有限使其对自己的社会自我效能感产生负向评价，进而影响学生的社会性投入表现和社会性投入程度。同样，父亲受教育水平对学生社会性投入表现和社会性投入程度的直接影响说明在社会自我效能感之外，可能还存在其他因素的影响，比如，对社会性活动的价值认同等。

在主观家庭背景方面，自我效能感在父母有效指导与学习投入之间表现出稳定且强大的中介效应。具体而言，父母有效指导通过正向影响学业自我效能感和社会自我效能感对一般性学术投入表现、选拔性学术投入表现、学术性投入程度、社会性投入表现、社会性投入程度产生了显著的正向影响。而且，在父母指导与选拔性学术投入表现、社会性投入表现之间，学业自我效能感和社会自我效能感具有完全并联的中介作用。前文中已提及，父母有效指导包括引导、解惑、鼓励、支持等许多方面，其共同特点是通过直接的亲子交流和沟通作用于子女的认知和情感，激发或增强其自我效能感，提升能力自信去面对未知的事物和结果，从而在学术性活动或社会性活动中表现出更多的参与行为，并投入更多的心理资源。如果父母自身的经验不足，他们可能就难以给予孩子有效指导。正如一些研究中分析的，一些父母缺乏教育能力，缺少闲暇时间，所以往往不能承担对子女应尽的义务[1]，这样就造就了不同的家庭交流方式，在很大程度上决定了孩子在社会结构中的位置不同。[2]

学生对家庭社会关系的认知也会通过影响自我效能感进而影响社会性投入表现，自我效能感在两者之间具有完全的中介作用。学生对家庭社会关系的认知，源于家庭本身所具有的社会资源网络。这种认知会影响其对能力和结果的期待，进而影响其参与社会性活动的主动性。

与父亲职业的影响相类似，学业自我效能感和社会自我效能感在前因变量与结果变量之间的中介作用方向并不一致。家庭社会关系通过负向影响学业自我效能感进而对学术性投入表现产生负向影响，关于这一点的解释在前面也有所提及。学生感知到的家庭社会关系网络对学生的前途发挥的作用越大，其对需要付出大量且长期努力的相对"辛苦"的学术性成果的追求就越懈怠。结果就是学生无意于努力获取学术性活动上的回报，影响了学生的学业自我效能感和对某些学术性活动的参与。家庭社会关系认知、学业自我效能感以及社会性投入表现三个变量两两之间的路径系数并不高，因此这种负向影响并不大。家庭社会关系通过正向影响社会自我效能感对社会性投入表现产生正向影响，原因不仅在于个体获得的间接经验激发了个体的社会自我效能感，还在于学生自身对参与社会性活动在未来发展中的作用和价值的认可。此外，从社会交往的性质来看，优势家庭背景和劣势家

① 雷通群. 教育社会学[M]. 福州：福建教育出版社，2008：42.
② 周潇. 反学校文化与阶级再生产："小子"与"子弟"之比较[J]. 社会，2011(5)：70-92.

庭背景学生的家庭社交网络和社交行为具有不同的文化属性。教育社会学的研究成果表明，来自上层阶级的文化更接近社会的主流文化，因此这些学生通过家庭获得的社会交往认知使其较少产生文化冲突，从而更有助于其增加对学校社交领域的投入。

在对中介效应的分析中，个体感知到的家庭经济支持对一般性学术投入表现、选拔性学术投入表现、学术性投入程度、社会性投入表现均具有显著的直接影响，但自我效能感在两者之间却完全不具有中介作用。中介效应检验未获得数据支持的原因在于，个体的家庭经济支持感受对作为中介变量的自我效能感没有显著的直接影响。也就是说，自我效能感无法解释家庭经济支持程度对学习投入影响的作用机制。这与国外一些研究结果不太相符。[1]原因可能在于，研究对象不同，家庭经济地位对个体自我效能感具有显著影响的相关研究选取的对象多为中小学生，这一阶段的学生几乎完全依赖于家庭的经济供养。我国实行九年制义务教育，孩子就读公立学校的家庭一般不需要更多的经济投入，因此经济竞争的焦点便转移到家庭购买的其他学习用品、物质资料以及各类有偿课外补习中，通过大量的校外资源介入来增强子女的学习竞争力，提升孩子的自我效能感。因此，在基础教育阶段学生自我效能感的高低受家庭经济认知的影响可能更大一些。另外，中小学阶段学生的人格和心智尚不成熟，自我效能感也并不稳定，更容易受到外界环境的影响。本书的样本对象是大学生，相对来讲，其自我效能感水平的离差不会太大。经过长期的学习和生活过程，学生对自我的认知趋于成熟，自我效能感水平也相对稳定。而且，大学阶段已经有了比较完善的助贷系统，且大学期间大部分校内资源均免费开放或者仅仅收取极低的费用，因此学生可能并不会因为家庭经济支持程度不高而降低自我能力信心。虽然家庭经济支持并不会显著影响学生的自我效能感，但对学习投入的直接影响说明家庭经济支持的影响不可忽视。以选拔性学术投入表现中关于境外交流学习的参与意向为例，虽然学校可以提供一些基本费用支持，但境外的学习和生活同样需要学生具有良好的经济基础才能确保参与过程更加顺利。再如，在社会性活动中，部分活动的参与也需要一定的经济支持，创业活动的顺利实施需要一定的前期资金作为保障就是例证。另外，学生感知到的家庭经济支持越高，越无须为自己甚至其他家庭成员的学习

---

① Coleman P K, Karraker K H. Self-efficacy and parenting quality:Findings and future applications[J]. Developmental Review, 1997, 18(1): 47-85.

和生活发愁，能更安心地投入到学习中，学术性投入程度也会越高，但这似乎并不需要自我效能感的参与。

本 章 小 结

本章采用多元回归和多重回归的方法，以自我效能感为中介变量，检验了家庭背景对大学生学习投入的影响效应及作用机制，初步得出以下结论。

1）相关分析和回归分析结果表明，从整体上看，家庭背景对学习投入具有正向影响，即总体上体现出"结构制约下的行动"这样一种"结构再制"的特点。

2）从具体的结构要素来看，影响的过程非常复杂，主客观家庭背景的影响作用也不一致。在相关分析中，两者均对自我效能感和学习投入产生了正向影响，但是在回归分析中，主观家庭背景对学习投入的正向影响大于客观家庭背景，客观家庭背景中一些指标表现出对学习投入的负向影响，这似乎与"结构再制"的观点相悖。不同结构要素对不同行动（学习投入表现和程度）的影响无论是作用方向还是效应大小都不完全一致。多种要素相互作用，共同表征了结构对行动的影响，这在整体上削弱了结构对行动的影响效力。

3）家庭背景对学习投入的影响部分通过自我效能感实现。不同的家庭背景指标、自我效能感和学习投入之间的作用路径有很大的不同。同一个家庭背景指标对学业自我效能感和社会自我效能感的作用方向和效应也可能不同，进而对同一个结果变量产生影响的路径和效应也会不同。

研究结果表明，大学场域中，结构的影响依然存在，这为我们了解大学场域中家庭背景与学习投入的关系提供了有价值的结论。进一步解析"结构再制"影响的过程机制，我们可以发现由于自变量各指标的作用方向和强弱不一，这一影响呈现出削弱现象。一方面，自我效能感虽然部分地解释了家庭背景对学习投入的影响机制，但这种解释并没有揭示家庭背景对学习投入影响的完整过程。另一方面，结构要素的作用效应不一致也表明，"结构"对"行动"的作用并非完全正向的，个别结构要素并没有对个体学习投入产生正向影响甚至产生了负向影响。那么，到底是什么因素使得结构中的某种要素发生了条件性的改变，从而使得整个结构的影响力量被削弱？行动论者强调行动的"抵制"作用，那么是行动改变了结构吗？它是如何发生的？这些问题提示我们，在高等教育场域中，结构对行动的影响虽然存在，但内部过程时刻都在发生着纷繁复杂的变化。这些变化如此微妙而又深刻，仅仅通过静态的数据结果是难以做出圆满阐释的。这就需要我们从数据中跳出来，走进个体具体而又生动的现实生活世界，去体会、洞察和再现结构与行动相互作用的复杂过程。因此，第五章将采用质性研究方法尝试对家庭背景与大学生学习投入的关系进行深入的分析。

家庭背景对大学生学习投入影响的质性分析

在教育研究中，量化研究和质性研究各有所长。量化研究趋向于采用数据化的方法来分析教育现象和社会现象，通过对变量进行操作化和统计处理来揭示教育现象与社会现象各变量的特征及相互之间的逻辑关系，从而有利于对教育现象进行宏观把握。质性研究是在微观层面对现象进行深入细致的描述和分析，强调研究者深入到社会现象之中，通过亲身体验了解研究对象的思维方式，在收集原始资料的基础上建立情境化的、主体间性的意义解释。[①]由于社会现象的特殊性和复杂性，尽管我们通过量化研究可以获得对事物关系或本质的一般性和概括化的认识，但是量表题项和数目毕竟是有限的，其因果推论和研究结论反映的也是社会现实的部分静态特征。这种构成大概率的事件虽然能够代表人们行动或者意志的相对一致性，但是无法说明这种一致性背后更为复杂的多样性[②]，也难以对数量关系背后的意义进入更为深入、透彻的解读。质性研究可以在一定程度上弥补量化研究的不足，因为质性研究可以对大概率事件进行延伸解释；对历史、文化、语言、符号的关注丰富了量化研究的解释，并兼顾情境关联；对数字符号背后的意义进行更生动的诠释，从而赋予客观现实的再建构人性化意义。[③]由此可见，量化研究基础上的

---

① 嘎日达. 方法的论争——关于质的研究与量的研究之争的方法论考察[M]. 北京：文津出版社，2008：2.

② 阎光才. 教育研究中量化与质性方法之争的当下语境分析[J]. 教育研究，2006(2)：47-53.

③ 阎光才. 教育研究中量化与质性方法之争的当下语境分析[J]. 教育研究，2006(2)：47-53.

质性研究有助于我们获得对研究对象更为全面、深刻的认识。

如果说量化研究能够使我们了理解家庭背景与大学生学习投入的基本关联，那么质性研究则会使得这一逻辑架构变得更加丰富和生动。本章试图更深入和全面地了解不同家庭背景的大学生的学习投入状况以及家庭背景在其中的影响效应和过程机制，进一步对大学生学习投入的生态图景及其内涵进行深入挖掘和理论深描，以勾画出家庭背景作用下大学生学习投入的完整面貌。

第一节 抽样设想与过程

在访谈的整体设计中，对象的选择十分重要。本章运用目的性抽样方式，即按照研究的目的抽取能够提供最大信息量的研究对象。[1]研究对象不需要具有百分之百的代表性，但是必须能够帮助研究者揣摩来自不同背景的学生的可能反应。[2]此外，为了保证访谈顺利和结果可靠，研究者还必须对可能影响质性研究效度的其他因素进行综合考虑，以确定最佳的访谈对象和方案。

笔者抽取了 N 大学的 14 名大学生，访谈对象的选择主要是基于以下考虑。

第一，N 大学是有百年建校历史的省属重点大学，2008 年成为省部共建高校，后来入选国家"双一流"学科建设高校，在当地享有较高的声誉和稳固的地位。学校定位为教学研究型大学，在教学科研经费、设施、团队等软硬件条件上远不及研究型大学，但又优于其他普通高校，位于高校排名金字塔的中上部位置。该校所在省份为人口大省，学校每年本科招生人数近万人，农村学生所占比例较高，学校生源比较多元。

第二，前一部分的定量研究和过去的大量研究均表明，大学生学习投入受到院校因素的影响也较大。不同类型的大学在软硬件设施和招生数额上有很大的差异，而现实的场景对个体当前认知的影响可能是最为直接的。因此，笔者选择同一所大学的学生进行抽样访谈，能够尽可能地减小这种无关变量的影响。

第三，笔者本人曾是 N 大学的一名青年教师，从事过学生工作，也承担过教

---

① Patton M Q. Qualitative Evaluation and Research Methods[M]. Thousand Oaks: Sage, 1990: 169.

② Ppenheim A N. 问卷设计、访谈及态度测量[M]. 吕以荣，译. 台北：六合出版社，2002：62.

学科研工作，因此对 N 大学的各方面都较为熟悉，在人员联络和后续收集受访者资料上有一定的便利，容易获得受访者的信任，从而能得到更为真实和深入的回应。笔者既可以相对客观（作为教师而非学生）地进行观察研究，也可以以另外一种身份（曾经作为学生）去体会和反思研究对象的学校经历与生活片段，寻求共同的理解。

第四，在笔者访谈 N 大学这 14 名大学生的过程中，他们常常会提及在其他学校就读的同龄"小伙伴"，以他者的视角去描述对方的生活经历，并尝试给出一些因果解释。这也间接地为笔者提供了其他高校大学生的相关情况，从而弥补了研究在地域和学校选择上相对单一的不足。

在研究对象的选择上，考虑到没有中间人引荐的直接联系使得访谈者与受访者难以在短时间内建立起良好的信任关系，受访者并不一定愿意与一位"陌生人"分享自己的学习经历和家庭情况，因此主要通过熟人介绍和朋友引荐来选择研究对象。此外，在访谈方式上，为了获得更多的非语言信息，采用面对面的访谈和观察。最终，将访谈目标锁定在 N 大学。

由于对 N 大学较为熟悉，笔者通过辅导员事先了解和确定了要访谈的学生并获取初步信息，再通过普通任课教师来联系学生。在具体对象的选择上，质性研究认为抽样的目的不仅仅是获得具有代表性的样本，有时候一个"极端的例子"可能比一个"典型的例子"能更为有力地对研究的现象做出阐释。[①]但基于比较分析的目标，在抽样阶段还是应力求样本具有一定的代表性。因此，质性访谈抽样考虑的因素包括性别、专业、年级、生源地、学校表现、家庭背景等。最终，经由辅导员了解情况并通过任课教师联系了 14 名学生，除 2 名学生因时间关系（外出实习）一直没能参与访谈，对其余 12 名学生的访谈都较为顺利。在对 12 名学生进行访谈时，在他们的建议下，笔者根据抽样设想又增加了 2 名学生，这 2 名学生被认为在学校表现非常优秀，是同龄人中的"佼佼者"。

最终共访谈了 14 名大学生，其中 6 名女生，8 名男生，分别来自然科学类和人文社科类等不同专业，涵盖大二至大四三个年级。从生源地看，既有本地生源，也有外地生源，包括农村、乡镇、县城、地级市、省会（直辖市）等不同地区；从学生的学校表现来看，既有在学术性学习和社会性学习两方面表现均非常优秀

---

① Michael Q P. Qualitative Evaluation and Research Methods[M]. Newbury Park: Sage Publications, 1992: 28.

的，也有两方面表现均差强人意的，还有某一方面表现较好，另一方面表现稍弱的。以下是 14 名学生的简要信息，出于研究的保密原则，人名均用字母代码表示（表 5-1）。

表 5-1　访谈对象情况

姓名	性别	年级	学科	校内职务	生源地
ZHT	男	大三	自然科学类	无	本省（农村）
CXF	女	大二	自然科学类	无	本省（乡镇）
KDD	女	大四	人文社科类	无	外省（农村）
WCH	男	大三	自然科学类	无	外省（农村）
WCC	女	大二	自然科学类	班级学习委员	本省（县城）
YX	男	大二	自然科学类	乐队负责人	外省（直辖市）
JN	男	大三	人文社科类	校学生会主席	本省（地级市）
FTY	女	大三	自然科学类	分校区学生会副主席	本省（地级市）
CJ	男	大三	人文社科类	分校区学生会主席	本省（省会）
ST	女	大三	自然科学类	院青年志愿者协会主席	本省（县城）
WYZ	男	大三	人文社科类	院学生会主席	本省（省会）
YYW	男	大三	人文社科类	无	本省（农村）
XYX	男	大三	自然科学类	曾短期任班长，转系后无职务	本省（农村）
ZY	女	大四	自然科学类	无	本省（农村）

第二节　资料收集与分析

一、资料收集

在理论提炼和量化分析之后，笔者已有了预设的理论架构。质性研究者这些年越来越强调检视研究者的立场和角色的重要性，也在尽可能地以相对客观的态度去收集、分析和解释资料，并对研究的过程和结果进行反思。因此，笔者需要做的就是尽可能地避免先验观点的干扰。

　　为了尽可能地避免先验观点的影响，笔者在访谈过程中并未完全僵化地按照事先设计的访谈大纲进行访谈，而是根据访谈情况灵活安排。在访谈过程中，笔者更倾向于采用开放式的提问方式，让学生来讲述他们自己的经历。如果讲述比较顺利且没有偏离研究主题，那么仅仅在访谈过程中不断给予访谈对象一些礼貌性的回应或进行一些鼓励性的提问即可。当然，访谈对象中也存在一些在当时看来"不擅言说"的学生，他们的回忆总会出现"断片"或似是而非的"轻描淡写"，为了顺利推进访谈过程，笔者的提问或追问会更多一些。

　　此外，在征得访谈对象的同意后，我们对所有正式访谈都进行了全程录音。每次访谈结束后及时将双方录音誊写下来，分析访谈者的问话方式、提问内容是否会对对方产生暗示、影响或牵制，并对下一次访谈进行调整。除此之外，通过与任课教师、辅导员和学生的交流，从侧面来印证访谈对象的自我描述，以确保资料的真实有效，并及时填补与访谈对象和研究主题相关的正式访谈时未能采集的资料。

　　在将访谈录音转化为文字的过程中，与学生交流的场景像电影回放般一幕幕浮现在笔者的脑海中。笔者隐约感到不同背景的大学生学习投入的复杂和多样，在其内部似乎确实存在着那么一种规律，但又有一些暂时还说不清道不明的"不合"之处，这都极大地引发了笔者深入分析和研究的兴趣。正如伯顿·克拉克（Clark）所言，我们从大量密集的面对面访谈中学到了不少东西。被访者会谈到一些相互矛盾的感受，这些是不能用问卷的方式所能调查到的。①或许，这种矛盾会是令人更加欣喜的发现。

二、资料分析

　　最初的资料收集与分析过程是同时进行的，前一阶段的分析更多体现出元分析的性质，即对资料收集和分析的分析。当资料收集齐后，再进一步将其打散、重组和整合，从而完成对访谈资料从"整体初识"到"局部分析"，再到"整体把握"的过程。尽管我们在定量研究阶段已经得出了一些结论，但质性研究的目的并非仅是印证定量研究的结果，所以在阅读原始资料的时候，也尽可能地将有关的前设和价值判断暂时悬置，采用一种主动"投降"的态度②，让资料自己"说话"。这样做

① 伯顿·克拉克. 我的学术生涯（下）[J]. 赵炬明，译. 现代大学教育，2003(1)：7-15.
② 陈向明. 质的研究方法与社会科学研究[M]. 北京：教育科学出版社，2000：277.

一方面可以以一种相对"中立"的分析立场来与定量研究的结果进行比对，另一方面也可以通过质性资料探寻定量研究无法呈现的零散叙事中生动的意义阐释。因此，在完成了对14名访谈对象的资料收集后，笔者面临的问题是应该如何呈现和分析这些资料，如何建立一个合理的图式来架构这些充满真实意义的生活片段。在反复阅读访谈资料并对访谈资料有了整体的印象后，笔者开始对其进行分类、归档，并对材料逐级编码。通过对原始文字进行组合、浓缩和提炼，笔者试图在不同对象之间寻找关于特征描述的共同类属，在不同主题之间寻找意义联结，并在此基础上进行概括，以形成一个新的整体。

首先，采用开放式编码对访谈资料进行分析。开放式编码是质性研究中一种较为常用的分析技术，主要包括以下三个步骤[①]：①把数据分成对立的几个部分，并应用概念编码；②比较和对比概念编码，将相似的编码组按概念类型分类；③通过分析问题，确定每个类型的属性。

在具体分析过程中，先将原始资料中的一些具体概念、短句或段落抽象出来，对它们进行主题归类。归类是指按照编码系统将相同或相近的资料整合在一起，将相异的资料区分开来，找到资料之间的联系。[②]在这一步，主题与主题、概念与概念之间是平等的，不存在等级，也不存在差异。在具体操作中，大致分为以下10类：①与经济收入、经济条件相关的（如条件不好、孩子多、经济压力、眼界、承担、借钱等）；②与家庭文化、父母交流指导相关的（如不理解、压力、谈心、打电话、聊天、家庭会议、提醒、自己看着办、关心、基础、自由发展、期望、夙愿、鼓励、告诫、音乐会等）；③与父母职业、家庭社会关系相关的（如打招呼、校友、熟人、朋友圈子、农民、工人家庭、打工、公务员、教师、国有企业等）；④对大学的看法（如氛围、开阔视野、各种信息、自由、有用、想得不太一样等）；⑤与社会性活动相关的（如与人打交道、世俗、小社会、官场、招聘、组织、不屑一顾、操心、兴趣爱好、忙、工作资本等）；⑥与学术性学习相关的（如实验室、没兴趣、逃课、厌倦、打瞌睡、走捷径、积极、认真、枯燥无味、加分制度、发文章、调剂、做课题、学术报告、保研资格、考试等）；⑦描述心态、能力的（如知足、羡慕、成就、对不起父母、碌碌无为、懒惰、消磨、坐在路边鼓掌的人、自信、努力、愧

---

① Lankshear C, Knobel M. 教师研究：从设计到实施[M]. 刘丽，译. 北京：北京师范大学出版社，2007：41.

② 陈向明. 质的研究方法与社会科学研究[M]. 北京：教育科学出版社，2000：289.

疚、紧迫感、知识面、自我激励等）；⑧描述未来的（如想要的生活状态、迷茫、矛盾、早一点参加工作、企业高管、大学老师、做科研、清晰、目标性、考研、出国、好高骛远、明确、平台、自身价值等）；⑨描述收获的（如耐心、细心、稳重、发挥特长、他人认可、成熟等）；⑩描述师生交流交往的（如敬畏、基本不认识、亦师亦友、代沟、顺眼、保持距离、搞好关系、沟通、借鉴经验、愿意聊、热情等）。

完成这项工作后，原来混杂的文本逻辑清晰了一些，但是许多主题依然呈现出矛盾和对立，致使进一步的意义解释遇到障碍。因此，需要进一步对资料按照一定的标准进行归类和分析。在质性研究中，选择归类方式的标准不是绝对的、唯一的。归类标准的选择在很大程度上受到研究者本人所持理论假设的影响，其本身就是对研究现象的一种归类分析。①家庭背景是本书研究关注的重要变量之一，家庭背景存在差异使得可以对其进行不同层次的分类。因此，采用基于"差异理论"的类属分析形式，以家庭背景的层次分类为基础对编码材料进行再归类。具体做法如下：参考前文对家庭背景的量化方法，对访谈对象的家庭背景进行量级化和归类，在此基础上采用情境分析方式来解读访谈对象所述的学校经历和感受。

情境分析是对叙事情节进行分析的方式，其与类属分析虽各有利弊，但二者是可以相互包容的。一个类属可以有自己的情境和叙事结构，而一个情境故事也可以表现一定的主题②，两者可以有机地结合起来。对家庭背景的类属化实质上是对情境的类属化，也是对述说者背后"历史"情境的建构。因为抽空了情境的语言是空洞的、无意义的，只有将它们放置到一定的语境中，它们才可能发挥功能。③将类属分析和情境分析结合起来使用，可以获得更好的分析效果：情境分析可以为类属分析补充丰富的素材，而类属分析可以帮助情境分析厘清意义层次和结构。两者结合可以达到共时性与历时性的统一，不仅可以在叙述一个完整的历时性故事的同时进行共时性概念类别分析，而且可以在共时性的概念类别框架内叙述历时性故事。④如果说情境化分析使我们得以了解访谈者认知和行动发生变化的时间逻辑，那类属分类则可以使我们对同一时间发生的矛盾事件进行更合理的层次切割。

① 陈向明. 质的研究方法与社会科学研究[M]. 北京：教育科学出版社，2000：277.

② Merriam S B. Case Study Research in Education:A Qualitative Approach[M]. San Francisco:Jossey-Bass, 1991: 125.

③ 陈向明. 质的研究方法与社会科学研究[M]. 北京：教育科学出版社，2000：293.

④ 陈向明. 质的研究方法与社会科学研究[M]. 北京：教育科学出版社，2000：297.

这种矩阵式的分析方式不仅保留了访谈对象实际经历的原貌，而且使得原来矛盾和混乱的主题变得更加清晰。

本章交替使用类属分析和情境分析，先使用类属分析的方法对资料进行归类，然后将已经被归类过的资料放置于话语情境中做因果型或关联型的分析。笔者根据四个方面的重要信息对访谈资料进行深入分析，具体内容如下：第一，不同家庭背景大学生的学习投入状态。延续量化研究中经济、文化和社会关系的综合家庭背景指标对学生的家庭背景进行分类，以此来分析不同家庭背景大学生的学习投入情况。第二，家庭背景对大学生学习投入的影响过程。在对不同家庭背景学生进行分类的基础上，尝试分别描述家庭经济、文化和社会地位对大学生学习投入的影响。第三，不同家庭背景大学生对这种影响的认知与行动差异，即个体能动性的发生过程及其意义。第四，家庭背景制约与个体主观能动性对学习投入交互影响的模型建构。

第三节　不同家庭背景大学生的学习投入状态

一、访谈对象的家庭背景及其结构属性

设定类属应该有一定的标准。教育社会学研究对家庭背景分类定级有一套约定俗成的指标体系，前面章节的量化研究中也沿用了这种方式。量化研究以经济、文化和社会关系为指标，从客观家庭背景和主观家庭背景两个方面对大学生的学习投入进行分析。在访谈中，学生谈论到的家庭背景以主观感受居多，客观家庭背景如父母职业、受教育水平都有提及，但往往难以展开。同时，为了避免"不自在"的氛围，我们并没有直接切入学生家庭状况，也没有直接询问学生的家庭收入，只是在访谈中以相对自然的问答方式引出。我国不同地方的经济发展水平不同，访谈对象有的来自东部经济发达省份，有的来自西南边陲地区，直接的收入数据也不太具有横向可比性，因此笔者更多是从学生的言谈来判断其经济收入情况。尽管如此，从家庭经济、文化和社会关系来进行分级分类的基本原则并没有改变，最终通过整合学生主观家庭背景感受并结合客观家庭背景的情况对学生进行分级。

分级划分层次需要有一定的量级大小。访谈资料难以进行具体量化，因此这种纵向分类不便过细，只能通过理论可行的方式来进行层级高低的判断。具体而言，从理论上讲，家庭经济条件、家庭文化氛围和家庭社会关系是具有一定的正向相关的（尽管不一定非常高），我们从三方面来判断访谈对象的家庭背景情况时，可以进行结果累加。因此三者层级均高则总分也必然高，三者层级均低则总分必然低，三者高中低不等则总分可能高也可能低，总体位列分值中段。基于这种简单的数学推理，笔者从综合家庭背景指标这一构想出发，结合主客观家庭背景表述，将家庭经济条件、父母交流指导和社会关系等主客观指标得分都较高的学生归为家庭背景优势这一属类，将主客观指标得分都较低的学生归为家庭背景劣势这一属类，其余学生则归为家庭背景中等这一属类。由此，笔者获得了对访谈对象家庭背景的三级分类，并以这三级分类为基础来分析不同类别学生学习投入的状况。

需要说明的是，虽然有相对客观的分类标准，但是根据访谈资料来进行高、中、低判断和差异划分，难免具有一定的主观性。因此，笔者另外邀请了两位教育学专业研究生，简要说明分级分类的依据和方式后，请他们阅读访谈文本，然后分别独立地完成表 5-2 的相关判断，最后对各方结果进行比对，一致的分类予以保留，有争议的地方进行讨论后再确认。

表 5-2　访谈对象家庭背景等级划分

访谈对象	家庭经济条件			家庭文化氛围			家庭社会关系			家庭背景层次类别
	高	中	低	高	中	低	高	中	低	
ZHT			√		√				√	中等
CXF		√			√				√	中等
KDD			√		√				√	中等
WCH			√			√			√	劣势
WCC			√	√					√	中等
YX	√				√			√		优势
JN	√				√			√		优势
FTY		√			√			√		中等
CJ	√					√	√			中等
ST			√		√				√	中等
WYZ		√				√			√	中等
YYW			√			√			√	劣势
XYX		√			√			√		中等
ZY			√	√					√	中等

从划分结果来看，家庭背景优势和劣势学生的差异非常明显，也很容易达成判别共识。但是，对于位列中间的访谈对象而言，内部差异比较大，还有细分的空间。尽管如此，如果从分析便利的角度来考虑，划分过于琐碎并不利于分析也没有必要，因此三级分类虽然有些粗糙，但对于本书研究而言已经足够。

二、家庭背景分类描述与学习投入状况

（一）结构的上层：家庭背景优势学生

1. 背景描述

家庭背景优势学生均来自地级以上城市，家庭经济条件在当地城市居民中属于比较优越的（并非最顶端），且远远超过了该校学生的平均水平。家庭中的长辈（父母或祖辈）有着稳定的工作，学历层次较高，家庭成员比较关注其大学生活并常常提供有效指导。比如，访谈对象 YX 是一名来自上海的学生，他因父亲在国外做研究，从小随父母在美国生活了四五年。其父在生物学领域有较高的学术成就，对孩子的教育也有自己的方法。YX 的父亲不会为孩子提供任何直接的帮助，不会一手把 YX 未来的路铺好，而是教会 YX 怎么去做事，使其可以应付未来出现的各种情况。我们在随后收集的补充资料中了解到，YX 的父亲为某 985 高校教授，拥有卓著的学术成果和一系列的学术荣誉，包括国家杰出青年科学基金获得者、"长江学者"特聘教授、"新世纪百千万人才工程"入选者等。在 YX 对自己日常学习生活的描述中，我们也能感受到这种"自然而然"的优越背景："……（我）待会儿准备去听交响乐演奏。不过不是国家级的，是 N 省的，也只是凑合着听。若是在上海的话，我们一般非德国的交响乐不看，因为德国的交响乐在全世界是做得比较好的。"

JN 也是访谈对象中可归为家庭背景优越的学生。在访谈中，我们了解到 JN 出生于某地级市，爷爷早年毕业于某大学中文系，当过高中老师，也当过党校校长。奶奶是内科医生，父亲是体制内的领导干部，母亲在国企工作。他从小受到爷爷的教育指导很多，学过《道德经》《三字经》、书法等。JN 从小学到高中就读的都是当地较好的学校，成绩也很好。高考前参加某大学自主招生考试，位列前几名，但高考时数学失利，与该大学失之交臂。在他过去的伙伴圈子里，从小的玩伴和父母朋友的孩子都是就读 985 高校，所以他的父母觉得 JN 没有考入 985 高校是一件非

常遗憾的事情。上大学后，JN 和父母的交流比较多。

2. 学习投入状况

文本分析显示，家庭背景优越的学生在学习投入上体现出三个共同特征：第一，他们在学术性学习活动和社会性学习活动中都有非常积极的表现，并非仅仅完成基本学习任务，会主动参与学校不做要求但他们认为重要的课程或讲座，也会主动参与学生组织、课外活动或各类竞赛。第二，对具有一定难度或挑战性的学习任务表现出一定期望和偏好，这些学习任务往往对学生的知识、能力等认知水平的要求较高。第三，在所选择的学术性活动和社会性活动中表现出坚持、专注、精力充沛、充分运用深度学习策略等良好心理品质。

在谈到自己的大学经历时，YX 说：

在大学，我每天都会有事情做，基本上每周都会有新的事情做。比如，参加社团活动、学生活动等。我不会顺其自然、按部就班地去做事情，会对一些事情进行深入思考。

我觉得大学学习不只是学专业课，更多的是要学如何进行人际交往，发展自己的兴趣。但目前学校没有打通不同学科之间的学习路径。比如，我们的选修课只能在一定范围内选择，我选择了生物，就不能去选修学艺术类的课程（不计入学分），只能自学。另外，名师讲座太少了，我更希望一些博士生导师出来讲课，跟本科生互动交流，这样本科生的站位肯定会更高一些。不过，我们学院也会组织一些学术报告，都是中国科学院的一些导师过来讲，我都会去听。

我参加过"挑战杯"竞赛。很早（高二）就知道这个比赛了，我认为组队参加这种比赛的话，需要的是整合知识的能力，包括上台陈述、做 PPT、写论文等，而不是死板的专业知识。这对将来参加研究生面试以及做演讲和报告都会有很大帮助。我也是一个兴趣和爱好非常多的人，我过去写过乐曲，现在在筹建乐队。我认为大学里面完全有时间和空间去探索自己喜欢的东西，发现自己的兴趣点。一个人见识多了，发展会更全面，也可以作为专业学习的一种调节。我平时会尽可能地追求自己喜欢的东西，假期就泡在实验室。我会尝试发文章，但现在发的文章也不是一作，主要是配合别人完成相关实验，现在在跟着爸爸做两个课题。

在实验室做实验后，再去学理论知识，常常会有融会贯通、触类旁通的感觉。这种学习方式更直观形象、易于理解。另外，做实验能学会的是做实验的思想和模式，跟平时的学习是完全不一样的。做实验是用已知的新知识去探索未知的新知识，从获益上来说，实验室的学习收获远远大于课堂学习，我是这么认为的。在理论学习上，主要是读英文文献，广泛地读。可以这么说，我们班的学生在本科阶段去读英文文献的很少，很多同学的英语能力是不够的。

大多数时候，YX 的学习是具有自主性的，他很清楚自己需要什么样的知识，也能找到适合自己的学习方式。但 YX 也有"逃避"学习的时候，虽然这种情况并不太多。"逃避"的原因在于，他认为自己已经掌握了某门课程的相关基础知识，因此不愿意将时间浪费在上面，对自己的学习具有一定的反思能力。

JN 也是一个学习参与广泛且深度投入的学生。从他的描述中，可以感受到他在大学中广泛参与学术性活动和社会性活动，而且尽己所能把每件事都做得更好。

大学生活也没有那么轻松，特别是加入学生会之后，感觉大学生活挺忙的。因为我对新闻学感兴趣，选了新闻学专业，成绩一直都不错。虽然工作一直都挺忙，但是新闻与传播学院的课还算比较轻松，所以基本上不会缺课。另外，可能是我的基础还不错，大一、大二时的成绩基本都是年级第一。在其他方面，主要是学生会的工作比较多，从刚开始当办公室委员，后来慢慢地当上了学生会主席，一点一点地积累。

我在学术方面也做了一些事情，在省级刊物发表了一篇研究大学生媒介素养的论文。我还主持了一个大学生创新创业项目，研究高校辅导员媒介素养。我参加了"挑战杯"全国大学生创业计划竞赛，做一个与老年旅行社相关的创业项目，获得了省级银奖。最近正在参加"挑战杯"全国大学生课外学术科技作品竞赛，研究乡村公共文化。

参加"挑战杯"全国大学生课外学术科技作品竞赛的原因是，我读到《国际新闻界》上刊登的一篇研究乡村话语权的论文。这篇论文讲述现在年轻人使用手机媒介多了，知道的信息也就多了，而老年人使用手机媒介了解的信息较为有限，"懂得更多"的年轻人就替代老年人逐渐掌握了传统乡村社会的话语权。后来，我看到这一篇研究甘南藏族地区乡村社会话语权的论文后，很感兴趣，就想以 HN 省的 30 个乡村为样本来研究乡村话语权的转变。后来，我发现，其中很多内容涉及社会学的知识。我对社会学并不是太了解，还专门去学了一年社会学的课程，向社会学老师请教。

（二）结构的下层：家庭背景劣势学生

1. 背景描述

这类学生基本上来自农村，父母都是农民，家庭经济收入有限，父母学历层次大多数达不到初中毕业，很多仅为小学毕业。访谈对象本人是家庭中的第一代大学生，一些人是通过助学贷款或地方政府提供的经济支持来支付大学学费的，大学期间主要靠兼职挣钱和贫困生助学金来应付日常生活。从小到大，由于父母文化层次低且忙于生产劳动，与子女之间关于学习的交流很少，上大学后就更谈不上有效指导了。比如，访谈对象 WCH 的农村老家盛行"读书无用论"，他是家中第一个考上大学的孩子。因为家中经济条件不太好，哥哥上完初中后就外出打工了。父母文化程度不高，很少关心孩子的学习。上大学后，WCH 与家人的电话联系很少，即便联系，也多是拉拉家常，鲜有学习上的交流。YYW 也来自农村，与 WCH 的情况相似，其父母只有小学文化程度，而且由于家里兄妹多，经济负担比较重。父母从小很少给予 YYW 学业上的指点，他们之间也没有太多的关于学习的交流。哥哥初中毕业后去了城市打工，弟弟刚考上 Z 市的专科学校，妹妹还在读初中。在其父母看来，读大学这件事并不是最关键的，所以他们觉得孩子的学习成绩好坏并不重要，上大学后更是如此。他谈道："我爸妈也不懂什么，所以只要不是很关键的事情，他们都让我做决定，像读大学这种就不管了。以前就不怎么管我的学习，现在更不管了，他们也不觉得在大学里学习成绩有多重要。"

2. 学习投入状况

与家庭背景优势学生相比，家庭背景劣势学生在学术性活动与社会性活动上的参与表现和投入程度远不及前者。一方面，他们总是囿于一个狭小的世界，被动或消极地完成一些例行常规的学术性和社会性活动，仅仅停留在"到场"层面而非全身心地投入，更不要说在常规学术性活动和社会性活动之外去参加更富有挑战性的活动了。另一方面，他们并非从一开始就表现出消极状态，而是在整个大学学习过程中，更容易被一些无关的事情影响而应付敷衍或放弃退出，并找一些理由来

"安慰自己"，以至于最后逐渐偏离了正常的学习轨道。

笔者对 WCH 的印象比较深刻。初次见面时，他的着装非常朴素，戴着一副厚厚的眼镜，因为错过约定的时间几分钟而显得有些拘谨和手足无措。访谈中，他不善言辞，基本上是以笔者提问或追问在引导整个访谈过程。对于一些需要深度回忆的话题（如大学中有没有感觉值得骄傲的事情），一般是思考很久才能讲述出来，或告知"记不得了""说不出来"，但在旁人看来，这也许只是无关紧要的经历，似乎整个大学的学习和生活在脑海中如一杯白开水般平淡而无味，值得回忆的事情着实不多。

> 大一时，我对学习还比较认真，那时候占座风气也比较盛行，上课会提前占座。后来，我慢慢地发现，似乎一些人平常都不怎么学，在考试前几天抱佛脚，也基本能过。所以自己也就不怎么努力了。大一的时候，曾经加入了学生会，在里面待了不到一学期（就退了）。刚入学时，也参加了学院的一个社团，后来觉得没什么意思，也退了。
>
> 大二时，课程不算多，就与隔壁宿舍几个同学一起办了城市旅游年卡，有空就在市里公园（N 大学所在的城市）游玩。现在（大三）去得不多了，主要是做兼职，在小饭馆给一个厨师打过下手，做过家教，还报了驾照考试，去驾校的时间比较多。
>
> 我自己也不知道想学啥，跟高中毕业选专业是一样的，都是家里亲戚帮着填的。到现在我还是不知道自己以后想干啥、兴趣在哪里。今年暑假有点着急了，就参加了一个志愿支教团队，想着万一以后当老师也能有点经验。支教去了山西吕梁，被分到了一个山区，每队 8 个人，都是来自不同的地方。在山区给小孩上课，上了一个月。那次经历让我感觉当老师还是挺累的，上课要提前备课，现在当老师的想法有点动摇了。
>
> 现在大四平时也就上上实验课（学校要求必修的），去图书馆的次数也不多，基本上不怎么去。我的室友大部分都是来自农村，大家的学习状态都差不多。如果背书的话，基本上都是为了通过考试。我感觉从小学到大学，学习一直都是为了通过考试，除了考试，不知道学习还能有什么用。

在辅导员眼中，YYW 则是"完全在混日子"的学生，只是"好在不会惹事"。对于 YYW 而言，大学的功能更多体现在其工具性价值上，即提供一个象征性的文凭、相对廉价的居住地和合法的就业压力缓冲期，从而避免"高中毕业即就业"的急剧变化所带来的不适应。他说：

> 我对专业不是很感兴趣，也没有觉得专业很重要，不感兴趣无所谓，不觉得这会对自己的人生有太大影响，也没觉得自己的专业和以后的工作会有太大联系。现在大学生活还是比较轻松的，不用去面对工作，不用去面对社会上的压力。现在，对我来说，大学的价值更多体现在为我以后进入社会工作奠定一定的基础。如果从高中直接过渡到社会，没有上大学这个过程的话，会吃很多亏。但是，我没有明显感受到专业学习的价值。

由于经济原因，YYW对学校内部的社会性锻炼平台并不认同，他更需要的是到学校外部而非大学内部去寻找可以提供相对较高的经济报酬且可以为未来生活做准备的平台。

> 现实中的大学生活和我想象中的不太一样。在我的想象中，大学特别自由、特别宽松，可以无拘无束地做自己想做的事。到了大学之后，我才发现大学的压力比高三要大很多。一是未来给你的压力；二是各种环境的压力。在高中，只要学习就够了，其他不用想，但是在大学，各种人际关系、未来工作的压力都让人特别沮丧。

> 从一入学开始，我就想着毕业后就工作，从来没想过要考研。为了缓解这种压力，我不停地兼职。刚开始是发传单，或到小饭馆做小时工，后来觉得一点意思都没有，挣的钱也不多，就到一些公司去打打杂，想着能学点什么东西。在学习方面，平时就上上课、看看书。除了上课以外，很少看专业书，也不是没时间，就是不想看。我的成绩在班上也不怎么样，除了去上课以外，平常也不怎么学专业课，上课也听不进去老师讲的内容。

> 在活动方面，主要是参加一些班里的活动，帮着他们（同学）做做事情、跑跑腿，是我自己去帮忙的，对我来说这比学习更有趣一些，但参加的次数也不多。我从来没考虑过要加入社团、学生会或其他平台进行锻炼，就是不太喜欢那样的氛围。

> 以前在宿舍玩游戏比较多，有时也会逃课去网吧，现在出去兼职多了，玩的就少了。在大学，让我感觉最失败的就是学习，有时候心里感觉很不舒服。我也想过要努力学习，但就是坚持不下来。

（三）结构的中层：家庭背景位于中间的学生

1. 背景描述

整体而言，家庭背景位于中间层次的学生优于家庭背景劣势的学生，但是明显不如家庭背景优势的学生。家庭背景的优劣不仅仅反映在家庭经济情况和父母职业方面，也反映在父母与孩子的日常交流和指导等方面。基于比较所需，笔者只对访谈对象的家庭背景进行了粗浅的分类，家庭经济条件、家庭文化氛围和家庭社会关系三类指标中任意一类不属于"优"层级的都被划为中间层次，因此这一群体并不同时具备家庭经济条件、家庭文化氛围和家庭社会关系优势，但具备其中一类或两类优势，故兼具了优、劣两个群体的部分优势或部分劣势，群体内部家庭背景情况多元复杂。这一层级的访谈对象包括来自某地级市的 FTY、来自省会城市的 WYZ 和 CJ、来自农村的 ZY 以及来自县城的 WCC 等。

FTY 来自铁路系统普通工薪家庭，就读于收费较高的国际合作办学的二本专业。该专业的学生有机会通过相关项目去德国参与合作培养。在选择专业时，尽管父母告诉她"没事儿，你不用担心钱的事"，但她依然觉得压力还是挺大的。FTY 日常与母亲交流较多，母女感情较好，母亲对孩子也特别牵挂，当得知 FTY 决定不出国留学时，母亲特别开心，好像是有一种重新获得了孩子的感觉。

WYZ 从小在省会城市长大，是家中的独生子，父母是私营企业的普通员工。WYZ 认为自己家庭条件中等，不怎么好，也不算太差。妈妈是初中学历，爸爸上过高中，学历都比较低。父母与自己在学业交流和指导方面的沟通比较少，靠自己更多一些。

CJ 也来自省会城市，父亲为公务员（处级），职业地位相对较高，姐姐在美国留学。他认为家里人都将关注点放在了姐姐身上，自己和父母的交流并不多，从小到大在学习上基本上没有得到过父母的指导，但是他竞选学生组织干部时主动寻求过父母的帮助。

ZY 来自农村，父母都是农民。虽然家庭经济条件不太好，也没有什么社会关系，但与当地其他家庭相比，父母都是高中毕业，也曾经有过正式的工作，而且重视子女教育，并尽可能地在学习上为孩子提供支持，因此家庭文化氛围较好。正如 ZY 所说：

　　我是我们家第一个考上大学的。母亲读过高中，原来也有工作单位，后来下岗了。母亲的思想对我的影响很大。她把教育看得很重，小时候，书很贵，母亲每周都会给我钱让我去买书。我周围的很多人都不买，我就借给他们看。母亲说要好好学习，好好学习将来就会有出息。在我们那里，能坚持读到高中的孩子很少。母亲给我们灌输的思想就是读书才有用，所以我从小就形成了这种思维习惯，觉得读书挺重要的。

　　WCC来自县城，家庭情况较为特殊。她的家庭经济条件并不是太好，但祖辈和父辈两代都是在当时的名牌大学毕业的，后来因为某些特殊原因，发展一直不太好。她对自己的家庭情况讲得比较多，也多次提及家庭对自己的影响，她用了一个词语来概括自己的家庭——"穷读书人"。

　　我爷爷是清华大学毕业的，他是二十多岁在部队当教员，从部队考到清华大学，学的是核物理专业。在清华大学学了四年，被分配到了北京工作。但爷爷17岁就和奶奶结了婚，奶奶没什么文化，家里当时有四个孩子，事情特别多，一直闹着让他回来，爷爷没办法，就从北京回来了。回来以后，爷爷在当地的小学当老师，做了一辈子老师。当时可能没觉得有啥，现在感觉特别可惜。我爷爷也跟我谈过这个事情，在当时那种情况下，家里实在困难，所以就回来了。因为都是读书人，对下一代的教育也很重视。我爸是南开大学毕业的（在笔者的追问之下，受访者进一步解释是通过成人教育获得南开大学毕业证的），虽然我爸也是大学毕业，但我爸现在没有成就一番事业可能是性格导致的。我爸大学学的是管理类专业，之前在一家企业工作，他是书呆子型的，可能是他性格不适合，在企业没有待多久就离开了。因为爷爷一直当老师，就安排我爸到初中当英语老师。我爸虽然学的是管理类专业，但他从小就对英语感兴趣，然后不知怎么他（初中教师）又不干了，后来没办法，我爷爷就让他去一家厂里当工人。（我）上初中的时候，那家工厂的效益不好，就按下岗办了（手续），但也没完全买断工龄，现在还能交养老保险。用我妈的话来说，算是老年还能有点保障的那种。我妈高中毕业后一直没怎么工作过。厂子倒闭以后，我爸就去当司机（跑客运）了，我妈就去帮他，一直到现在……我妈特别关心我的学习和生活。以前在高中读书的时候，我每次考试，就是两天一次的小考试，她也会打电话，她愿意让我跟她说说自己的情况，她说我是那种压力比较大的孩子，要是能经常与人交流一下，压力可能会小一点，后来就习惯母亲对我经常性的关心了。高中住校时，我妈基本上每周都去接我回家休息半天，然后再把我送回学校，她对我们的学习和生活都特别上心。

2. 学习投入状况

与家庭背景的等级序列一样，家庭背景处于中等水平的学生学习投入也更多地位于中间层次。与优势家庭学生在学习上的整体性深入相比，他们的投入大概体现出两个特征：偏向性深入和相对性表浅。具体而言，从对社会性活动和学术性活动的兼顾性来讲，虽然不乏在学术性学习或社会性学习上投入时间和精力较多的学生，但多数只能顾其一而不能两者兼顾，同时能在两方面获得满意结果的更是不多，因此体现出一种偏向性深入的特征。他们中的一部分人会主动尝试参与一些课程要求以外的具有挑战性的活动，但活动难度会小一些。从投入的程度来讲，与家庭背景优势的学生相比，他们在坚持性、主动性等心理品质上存在不足，因此体现出一种相对性表浅特征。当然，他们中也较少有在学术性活动和社会性活动上都不投入或投入程度极低的学生，而是表现出在学术性和社会性活动中学习投入的极不均衡。

WCC 是一个对学术性学习极度投入的学生，从不缺课，课后大量时间都投入到学术性活动中，对学术性学习有自己的认知。但是，她几乎从不参加学校的社会性活动，学术性学习几乎成了她学习的全部。后来，她自己也觉得这样可能会对个人发展"有点影响"，才主动要求当了学习委员。

> 从军训开始，每天我的手里都拿着单词书，或者用手机下载很多软件学习。我觉得应该那样做。刚入学时，我一个社团都没参加，一是认为应该把时间用在学习上；二是觉得参加社团活动真的没有太大意义。大一还好，到了大二，我觉得如果一项活动都不参加的话，可能会对自己的个人发展有点影响，不可能天天都学习，还是要参加其他活动调节一下，所以大二时就主动要求当了学习委员。但是，我认为参加其他活动比较浪费精力。在学习上，我的目的性比较强，其他同学的目的性可能就不是很强，有的同学也打算考研，但他们到了大三才开始准备，不会像我这么早准备。我考研也不光为了拿个文凭，就像我之前说的，不仅是为了考上这么简单，要想用知识改变自己的命运，就得有转变知识的能力，那前提肯定是通过知识创造出让人认可的东西，所以我必

须从现在就开始努力，我就是这么认为的。我不太喜欢跟别人一块儿做事，比如说做实验，如果可以两个人一起，也可以一个人，我会选择一个人。这样的话，我会更专心，每个实验都能尝试一下，还可以避免意见上的分歧。现在，每天除了吃饭、睡觉，我基本上都在上课、做实验，或是去图书馆上自习。

另一些学生尽管对学术性学习的投入程度没有 WCC 那样高，但是相对于社会性学习而言，他们在学术性学习上投入的时间、精力更多一些。

　　我的（学术性）学习不是特别出色，就是平时听听课。我是循规蹈矩型的学生，基本上不会逃课，老师安排的事，我都会去做，但并没有特别刻苦。考试之前，我会复习，学习成绩在班级排名也还好，一般都在十名左右吧。大学期间，我跟着一个师兄做了半年实验，但是我感觉对自己的能力提高的作用不是很大，也没接触到课题核心内容，只是一些可有可无的东西，所以就不参加了。本科期间，我很少看英文文献。（ZY）

　　我在学习上也不是很努力，学习不是很好也不是很差，就是平常上课该听的就听，下课就玩。我基本上不逃课，我现在的学习状态属于一个学期下来真正学习的时候也就最后两个月，前面的时间一直在瞎忙，也不知道自己在忙什么。去上海交通大学（参观学习）的半个月，我们每天参观实验室、听报告。见到了很多植物学专业的在读博士，但感觉那种生活不是我想要的。回来后，还跟同学开玩笑说，我以后的工作最起码要与人打交道，让我对着那些瓶瓶罐罐、病毒什么的，我不喜欢。我不想从事科研，觉得自己不适合。（CXF）

还有一些学生则在社会性学习上投入更多、收获更大，由于难以平衡学术性活动和社会性活动，学术性学习的投入和收获受到了影响。

　　关于学习成绩，大一的时候还行，现在属于中等。每次参加（社会性）活动时都会想，我的同学肯定在上自习，或者在寝室看书，心里会有压力。所以，大一的时候，自己也抓得特别紧，空闲下来的时间也不敢去挥霍，所以一闲下来，我就会去学习。大二的时候，慢慢就不行了。一方面，大二是我在学生会最忙的一年，有各种事情，花费了很多时间，分散了精力，成绩肯定就落后了。另一方面，可能自己也更喜欢参加这些活动吧，更愿意把时间花在这上面。有时间学习的时候，也是"人在曹营心在汉"，效率也不高。（FTY）

做学生会工作是一种习惯，高中就做，大学不做就觉得没事情干。感觉学生会的经历特别珍贵，是我很想去努力做的事情。大二时，我处理的都是人际问题，大三时处理的都是工作问题。因为在这上面花的时间太多，所以大二结束时我也想过退出，但感觉退了以后没事情干，就没退。我也会学习，但发现很难静下心来，花在学习上的时间不多，好在能保证通过考试。（CJ）

大一时，感觉特别忙，加入了学生会、青年志愿者协会，也不知道在忙什么，有一种碌碌无为的感觉。上课的时候，也是听一会儿就走神了，回过神来再听一会儿又走神了，学习效率不是特别高。平常对学习会有一些懈怠，考试时靠突击，成绩也不是太差。大二时，时间和精力有限，就退出了学生会，留在了青年志愿者协会，因为我感觉帮助别人是一件非常快乐的事情。之前，我觉得学习不是很重要，遇到社团组织需要我做的事情，还会逃课。我感觉大学课后学习的人比较少，几乎没有。我英语四级还没过，基础太差了。（ST）

平时，在活动上面耗费的精力多，学习文化课的精力就少了很多。从专业课的学习来说，只能说我对专业有了更深的认识，确定了未来考研的方向，但是真正对我影响最大的，让我感觉毕业以后最受用的，还是专业学习以外的社会性活动。在大学里面拿得出手的，能跟别人聊一聊的，可能就是我组织了什么活动，虽然谈不上什么成就，但个人感觉还挺满足。对于大学逃课，我没有什么愧疚，也不会觉得心里慌，可能自己已经习惯了这种状态，而且在组织活动上得到了老师的认可。虽然学习不能给我带来太多（荣誉），但其他活动上的荣誉老师都会想着你，所以逃课的负疚感很容易被掩盖。要说有，可能也只是有一点遗憾吧！（WYZ）

第四节　从结构到行动：中间变量的传递与形塑

不同家庭背景的学生对大学学习经历的不同表述传递出"结构"与"行动"的统一性。受制于不同的家庭背景，学生对大学校园学习的认知和行动表现出相当大的差异。个体的行动似乎始终无法摆脱原初结构的制约，对此可以从家庭经济条件、家庭文化氛围和家庭社会关系三方面进行解析。

一、家庭经济条件的影响：选择限制与力量分散

（一）选择限制

家庭经济条件对学生学习经历的限制主要体现在学生对部分学校资源和平台选择上的受限。当面临一些选择时，学生不仅要考虑自身的能力，更要考虑家庭经济的可承受程度。这种顾虑使他们在做选择的时候不得不权衡更多。事实上，大学中大部分的基础性教育教学活动、课堂内外实践都面向全体学生，并没有经济门槛，有时一些潜在的或后期的经济花销却无法避免。当然，在大学中也存在一部分高收费项目，如自费性质的出国交换项目等。当访谈对象认为自己或家庭无力承担时，便会选择放弃或中途退出，进而会影响其对学术性活动或社会性活动的深度参与和投入。如前文所述，我们对一些访谈对象家庭背景进行描述时提及的在面临出国选择时FTY对自己家庭经济的顾虑便是这一情况，其他学生也谈及了这一点。

> 因为家里条件不好，所以想学一些东西的想法也只能放弃了，比如，考职业资格证书要花几千元，感觉自己承担不起。（ZHT）

> 遇到学校里的一些好机会，要考虑很多方面的因素，比如，出国的话，要考虑家庭经济条件，也要考虑自身条件。另外，我的英语口语不行，也没有条件去报口语培训班。（WCH）

> （我）从来没考虑过加入社团或学生会，感觉自己不喜欢这种性质的组织。像我们宿舍有个同学，他加入宣传部，有时会去聚餐，我感觉参加那些活动除了给自己增加一些负担之外，没有太大的用处。如果我没有经济方面的顾虑，我应该也会去加入这些组织锻炼一下自己。（YYW）

> （考研）复习很残酷，很有压力。其中家庭经济压力占60%，主要是感觉家里毕竟不是很富裕。（ZHT）

> 没有考虑过学校的出国项目，因为要考虑经济原因。学校一些针对本科生的短期访学或交换生项目，我就没有申请过，因为我看很多都是自费的。即便是有免学费的名额，我觉得应该也会很少，还是先在国内脚踏实地地学吧！（WCC）

与家庭背景劣势学生不同的是，家庭背景优势学生在面临选择时并没有太强的受限感。大多数时候，他们可以凭借自己的喜好或志趣进行选择，无须考虑太多

的外部约束条件。CJ 在谈到自己大学期间面临的选择时说："父母希望我以后做自己喜欢的事情。在大学也是一样，我做决定的时候，完全不用考虑家庭的经济负担，完全可以凭我自己的兴趣去选择。"

（二）力量分散

劣势的家庭经济条件还会使学生将更多的时间和精力花费到一些与学习无关的事情上，从而影响了其对学习的全身心投入。为了分担家庭的经济压力，很多学生更愿意选择可提供相对较多经济回报的校外兼职工作——哪怕是低水平、低技能的重复性劳动，而放弃参与学校中没有回报或回报较低的社会性活动，这同样也会减损其投入到学术性学习中的时间和精力。

> 上大学的时候学习不太好，还有另外一个原因，就是只要一有时间我就会到外面做兼职。我感觉开口跟父母要钱，自己就很没底气。因为毕竟老大不小了，也知道家里的情况……所以一开始我就决定毕业就工作，因为家里条件不太好。我从来没有抱怨过我的家庭出身，但自己有时候也在想，如果家庭条件不一样，会不会好一点，会不会上一所好的大学，可能做很多事的时候就不用顾虑太多家庭因素。比如，不会出去兼职，一心一意读书，或许还会继续读研。（KDD）
>
> 除了大学学费，其他都是我在大学期间做兼职赚来的。平时各种事情花销比较大，感觉如果以后没有好工作，生活压力会特别大。刚进大学的时候，我就感觉到了这种压力。为了缓解这种压力，我就不停地做兼职。（YYW）

家庭背景优势的学生则不需要考虑太多，他们往往可以专注于自己选择参与的活动，因此对参与的活动就会更加主动、投入，会更多地考虑如何把事情做得更好，从而在社会性活动或学术性活动中表现得更专注，以及更多运用深度思维策略，这一点在前文已得到了验证。

二、家庭文化氛围的影响：洞察力、期望觉知与规则掌握

文化的影响是长期和潜在的。从表面来看，家庭文化氛围不会对学生的选择产生明确的限制，甚至不会让人有"受限的意识"。但是在优越的家庭文化环境中，与父母的交流、互动可以将父辈一代的观念传递给子女，影响他们的认知，从而潜

在、深刻、长远地影响着其对未来生涯的选择。这一内在影响主要体现在学生对事物的洞察力、期望觉知和规则掌握三个方面。

（一）洞察力

洞察力表现为对事物内在意义的深层次认知。家庭文化氛围会影响学生对事物（如目的、未来、知识本质、大学教育价值等）的洞察力，以及随之表现出的主动意识和行动。家庭文化氛围较好的 YX 在学校中会主动去听交响乐演奏、听高深的学术讲座，对其而言，这是自然而然且必要的选择。他对其他同龄学生被动消极地抗拒此类有益活动深感惋惜和不解。即使高考失利后对选择何所大学就读的思考，也透露出其对未来的深远思虑和来自家庭的影响。WCC 在与高学历祖父辈的交流过程中形成了自己对学习的认识和理解，通过他者的人生经历，对学术性学习的价值和意义有了高度认可，这极大地影响了其大学经历。但是，对于家庭文化环境相对劣势的学生来讲，他们较难获得清楚辨识参与某种教育活动（如学术性学习）意义的能力，从而使他们参与这类活动的意愿不高，或仅是被动完成。因此，从这个层面来看，劣势家庭文化背景具有相对的局限性。在访谈中，YX 发表了许多个人观点，多次提到家庭文化氛围和父亲的影响。

> 高考时，对于上海本地大学，我就考虑了上海交通大学，但是没戏，我只能选其他学校。在高考方面，父亲不会为我提供任何直接的帮助，也不会给我铺好未来的路，因为那样我会觉得很多事不努力是理所当然的，如果这样自己就没有发展空间了。父亲会教我怎么去做，这样我可以应对各种情况，如果他帮我去做了，那我就无法获得成长。我很认同他的观点。我要考虑未来进入社会后能做什么，这很重要，不能好高骛远。这些问题在上大学时就应该思考。高二的时候，我就在思考未来我要做什么，未来我要读什么专业，未来的发展方向大概是什么样的，我应该如何提升这方面的素质。这些东西不是必修课，但是也非常重要。

> 做科研还是纯粹点比较好，如果过于追求物质的东西，科学研究就变了味道。这些观点和看法都极大地受到了我父亲的影响。我父亲非常反对功利化，比如，不能仅仅是为了获得奖学金而去努力，作为学生本来就应该去努力学习。

> 家庭对我的影响很大。我家的氛围比较融洽，父母会给我极大的自由，在

不违背道德底线的情况下任由我发展。父母从小就对我进行各方面的培养，包括音乐等方面很多都是受家庭的影响，当见得比较多的时候，再加上好奇心也比较强，我就会有选择性地去学习。我觉得这就是家庭的影响，培养了我广泛的兴趣，也培养了我独立思考的能力，让我早早地确立了自己未来发展的目标，并完全相信自己有这方面的能力。

WCC 的爷爷和父亲都有非常良好的教育背景，却因为时代或个人原因并未在经济或职业地位这两个指标中获取更多优势。这种与"大多数人"反差极大的父辈经历也让她产生了一种"家族复兴的使命感"。一方面，她认同学术性学习的重要性，为自己出生于这种"读书人家庭"感到骄傲；另一方面，父辈的高学历文化光环以及对他们经历的反思，也极大地影响了她对学习的看法和自己的大学经历。

> 小时候去爷爷家，他会经常给我讲他的经历。我感觉知识不一定是财富，但一定要让知识成为我以后生活得更好的方式，不能像他们一样，虽然毕业于名牌大学，但没有利用好。我觉得自己以后一定要考一所好的大学，然后每一步都走得很好，抓住每一个机会，将知识转化为能力，成为生活得更好的资本。

> 我现在学习的目的性很强，就是考研。考研也不光是为了拿个文凭，就像我之前说的，不是光考上这么简单，要想用知识改变自己的命运，就得有转变知识的能力，前提肯定是要利用知识创造出让人认可的东西，所以我必须从现在就开始努力，我就是这么想的。

> 我一直坚信每个人的路都是自己走的，只要努力，就能过上自己想要的生活，并不是说想去追求物质上的东西，就是有一种价值感、存在感吧！

与 WCC 形成鲜明对比的是 WCH 对大学教育、学术性学习的理解和认识。他说：

> 就我的感受，大学教育对一些大学生的意义不大。因为或许就是这种平时的学习状态，让我觉得读大学基本上没有什么用处。

在 WCH 看来，大学中的学术性学习等同于"背书"，而"背书"的目的也只是应付考试。

如果"背书"都是为了考试，我感觉从小学到现在，学习一直都是为了考试，除了考试，不知道学习还有什么用处。

YYW 站在一个相对客观的角度来看待专业学习的价值，认为专业学习的价值和意义因人而异。

专业学习也有一定的意义吧，但是对我这种以后以工作为目的的人而言价值不是太大，但是对那些想从事学术研究的人而言，这是特别有必要的。

这些话语似乎也印证了亚历山大对他所研究的学生群体的考察："因为他们没有很深地感觉到学校的价值。他们会自我感觉良好，继续按照他们自己的标准以一种特有的和应当报偿的方式行事。"[①]

（二）期望觉知

期望觉知是指子女对父母期望的感受与认知。家庭文化环境对学生的期望觉知的影响分为两个方面：一方面，通过日常交流使子女可以感受到父母对自己的期望，文化环境越好的家庭，父母对子女的期望往往越高。比如，YX 说：

父亲希望我去国外非常好的（大学）读研究生，但是如果去不了国外非常好的大学，在国内一流大学也可以，就是做双重准备。

YYW 则提到，

本来考上这个学校也是比较意外，所以父母觉得大学毕业能有一份工作就可以，没有太高的要求。

布迪厄认为，客观结构生产着阶级习性，尤其是生产着倾向和素质。这些东西通过产生适应这些结构的实践，使结构的运行和永续成为可能。这一次，这些倾向和素质则构成了学习机会结构永久化最重要的因素之一。这甚至包括消极的倾向和素质，比如，贬低自己、贬低学校和它给予的认可，或者屈从于

---

① 杰弗里·亚历山大. 社会学二十讲：二战以来的理论发展[M]. 贾春增，等，译. 北京：华夏出版社，2000：62.

失败和排斥。①

　　另一方面，优势家庭文化环境中的沟通与互动可以将父母的期望转化为与之一致的子女自我期望，形成互促的内在动力。这种转化机制的形成往往是一个长期的过程。美国社会学家安妮特·拉鲁（A. Lareau）在《不平等的童年》一书中指出，不平等的社会地位以及不同阶层地位之间的差别影响着父母的教养方式以及培养孩子的文化逻辑。②她提出了两种家庭教育模式：协作培养方式和自然成长方式。她认为不同家庭教育方式将向孩子传输"差别优势"，即优势家庭背景的父母通过"协作培养的方式"赋予孩子面对未来的从容，而劣势家庭背景的父母则通过"自然成长方式"赋予孩子面对未来的"局促感"。父母的期望可以以指导性的意见进行表述，在家庭的互动与沟通中成为一种文化惯习影响孩子的自我期望。因此，通过日常生活中有意识的影响，优势文化家庭中父辈的指导性意见更可能转化为孩子的自我期望，劣势文化家庭则并没有使父辈期望自然转化为子辈期望的生成机制。缺乏这种长期机制的影响，受不同环境影响的父辈和子女在对未来的观点上便可能产生背离。若不能有效减少这种矛盾和差异，那么以提供指导或提出要求来表述的期望反而会增加子女的压力，从而使其无所适从。如ZHT 所提到的：

　　　　家庭对我整个大学经历的影响挺大的。我爸妈是小学毕业，很多事情都不了解，就对孩子说往上考吧，学历越高，工作越好找。但是，他们不理解孩子的想法，有时候孩子想的确实和他们不一样。现在我很矛盾，想参加工作，不想考研。因为家里人的想法就是让我考研，所以我现在也在查一些考研资料，先专注考研吧……说实在的，我本人是不想考的，想找工作，感觉学习的效率也不高。（ZHT）

JN 对父母期望的认知则正好相反。在日常对话中，他能感受到母亲希望自己到更高层次学校学习的期望，而去更高层次的学校学习也是自己的目标。

　　　　刚开始的时候，我妈常说自己高考时与"985 高校"失之交臂，送我来上

_____

① P. 皮埃尔·布尔迪约，J.C. 帕斯隆. 再生产——一种教育系统理论的要点[M]. 邢克超，译. 北京：商务印书馆，2002：219.

② 安妮特·拉鲁. 不平等的童年[M]. 张旭，译. 北京：北京大学出版社，2010：25-45.

学的路上就会提。她不是故意要说这个，也不是想给我施加压力。其实我也挺了解她的，我也不反感她说这些，因为以后去国内更好一点的大学读研，其实也是我自己的愿望。（JN）

（三）规则掌握

由于父辈职业的文化性质及其影响，一些学生能够更早地获得对大学学术性活动和社会性活动的相关信息与法则，确立目标并早做准备，游刃有余地投入到相关的学校活动中。YX说：

> 在报考大学时，也没有考虑太多，选择生物专业，主要是家里人也是从事这方面研究的，从小对这方面就有接触。高考时，也没想到报什么专业更好，之前在生物方面还是有一定的基础，从初中开始就经常去实验室，所以就顺理成章地报了这个专业。

从小出入大学校园的YX很早就从父亲那里听说大学会组织"挑战杯"这种全国性的学术竞赛。因此他在高中时提前准备，在大一时便组队参加并获得了奖项。如YX所说："我是很早就知道这个比赛了，我高二就在准备了，高考完了那个暑假就一直泡在实验室做实验。"

三、家庭社会关系的影响：专业转换、资源平台与成功预期

总体而言，访谈中论及的家庭社会关系对学生学术性投入的直接影响并不大，更多的是间接影响。这种间接影响体现在专业转换的选择权、资源平台获得的便捷性及对成功预期的影响上。

（一）专业转换的选择权

在问及访谈对象为何不能全身心投入到学习中时，一些学生认为是"对这个专业不感兴趣"，却又没有能力凭借自己的努力转到自己喜欢的专业（更多人却说不出自己到底喜欢什么专业），后期更是无法进一步培养专业兴趣，只能"得过且过"。2名家庭背景劣势学生都提到了这个原因。对于家庭背景优势和部分家庭背景条件居中的学生而言，几乎不存在对现在所学专业不感兴趣的问题，他们会采取办法避免学习不感兴趣的专业，从某种程度上说，他们比家庭背景劣势学生具有更多的专

业选择权。如 YYW 说：

> 转系特别难，当时说转系的要求是成绩在班级前几名。大一时，我也努力了，但是基础没人家好吧，最后的成绩也不是很好。转系是不可能了，家里也没有什么人能帮忙的，我也不想让爸爸为难，虽然对这个专业不感兴趣，也就这样了。

WCH 说：

> 大二以后，我就不怎么认真学了，最根本的原因是对专业也没啥兴趣。（笔者：有没有考虑换一个专业？）家里帮不上忙，就从来没想过这个。也不知道自己到底想学啥，跟高中毕业选专业是一样的，都是家里亲戚帮着填的。到现在我还是不知道自己以后想干啥，兴趣在哪里。

（二）资源平台获得的便捷性

家庭社会关系网络的有效性还在于可以通过熟人关系"让老师在学术性学习上给予更多的指导和关照"，从而让他们获得更多的学习资源。笔者曾和一位 N 大学教师子弟（非正式访谈对象）聊天，这名学生谈道：

> 刚进大学时，我就去了 X 老师（N 大学一位学术水平非常高的教授）的课题组跟他们做实验，我们班就我一个。一方面，可能大家刚来也不知道这些；另一方面，就是本科特别是大一想进这个组还是很不容易的，我特别想去，爸爸就拜托一位老师推荐，X 老师看我基础还不错，所以就接受了我。

笔者通过后期寻访发现，家庭社会关系网络除了能帮助学生获得更多学习方面的资源，还可以通过充分利用学校搭建的平台增强学生的能力。比如，强社会关系家庭的孩子通过学校合作项目出国或出境做交换生的比率就远远高于其他学生，免费项目更是如此。

（三）成功预期的影响

心理学研究认为，控制点决定了个体对成功预期或效能信念的高低。一般来讲，当个体认为决定成败的关键因素是由外部控制且自身并不具有的外部资源时，其成功预期或效能信念就会降低。具体到社会关系对成功预期或效能信念的影响上，若个体认为社会关系是决定成败的关键，并意识到自己并不具备这种社会关系时，便会产生较低的成功预期或效能信念，从而会影响其学习动机，并进一步影响其学习投入行为和投入程度。

> 因为我爸妈都是农民，对很多事情不是特别了解，基本上都是听我叔叔和婶婶的，他们让我考研。大二时，我也想过当老师，最后感觉不太好。当老师吧，要考教师资格证，但是得到大四以后，好像得拿到毕业证，要那样的话感觉不太保险。以后就算拿到教师资格证，你想分到好一点的学校也不太容易，（能不能）教高中也不太好说，初中的话感觉都（有点难），就是有一种不太顺的感觉。（WCH）

成功预期或效能信念对学生的社会性投入也会产生间接影响。比如，社会关系优势的家庭可能会通过熟人网络为子女的选择提供更多的便利，从而使其获得更好的发展平台。正如一位负责团学工作的老师所提到的：

> 我们比较清楚学生的情况，综合素质比较高、能力不错的孩子大多数家庭条件也比较优越，竞选时很容易脱颖而出，我们肯定会优先考虑，这也是合情合理的。你要知道，这些学生做事情更灵活，更让人省心，会自己动脑筋、想办法，就是利用自己的能力优势，把你交代的事办得很漂亮。

如此，无论是他人还是学生本人，将事情成功的概率与学生家庭的关系网络相关联，这种机制本身就增强了学生的自我效能感，使得优势家庭背景的学生更易获得参与机会。

四、家庭背景对大学生学习投入影响的制约机制

结构是社会学中的一个重要概念，是指我们生活的背景不只是事件或行动的随机分类，而是以各具特色的方式组成某种结构或模式。[①]这种各具特色的方式就是事物某种秩序特征或排列形式，也是结构之所以为"结构"的标志。家庭背景之

---

① 安东尼·吉登斯. 社会学[M]. 5版. 李康，译. 北京：北京大学出版社，2009：7.

所以可以被视为一种结构，正是因为在某种程度上体现了这种秩序性特征。前面章节已经谈到，从客观层面来讲，家庭经济条件、父母受教育水平以及职业无不体现出个体所在的宏观社会中的位置秩序，而不同的位置秩序意味着可以使用的规则和资源的不同。规则或资源功能的发挥还取决于个体对其可利用程度的意识。因此，从主观层面来看，个体对家庭经济条件、家庭文化氛围和家庭社会关系的感知正是这种客观秩序在个体心智中的延伸。当然以下部分的阐述重点并不在家庭背景这一结构本身，而在于结构"再生产"的过程。因此，我们将主客观家庭背景融合在一起形成家庭背景的整体结构形态，来对学习投入这一行动的内部过程进行阐释。

基于研究的需要，前文分别从家庭经济条件、家庭文化氛围、家庭社会关系三个维度分析了家庭背景对大学生学习投入的影响。虽然上述分析似乎表明不同维度的家庭背景对中间变量的影响有不同的侧重，但影响总是具有情境性的，且常常存在着交叉和蔓延。不同的背景变量也可能共同影响某一个中间变量，而某个单一维度的家庭背景同样可能对多个中间变量产生影响。正如布迪厄所认为的，家庭的社会资本、文化资本和经济资本本身就具有变化与交换的可能性，因此家庭背景实质上是一个难以割裂的整体影响源。家庭背景的三个维度总体上来说存在某种程度上的一致性（尽管不算高，本访谈样本也能说明这种情况），不可能明确地划定影响的边界，或断言哪些中间变量仅受其中某一个因素影响而完全不受其他因素的影响。因此，家庭背景对大学生学习投入的影响是一个通过中间变量实现的整合过程，整体而言，既具有一定的规律，又存在非常复杂的影响路径。

（一）规律性

总体来看，对以上质性材料的分析揭示了家庭背景对大学生学习投入的影响过程，丰富了定量研究的结果，进一步解释了结构影响下的个体行动如何能够产生一致性的集体回应。质性研究分析发现，家庭背景对大学生学习投入的影响不仅通过对其效能信念的影响产生，也可以通过其他变量产生，并体现出个体日常生活所带有的一种深刻的结构性特征。[①]作为结构化的中介，这些变量是主体在互动的过程之中创造或提炼出来的结构性产物，同时又成为互动系统的结构性要素再生产

---

① 杰弗里·亚历山大. 社会学二十讲：二战以来的理论发展[M]. 贾春增，等，译. 北京：华夏出版社，2000：9.

的条件与中介。这里的结构性产物正是一系列的规则和资源。[①]

对这些中间变量进行梳理，可以进一步提炼出三个更具概括性的类别：外部支持、动力支撑与规则理解。外部支持是指有利于确保学生学习投入的外部条件，包括有最优选择的自由、有足够的时间和精力分配到对学校资源的利用中。最优选择的自由包括专业选择和学校资源与平台获得两个方面，类似于吉登斯提出的配置性资源，或称为物质资源。外部支持中的各类要素具有较为明显的"物质分配""权力支配"的特征，很容易使个体将之与家庭背景相联系，在访谈中也往往能被个体意识到。比如，他们会将"关系""经济条件"等与"选择自由""时间精力分配"相联系。

动力支撑是指有利于维持和促进学生学习投入的内在因素，包括家庭成员的期望、个体成功的预期和能力信念，类似于吉登斯提出的权威性资源，或称为非物质性资源。

规则理解则类似于吉登斯提出的规则，通常是实践过程中暗含的、不言而喻的影响因素，具体是指有利于提升学生学习投入有效性的认知性因素，包括对事物的洞察力，以及对信息和规则的及早掌握。与外部支持中的各要素相比，动力支撑、规则理解中的各类要素更为内隐，个体甚至难以将其与家庭背景相联系。虽然在访谈中有访谈对象通过对自我或他人的反思性追忆对这种关系有所论及，但对另外一些访谈对象来说，他们常常会将其归于个人原因，并认为"我就是这么想的""是我自己的想法"等。在对访谈资料的详细分析中，我们不难看出这种"个体意识"与家庭背景有着极为一致的结构秩序，即对应于家庭背景的不同分类，也发生着相似的质与量的同方向变化，就像是结构化特征从家庭背景向个体层面的平行延续。在布迪厄的理论体系中，常将这种结构特征在个体意识层面的延续视为"惯习"，即认为是一种结构形塑机制，涉及社会行动者具有的对应于其占据的特定位置的性情倾向。[②]在布迪厄看来，惯习是一种"体现在人身上的历史"，但由于人们将它内化为"第二天性"，以至于人们已经完全忘记它是一种历史，是一种具有外在性的内在化。[③]

家庭背景对大学生学习投入影响的制约机制如图 5-1 所示。

---

① 杨善华，谢立中. 西方社会学理论（下卷）[M]. 北京：北京大学出版社，2006：97.

② 转引自：杨善华，谢立中. 西方社会学理论（下卷）[M]. 北京：北京大学出版社，2006：167.

③ 转引自：杨善华，谢立中. 西方社会学理论（下卷）[M]. 北京：北京大学出版社，2006：168.

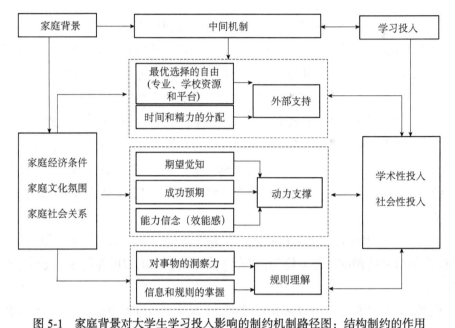

图 5-1　家庭背景对大学生学习投入影响的制约机制路径图：结构制约的作用

注：如无特别说明，以上变量之间的路径均为正向效应，即一个变量的增强（或减弱）导致另一个变量的增强（或减弱），而不是相反

（二）复杂性

家庭背景对大学生学习投入的影响既存在一定的规律性，又具有复杂性。由图 5-1 可见，家庭背景通过影响学生的外部支持、动力支撑和规则理解等三类包含若干具体内容的中介变量，进而影响学生的学术性投入和社会性投入。由于路径之间的正向联系，总体上体现出"结构"与"行动"之间的一致性。从局部来看，由于不同强度、不同类型家庭背景、中介变量以及结果变量的组合可以产生许多不同的路径，最终构成的大学生学习投入图景也就变得纷繁复杂。

从"结构"与"行动"的一致性强度进行具体分析，可以分为两类情况：第一类情况对应于前文的家庭背景优势和劣势两类群体。这类群体家庭背景三个维度的指标均强或均弱，因此对各种中介变量的影响也体现出明显的强弱差别，最终延续到学术性投入和社会性投入上依然如此。换言之，原本存在于家庭背景的这种结构层面的"秩序差异"便通过一系列的中间过程体现在个体的"行动"上，并在"行动"上基本保持着与结构一致的差异强度。这在访谈对象 YX、JN、WCH、YYW 身上体现得尤为明显。

　　第二类情况对应于家庭背景中间群体。这类群体家庭背景三个维度的指标强弱组合并不一致，因此对中间变量的影响在类型和强度上也可能不一样。这种影响延续到个体"行动"上，便使得这一群体中的大学生在学术性投入和社会性投入的表现和程度上各不相同，甚至可能会出现变量作用方向不一致而致使作用效应部分抵消、总体削弱的情况。比如，案例中的 WCC 由于受家庭文化的影响较大，对学术性学习有较高的成功期望，对学术性活动有较高的洞察力和自我效能感，因此其学术性投入程度较高。但又由于家庭经济条件的影响，在学术性投入表现上受到部分限制（主要体现为在选拔性和交流性学术性活动的参与上受限），且社会性投入表现和程度均不高。CJ 的家庭经济条件较好、社会关系广泛，能够较为轻松地获得一些相对稀缺的锻炼平台，在参与校园内活动时也无须考虑经济因素，因此其社会性投入表现较好和社会性投入程度较高。同时，由于父母对其在大学学术性学习的指导不多、期望不高，该生在学术性学习的洞察力和学业自我效能感方面表现出相对的不足，因此其学术性投入表现和投入程度远不及社会性活动。尽管由于家庭背景影响路径的不同，WCC 和 CJ 在学术性投入和社会性投入上表现出差别，但两者并不具备横向可比性。

　　大学应是促进个体全面发展的场所，大学中学术性活动和社会性活动对学生发展都具有同样重要的影响，所以最为理想的状态是二者均衡而非仅仅偏重于某一方。从这一层面上讲，学校应更为重视学生在学术性投入和社会性投入上的协同发展。因此，从总体上讲，尽管中间群体也呈现出结构和行动在差异强度上的线性正相关而非负相关，但是其相关强度的大小却由于内部影响路径和强度大小的差异会出现不同程度的抵消、中和或削弱。因此，与家庭背景优势和劣势这两类群体相比，位于中间层次的大学生的家庭背景对学习投入的影响要复杂得多，且两者间的线性相关强度较前两类群体也更低。

第五节　从行动到结构：个体能动性的发生与本质

　　在质性研究中，研究者的直觉和想象在把握研究对象"原貌"，以浓缩的方式"重构"其丰富、复杂的状态方面，起到了不可或缺的作用。[①]在长期与原始资料

---

　　① 陈向明. 质的研究方法与社会科学研究[M]. 北京：教育科学出版社，2000：315.

"待在一起"的过程中，通过分解与整合，再回到对资料的整体把握，虽然上述分析和建构的路径图较为直观和完整地呈现出了家庭背景对大学生学习投入从"结构"到"行动"的作用效应与机制，但是完成上一步，笔者却并没有体会到对资料透彻理解后的"淋漓尽致"之感，总觉得遗漏了什么，文本资料背后似乎还有需要进一步澄清的问题和可以进一步深挖的信息。一方面，无论是最初对资料形成的整体印象还是最终的分析结果，在某种程度上都验证了"结构下的行动"这一理论预设；另一方面，这一框架下家庭背景对学习投入的影响又并非那么简单。回顾那些访谈对象侃侃而谈的场景，回忆他们描述的自我经历，关涉个人的理解与解释不经意地就会从访谈文本中跳脱出来，对笔者形成直觉上的冲击，并构成对文本资料整体印象不可或缺的部分。但是在前述的分析中，这部分内容展示得并不充分，不利于全面把握文本原义。实质上，行动本身是与一套意义、理由或意图相关的行事过程。①访谈者字里行间的信息也使我们感受到，如果暂时跳出结构的框架，从个体层面来看，行动背后有个体自主的思考和想象，可能是有意的，也可能是无意的，但都事先赋予了自己和他人的行动意义。丰富的述说体现出的正是个体行动过程中的主观能动性。这是个体在与结构的互动中进行沟通的方式，是主体赋予行动意义的过程。我们需要进一步探究的是，这种个体赋予行动意义背后的逻辑是什么？它是如何发生的？它对主体原初的结构秩序可能会产生什么影响？

一、个体能动性的发生：限制性意识和动机的产生

如果需要给个体能动性一个更为通俗的名称，"努力"是较为适当的词语。在帕森斯看来，个体能动性就是被称为"努力"的那些"东西"。他进一步认为，努力发生在限制性的社会现实之中，这是需要明确的前提。由于"努力"的作用，某种情境限制因素可能会被削弱并成为行动者的目标，这些限制因素因此变为"工具"。但还有一些限制因素是不可改变的，于是它们便成为行动的"条件"。②由此可见，帕森斯所言的努力并非一种即时的状态，而是动态、历时的行动流。

① 马尔科姆·沃特斯. 现代社会学理论[M]. 杨善华，李康，汪洪波，等，译. 北京：华夏出版社，2000：17.
② 转引自：杰弗里·亚历山大. 社会学二十讲：二战以来的理论发展[M]. 贾春增，等，译. 北京：华夏出版社，2000：19.

从"努力"的单向发生过程来看，"努力"行动流起源于限制性的客观现实，但这只是其发生的充分条件。这种限制性的客观现实促生的个体限制性意识才是必要条件。限制性意识进而使个体产生改变限制的动机和努力行动，如果个体未能产生限制性的意识和改变的动机，便失去了催生"努力"的土壤。

从"努力"的发展过程来看，努力可否持续则取决于可改变的限制因素与不可改变的限制因素之间的张力。换言之，若个体的努力难以达到可以改变那些限制因素的程度或标准，那么原有限制因素的强度便没有被改变，进一步的努力就会受限；若个体的努力可以削弱情境限制因素而变为"工具"，那原有限制因素的强度便会被削弱，进一步的努力便会增强并持续下去，最终达到减小结构差距的目的。因此，我们这里谈论的"努力"是一个包含情境（限制性社会现实）、目标强度（改变限制性的动机）、理性过程（条件判断）和行动（努力的个体表现及其效果）的循环往复的过程性概念。参照此前对家庭背景的三级分类，我们可以进一步分析这种努力产生的具体过程。

（一）限制性的客观现实

首先需要分析个体对客观现实的限制性意识是如何发生的。"限制性"并非一个绝对的概念，而是有一定参照对象的体现出相对秩序的差距的概念。客观现实可被视为一种情境，因此对限制性客观现实的意识是指个体对可能制约自身潜能发挥的情境的感知，是个体对自身条件与现实情境进行比较的过程，也是对自身可达到的潜能最大化水平与当前水平的差距的综合判断。差距越大，限制性意识越强；差距越小，限制性意识越弱。情境既与结构有关，但又不完全等同于结构，它超越了物资和资源的现时态范畴，是一种意义制造的历时态过程。家庭背景无疑是个体产生限制性意识的根源之一。在无法穷尽总体的情况下，对访谈对象的家庭背景进行秩序上的分类与优势和劣势的划分总是相对的。对于本访谈样本中家庭背景劣势群体和中层群体来说，与优势家庭背景学生相比，其在家庭经济条件、家庭文化氛围、家庭社会关系等方面的直接限制性条件已然清楚。那么，家庭背景优势学生是否就不受限制性条件的影响呢？并非如此。从访谈资料中我们还归纳出借由家庭背景这种结构性因素间接促生的可能使个体对社会现实产生限制性感知的"意义制造过程"，具体体现为两个方面：一是与圈子中"他者"的比较；实然与应然的结构地位之间的"匹配"程度。这种间接的限制性情境在家庭背景优势学生中发生的可能性更大。

（二）与圈子中"他者"的比较

对于家庭背景优势群体来讲，与访谈样本中的其他两类群体相比，他们的发展受限感就低得多，但这种比较仅限于访谈样本。实质上，不仅是家庭背景优势群体，几乎所有的访谈者都谈到了用于比较的"他者"，这种间接的表述在某种程度上已经使样本群体的范围得以扩展，因此他们的言说也就跨越了现实文本的边界，在更大的群体范围内产生了比较的效应。这些"他者"形成了以访谈对象为圆心的圈子，这个圈子跨越时间和空间、人物和事件，包罗现实与虚拟、抽象与具体，所有当下和过去的经历都可纳入某个人的圈子。无论何种层级家庭背景的学生，他们都有意或无意地与圈子中的"他者"进行着比较，而正是这种比较增强或削弱了他们的差距意识。比如，对于 JN 来讲，尽管其家庭背景在当前样本中处于优势（这在他看来也是如此），但他非常认可母亲提醒他的"不要以为自己多牛，其实只是圈子问题"，因此他的比较对象已延伸到了另外一个时空中。他曾提及过去的圈子中的熟人。

> 高中时，我在学校的一个重点班，我的成绩也就中等吧，但我们班名次靠后的同学在整个年级排名也是靠前的。我们班有个女生，她在高中时的知识面和见识，感觉就是现在我也是比不上的，这跟她的家庭环境也有关。她家庭条件很好，母亲是 X 市律师协会的会长，父亲是我老家那个县的常务副县长。她每周都会去 Z 市（省会）学英语，从小接触的人、看的书都很多，她学习起来相当轻松。她后来在北京大学读书，还是挺优秀的。

YX 也描述了他刚入校时的心态，这种心态随着比较对象和标准的不同发生了一系列的变化。

> 一开始，因为考到这个学校还有些自卑，觉得好像周围人都比我强。来了以后发现没有必要自卑，我比他们强太多了。后来，慢慢地也没有太多的优越感，可能觉得自己不应该和他们比较吧！

在访谈中，YX 还表达了他对现在大学的看法，而这种看法实质上也是将其当下所在的大学（普通高校）和过去时常出入的大学（985 高校）进行比较的结果，并衍生出一种差距感。

此外，YX还多次引用本学科领域的"牛人"（如生命科学领域的施一公、朱健康等）讲到的话语并表达自己的认同。这种以强者和曾经在同一层级中的群体为参照进行的比较，在某种程度上不仅削弱了其优势感，而且使其产生了一种由于差距所致的限制感。

WCH对圈子谈得不多，他提到了可用于参照的"他者"，一个是初中尚未毕业就出去打工的哥哥，另外一个就是室友。

> 室友基本都是农村的。大家学习状态都差不多，都不怎么勤奋。

YYW说：

> 我就读的高中是县里的私立中学，高考时可能运气好，考得不错，超一本线7分。我们学校每年上一本线的也没几个，反正那年就我一个。

相比他们选择的比较对象，WCH和YYW无疑是"发展较好的"学生，他们也都认为自己考上大学已经远远好于过去圈子中的"他人"，而实际接触的室友又让他们认为自己的现实状态与同等条件的同学保持在同一水平上，这或许就是他们认为的应然状态。因此，由于参照对象的不同，他们对应然与实然之间的差距的感受反而更弱。

（三）实然与应然的结构地位之间的"匹配"程度

实然状态和应然状态的"匹配"表现为个体认为自己应该所处的位置与实际所处的位置是否在同一水平上。与家庭背景相似，在我国，各级各类学校素来有优劣之分，通过"重点""非重点"，"一本""二本""三本"或其他的类别标签在同一层次学校内部形成等级秩序，由此形成了学校的差序结构，每一所学校在这种结构中都能找到自己的位置。劣势学校在软硬件条件、生源质量、环境以及社会效益等各方面自然不如优势学校，可以为学生提供的资源和平台也是相对有限的。在某种程度上，家庭背景也与学校的结构地位对应起来，形成了对家校的"匹配"性认知：能力出众的优势家庭背景的孩子应该就读于位于结构顶端的学校，以获得更适合他们的资源，方能促进其潜能的最大化。否则，就算成为一般学校中的佼佼者，他们依然认为与在优势学校就读的同学相比，自己是有差距的。

在访谈中，JN提到：

（我）小学包括初中、高中，一直上的都是最好的学校，成绩一直也是非常好。（后来到 N 大学后）我母亲经常会有抱怨，因为我参加某大学自主招生考试，名次在前几名，她觉得我没读这所大学挺遗憾的。另一个可能的原因就是我爸妈朋友的小孩读的都是 985 大学。刚开始的时候会常说，送我来上学的路上就会提，之后又会说："我不是故意要说这个，也不是想给你压力，让你心里不好受。"其实我也挺理解他们的。

实质上，JN 并不反感母亲的"抱怨"，甚至非常认同自己本应该在更高层次的大学就读。因此，在目前这所大学的优秀表现也不足以让他满足。他在潜意识中认为自己的能力与当前学校层级相比是一种"高配"，在一个不太匹配的环境中，他看不到自己的真实状态。从这个层面来理解，他也意识到了这种情境的限制，所以引发了他希望改变这种限制性情境的动机，并为自己确立了"争取保送专业前三的高校或 985 高校"的目标。

在 YX 的表述中，当他不断提及其他大学的卓越时，我们能够感受到话语背后他对自己实然所处的学校层次的不满和其中自我安慰的成分。他在后来的述说中多次提到学校的实验课程只是"小打小闹"、省交响乐团的演奏只能凑合看、给本科生上课的博士生导师太少以及对学院不具备实现全英教学的原因的剖析等，都体现了他对一般高校无法提供与其能力更加匹配的教育教学方式的无奈，而这都是他意识到的限制性客观现实的具体情境。为此，他给自己确定的目标便是"考雅思、托福，去国外更好的大学"。

与他们不同的是，家庭背景劣势学生能上一本线，就读于省内数一数二的大学已实属不易，因此他们很难认为学校层次"配不上"自己的"能力"或家庭背景，至少感受到的学校层次与自己家庭所处位置之间的差距较小，从而感受到来自学校层级的限制就较少。这种相对自我满足的心态在某种程度上会削弱或延缓其通过学习投入来改变限制性条件的动机。

二、个体能动性的本质：结构下的理性行动

与帕森斯对"努力"这一概念的粗略解释不同，亚历山大对能动性的过程本质进行了详细的阐述。从具体过程来讲，行动是个体能动性的实施[①]，但是如果简单

---

① J.C. 亚历山大. 新功能主义及其后[M]. 彭牧，史建华，杨渝东，译. 南京：译林出版社，2003：266.

地描述而不对其发生的条件进行思考，则会陷入"唯意志"主义的泥潭。因此，亚历山大指出，我们必须注意这一说法的两个方面。一方面，行动只能在高度结构化的内在环境的关系中发生。行动受文化系统的规范，由人格（需求或动机）来激发。另一方面，人格和文化规范不能穷尽个人的主体性的内容。在这个地方，就保留了非常有意义的能动性的这个层面。哲学家理解的能动性或自由意志可能是属于存在主义的范畴，对社会学家来说，能动性却可以被看作一个包括发明、类型化和策略化在内的过程。这三个过程使自由意志的实施具有了实用主义的色彩，并把跟行动相关的结构化的、内在的环境纳入其中，让它们在时间和空间中展现。[①]

在亚历山大看来，能动性在本质上是工具性的，发明和类型化又是作为解释的过程而存在。因此，人的能动性并不是"唯自由意志"的盲目"努力"，个体需要确定其努力的效用，从而必然要对行动的条件进行检视，所以人类的能动性与人们对行动的解释密不可分。[②]这种解释首先应该是理解性的，然后在理解的基础上引入策略性的思考或实践，即以最小费用原则来加以配置。策略性的思考或实践便是谋划，以理解为基础的意义建构以及策略性的选择便是理性行动发生的过程。

用理性行动的解释和谋划过程来比照文本资料中个体行动的分析，我们可以发现，无论是处于结构的何种位置，每个个体都赋予了自己的行为一定的意义。前文我们用了大量的篇幅来解释家庭背景这一结构因素对个体学习投入的制约（或催发）机制，分析了不同层级家庭背景学生面临的限制（或促进）因素的产生过程。实质上，这种限制（或促进）因素是形成个体理性行动必不可少的成分，个体的解释与谋划也正是基于对这种结构促生的限制性条件的认知。亚历山大根据对认知对象的熟悉及其新奇程度，进一步将解释的具体过程分为类型化和发明。对熟悉的认知对象的解释过程就是纳入已有认知经验的过程，即类型化；对新奇而无法纳入已知类型的事物的解释过程，即发明。无论是类型化还是发明，都是个体内在认知图式的扩展过程，是以已经发展起来的对世界的理解为基础的，因此解释与谋划必然不可能超越个体的经验和意识。因此，理性行动涵盖在结构的制约范围内，这样就把能动性和结构制约这种看似矛盾对立的双方统一了起来。

对能动性的产生和过程进行整合，再结合访谈文本，我们可以进一步理解这种

---

① J. C. 亚历山大. 新功能主义及其后[M]. 彭牧，史建华，杨渝东，译. 南京：译林出版社，2003：266.

② 杰弗里·亚历山大. 社会学二十讲：二战以来的理论发展[M]. 贾春增，等，译. 北京：华夏出版社，2000：21.

结构下的理性行动的发生过程。对于不同家庭背景的学生来讲，一方面，行动发生在某种"情境"，即在一定程度上外在于行动者的社会现实之中。这里所说的情境是指限制个体能动性的物质因素①，因此家庭背景所处的结构地位会对他们产生直接的影响。相对而言，结构地位相对越高，可获得的条件越多，感知到的限制就会越少。另外，家庭背景又会影响他们选择参照的他者和自我设想的位置，使其间接产生限制性的意识。家庭背景的结构地位越高，参照比较的群体地位越高，个体的相对地位就会越低，这种间接影响引发的个体限制感知水平就可能越高。因此，样本中的不同家庭背景学生可能会因为参照对象的不同，同时获得正向或负向的限制感，最终感知的强度取决于正负影响力量的博弈。为了避免这种限制感的威胁，在学校场域，学生便会产生通过学习改变限制性条件的动机。如果限制性感知不强，那么改变的动机也就不强。访谈对象的话语解释也充分体现了这种限制感强度的大小。比如，CXF对并不优越的现实条件带来的限制感受就不太强烈，他对自己目前的状态有着这样的解释：

> 每天都在学习，一本书一本书地在学，但是不知道四年后有多少东西能用上。自己一直不太积极，要求不太高，追求也不太高，对于知识也不是那么求知若渴。WCC和YX很有追求，我比较欣赏他们，但我并不想做他们那样的人。以前看过一篇文章，说的就是坐在路边鼓掌的人，感觉自己比父母那辈人过得好就行了。别人的生活再好，我也不羡慕，我很享受自己的这种状态，一直都很知足。

YYW是当年所读高中学校唯一考上一本的学生，对自己能在省里数一数二的高校就读非常满意，完全不存在所谓的"落差"。他还说：

> 父母对我也没有太高的期望，他们是特别实在的人，就希望自己的孩子一辈子过得好好的，不像他们一样务农，能够到城里找一份工作，比他们好就行。学长也说过，找工作很难，让我们找工作时期望值别太高。刚开始工作，对工资就不要有太高的期望，就找一份自己满意的工作，踏踏实实地干就行，所以我对刚开始工作的工资要求也不会太高。

---

① 杰弗里·亚历山大. 社会学二十讲：二战以来的理论发展[M]. 贾春增，等，译. 北京：华夏出版社，2000：19.

对于 YYW 而言，毕业后要求不高，在城市找到工作并非难事，过得比在家务农的父母好也是非常容易达成的目标，实然与应然的结构位置几乎没有"落差"，因此他的差距感并不强。

另一方面，家庭背景通过提供外部支持、动力支撑和规则理解，为他们提供了改变限制性的可能条件。在现实中，通过对条件可利用性的权衡和确定，进一步增强（或削弱）了个体改变的动机，并使其产生（中止或转向）了持续的努力行动。这种权衡和确定也是个体通过实践性尝试对行为后果和机会结构做出的主观解释。如果个体判断当下可利用的条件足以改变或削弱限制性的社会现实，那么便会产生持续的努力行动，反之则会中止当前的努力行动或去寻找其他可能的努力方向。因此，行动是被纯粹效能的目的引导的，并且对目标进行计算，以求在既定的外在约束条件下，以最有效的方式来实现更广泛的规范性目标。[1]不同家庭背景的个体可利用的条件不同，努力的路径也不同，因此个体会按"时间"和"能量"原则选择最有效的路径，因为"实现我们的意图需要时间和能量，而时间与能量是有限的……我们并不试图去'理解'进入我们意识中的每一种现象。我们对时间、能量、可能获得的知识、目标实现难易程度的考虑，显然会影响我们的认知过程。我们多半会选择在未来的偶然环境中估计最可能、最容易达成的目标来作为我们的优先认知对象"[2]。比如，在我们的访谈对象中，有的学生在学术性活动和社会性活动中都很投入，而有的仅在学术性活动或仅在社会性活动上投入更多，而有的对学校环境中的这两类活动都不投入却转而投入到与学校无关的其他事务中，这在某种程度上正是个体"谋划"的结果。正如亚历山大所言："行动不是一种木偶式的'规范性行动'，而是一种积极的、能动的理性行动；它不再是简单地遵循文化与社会环境的压力，而是积极地去寻求改变它所遭遇的环境。"[3]学生的话语也印证了这种"谋划"和"权衡"的存在。

> 我常常在想，我现在做的这些事情，两年以后再看，会不会觉得很傻、没用，我就会做对我以后有用的事……刚上大学的时候，我一个社团都没参加，一是觉得我应该把时间用在学习上；二是真的觉得没有兴趣，没有意义。

---

① Alexander J C. Theoretical Logic in Sociology(Vol.1)//J. C. Alexander(Ed.), Positivism, Presuppositions, and Current Controversies[M]. London: Routledge, 1982: 72.

② 杨善华，谢立中. 西方社会学理论（下卷）[M]. 北京：北京大学出版社，2006：36-37.

③ 杨善华，谢立中. 西方社会学理论（下卷）[M]. 北京：北京大学出版社，2006：37.

（WCC）

　　我认为在大学里完全有时间和空间去探索自己喜欢的东西，发现自己的兴趣点。而且，我觉得见的东西多了，可以让你发展更全面，有时候也是一种对生活的平衡。比如，在学业或者为人处世方面遇到挫折，可以通过运动或听音乐来发泄。（YX）

　　大四，我一直在做兼职，我觉得自己与社会的接触比较少，所以想通过做兼职来锻炼自己。之所以选择考研，是因为我觉得仅凭现在学到的知识，从事本专业工作有很大困难，就是并没有学到那么多。在大学，我感觉自己的理论知识还好一些，但是实验能力、动手能力差很多，我就想再读几年。我个人比较倾向于当老师，想着研究生毕业以后，自己才有能力教好学生。（ZY）

需要说明的是，前文中已经反复提及，个体的能动性或努力总是发生在限制性的情境中。换句话说，在他们的行动过程中，这些被假定为非结构性的能动者要以外在于他们本身的客体、社会结构为参照。①在限制性意识的产生以及对自身条件（同样受到结构的影响）的综合衡量下，个体通过对行动意义的解释调整行动的动机强度，最终影响努力的行动。然而，努力的强度和结果又可能会削弱（或维持）限制性因素，并使之变成行动的条件（或持续性的限制）。在持续的行动流中，在不断延伸和扩展的时间与空间中，对原初的结构产生变革（或维持）。

　　这里的能动性是个体基于自身认知，对行为的可能性结果进行自主判断而产生的，并不全然会带来在"外人"看来积极的效果。"一般理论家和文化理论家都广泛地具有这样的敏感性，因为他们对待能动性的方式不仅是一种合并，而且是赞美性的，甚至是英雄式的。"②实质上，如果将其"视作描述能动性的分析性特征的词汇，那它们还是具有一定的有效性……但是，如果拿这些词汇来描述具体的行动，亦即描述行动者的特征，那么这些描述就必须受到质疑"③。因为能动性只能通过个体文化和心理的环境来表现自身，而这些力量有时是以极端有害的方式去建构能动性的。④这种所谓的"极端有害的方式"的认知是外在于建构主体的他者的认识和看法，或者说是一种"过来人"的经验。对于行动者本身而言，则是理性

---

①　J.C. 亚历山大. 新功能主义及其后[M]. 彭牧, 史建华, 杨渝东, 译. 南京：译林出版社, 2003：262.
②　J.C. 亚历山大. 新功能主义及其后[M]. 彭牧, 史建华, 杨渝东, 译. 南京：译林出版社, 2003：268.
③　J.C. 亚历山大. 新功能主义及其后[M]. 彭牧, 史建华, 杨渝东, 译. 南京：译林出版社, 2003：268.
④　J.C. 亚历山大. 新功能主义及其后[M]. 彭牧, 史建华, 杨渝东, 译. 南京：译林出版社, 2003：269.

行动的积极过程，而且他们在当下似乎很难认识到"正确"与"错误"的边界，只能在未来的某个时刻（或许永远都无可能）在对过去的追悔中表述曾经没有意识到的"有害方式"。

正是处于不同结构地位的个体对限制性因素和改变限制性的条件的理性认知不同，导致了个体行动动机的差异，最终导致他们在投入表现和投入程度上产生了差异。在访谈对象中，家庭背景优势学生对限制性的感知促使他们无一例外地选择未来进入更好的大学进一步深造，而家庭背景中层和劣势学生更多地表达了对未来职业的思考和隐忧。即便如此，家庭背景中层和劣势学生在选择改变限制性的路径和方式上也有很大不同。对于家庭背景劣势学生来说，学习首先是一种职业准备，在二者产生冲突的时候，学习甚至需要为职业让步。因此，对家庭背景劣势学生来讲，当无法将学习的意义与未来职业画等号时，他们可能会舍弃学习投入而倾向于从学校外部社会中去寻求实现未来职业的可能路径。

本 章 小 结

本章采用质性研究范式，通过对 14 名不同家庭背景大学生的深度访谈和理论深描，深入分析了家庭背景与大学生学习投入的关系，并在此基础上提炼出了结构与行动的互动作用过程，具体结论如下。

1）通过分类编码和细节描画，发现不同家庭背景大学生的学习投入表现和程度有一定的差异。优势家庭背景学生和劣势家庭背景学生的学习投入体现出明显的"结构"延续性，中间家庭背景学生的学习投入表现和投入程度参差不齐，与家庭背景优势学生相比体现出更多的"偏向性深入"或"相对性表浅"。由于内部因素之间的相互交织和在一定程度上的相互抵消，"结构"的延续性特征在上层和底层两个群体中表现得较为明晰，在中间群体中表现得较为模糊。尽管总体上体现出家庭背景对学习投入的正向影响，同时也显示出家庭背景这种结构性因素的影响有所弱化。

2）质性研究进一步证实了家庭背景对大学生学习投入的影响是通过中介因素得以实现的。大致可以依据吉登斯的配置性资源、权威性资源以及规则三类概念将其归纳为外部支持、动力支撑和规则理解。不同家庭背景要素可能会同时对同一中介因素产生影响，同一家庭背景要素也可能会同时影响多个中介因素，进一步说明了家庭背景对大学生学习投入的影响是一个复杂的过程。

3）在家庭背景对大学生学习投入的影响过程中，也体现出了非常明显的学生的主体能动性（即努力）。这表明家庭背景对大学生学习投入的影响并非完全"机械式"的单向复制，学生的主体能动性反过来也在影响着他们的结构地位，或进一步巩固秩序性，或打乱秩序性。主体能动性的产生本身也受到原初结构的影响，产生于限制性的社会现实，受制于对三类资源或规则的理性分析过程并影响动机强度，最终产生行动。行动的结果可能会进一步使限制性因素变为条件，也可能会使条件性因素更加强大，并对进一步的行动产生循环往复的影响，在时空的延展中增强或缓解结构的影响。可以说努力的完整过程既受制于结构又可能会改变结构，此时个体的结构意识已经超越静态的文本范围，需要将其放置于更广阔的时空中去分析，因此结构地位具有一定的相对性。

4）质性研究结果总体上验证了量化研究的结果，并丰富了量化研究结论，使得家庭背景对大学生学习投入的影响的探讨更加立体和丰富。

---- 第六章 ----
研究总结与教育建议

第一节　整合的框架：结构制约、个体
能动性与行动

　　以概念框架为基本依托，前文采用量化分析和质性分析，从不同层面解析了家庭背景对大学生学习投入的影响。第二章对学习投入进行概念操作化，明确了学习投入涵盖学术性投入与社会性投入两方面的内容；第三章初步验证了家庭背景在大学场域中对大学生学习投入及教育收获的影响；第四章进一步验证了自我效能感在家庭背景与学习投入中的中介作用；第五章采用质性研究方法印证了前几章的结论，还有了新的发现——对家庭背景影响学生学习投入的其他机制的挖掘，以及对结构与行动过程中个体能动性的提炼。最后，有必要对以上分析进行整合，以形成家庭背景影响大学生学习投入整体性的认识。

　　综上所述，笔者尝试对结构制约的过程机制的分析与结构下的个体能动性的分析进行整合，勾勒出家庭背景影响下的大学生学习投入的简化图景，如图6-1所示。

　　图6-1是在前述分析的基础上整合而成，描述了在大学场域中家庭背景对大学生学习投入影响的复杂路径。为了方便说明，我们将图6-1中的每个部分视为相对独立的单元，并为其标上序号。从局部来看，第一，图中的作用路径①②⑤⑥表明了结构对行动的制约过程。在这条路径中，家庭背景对学习投入及中间过程的影响

都是正向的，行动的发生借由中介因素的影响遵循着原初的结构秩序。这些中介因素可以是个体直接感受到的由家庭背景的不同所致的结构性约束（外部支持），也可以是内化的体现出外在结构特征的"惯习"或"性情倾向系统"的样式（内部支撑和规则理解）。

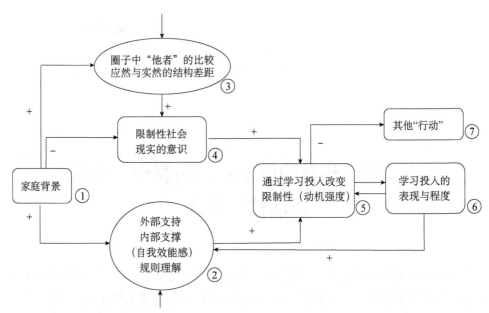

图 6-1　大学场域中家庭背景对大学生学习投入的影响：结构制约与个体能动性的
整合影响模型

第二，图中的作用路径①③④⑤⑥表明了个体主观能动性的发生过程，主观能动性产生的必要条件是个体所萌生的限制性意识。从家庭背景这一结构性要素出发，个体的限制性意识出现了正负不一致的效应，一方面，家庭背景越差，个体感受到的限制性越强，改变的动机越强，努力的行动（学习投入的表现和程度）则越多，这在一定程度为打破原初的结构秩序提供了可能；另一方面，家庭背景优势的个体也可能基于与圈子中"他者"的比较以及应然和实然的结构差距产生限制性意识，因此家庭背景优势个体也会产生努力的行动。换句话说，无论个体位于家庭背景结构中的什么位置，都有产生努力行动的可能。但是，努力的强度取决于改变限制性动机的强度，这一动机的强度不仅取决于限制性的意识，也取决于个体对条件的判断。这就由图中的路径②④⑤构成了博弈过程，即理性思维和理性行动的发生过程。在这个局部画面中，受家庭背景影响的中介机制成为一种条件性因素，或被个体意识到，或不能被个体直接意识到（早已成为个体惯习的一部分），都会在意识层面接受个体的衡量或计算，最终决定行动的发生及其强度。这种个体基于对"能量（条件）"和"时间（精力）"的评估产生的理性行为自然会有差异，也就会使学生学习投入的表现和程度有所不同。因此，他们的行为都具有特定的情境特征和意义，没有任何细节可以被认为是混乱的、偶然的或与正在进行的互动无关。[1]意识到的部分可能会直接制约（或促进）个体的动机，使其中止（或改变、维持）努力的行为。未被意识到的部分不会进入理性过程，但会影响努力行动的结果。最终，努力的结果反馈并影响这种条件因素，或使限制变为条件，或持续强化限制，或进一步强化条件，如此循环往复，在时间和空间的延展中维持（或改造）原初的结构。因此，紧密渗入时空中的社会实践便成为同时建构主体和客体的根基。

从整体来看，家庭背景作为起点因素对图中每个部分都产生了直接或间接的影响。对正在进行互动的行动实体来说，宏观结构是给定的、在互动情境中不可改变的，因为它们是在这个互动情境之外的时间与空间中被创造出来的。与此同时，由于互动对宏观结构施加的影响，它们又是可以被正在进行互动的行动实体改变的，但这种变化仅仅只是对未来的互动而不是对当前考虑之中的互动情境有效。[2]因此，我们不排除个体努力产生的创造性或偶然性结果对结构的改造，尽管这是一个指向未来的漫长变化过程。从影响的完整阶段来看，家庭背景这一结构的影响一般在个体生命的初始阶段发生，随着个体的成长，在主体能动性可能产生的创造性或偶然性的冲击或碰撞之下，它的影响也可能改变或被削弱，但都是客观存在且不可被忽视的。所以，理解偶然性就是理解它必须趋向于强制，理解偶然性的维度就是理解它在这样一种强制性环境中的变化。[3]因此，在大学场域中，聚焦到大学生学习投入这一具体行动上，尽管结构的影响日渐式微，但我们还是能够发现结构影响效应的存在及其轨迹。正如亚历山大所言："对学校教育的家庭影响，即使在现代社会系统中也明确代表了一种封闭的、超个人的因素。"[4]

---

① 陈向明. 质的研究方法与社会科学研究[M]. 北京：教育科学出版社，2000：294.

② Alexander J C, Giesen B, Munch R, et al. The Micro-Macro Link[M]. Oakland:University of California Press, 1987: 324.

③ Alexander J C. Action and Its Environments:Toward a New Synthesis [M]. New York: Columbia University Press, 1988: 316.

④ 杰弗里·亚历山大. 社会学二十讲：二战以来的理论发展[M]. 贾春增，等，译. 北京：华夏出版社，2000：60.

需要注意的是，"行动"是一个内涵极为丰富的概念，在不同的情境下可以被赋予不同的意义。基于本书的目的，笔者将行动具体化为大学生的学习投入，因此图 6-1 的解释力也仅限于学校场域。尽管笔者强调家庭背景的影响，但是我们并不认为家庭背景是唯一的影响源，其他诸如学校教育、社会、同伴群体、自我乃至其他的偶发因素等都会对这一中介机制和过程产生影响，并作用于行动的发生过程和结果。当然，这并非本书讨论的重点。总而言之，家庭背景作为结构化因素的存在，对学习投入的影响过程是极为复杂的，但也有规律可循。尽管随着时间的推移和空间的扩展，家庭背景因素的影响效应会减弱，但它的影响并不会消失。因此，它始终是影响个体行动的结构因素中不可忽略的重要内容。

第二节　进一步的讨论

行文至此，笔者还有一些思考，并不是针对具体研究结论的解释，却是对整个研究的整体性分析和进一步反思，也是对研究过程的元分析和教育发展问题的回应。因此，有必要在此做一些交代，进而为促进学生的学习投入提供合理化建议。

一、质性研究与量化研究结果比较

量化研究具有质性研究不可替代的优势，但其不足也很明显。在着手进行定量研究之前，笔者已经基于理论假设制定了一套调查方案，且方案的内容和条目均是围绕定量研究确定的，遵循经验研究的一般过程，但也存在一些不足。由于作为研究对象的人的行为异常复杂，在理论和经验的指导下，定量研究可以对行为发生的原因做出一部分解释，却无法获得问题答案的全貌。研究者所使用的测量问卷类目只能包含有限的因素，当将注意力集中在理论或假设验证上而不是理论或假设产生上时，可能会忽视其他现象的发生。因此，在量化研究的基础上，进一步采用质性分析，不仅可以在实践中证实（或证伪）量化研究结果，也可以弥补采用单一方法的不足，从而建构沟通理论与实践所需的更加全面的知识。[1]事实也证明，本

---

① 田虎伟. 中国高等教育研究方法的反思与重构[M]. 北京：中国社会科学出版社，2009：22.

书通过量化研究提出并初步验证理论假设，采用质性方法深入"现场"，进入大学生的学校生活情境进行资料的搜集、分析和提炼，获得了非常有价值的信息，不仅印证了量化研究的结果，而且为量化研究的结果提供了更加丰富的解释和有益的补充。

（一）质性研究证实了量化研究结果

家庭背景对大学生学习投入的影响在质性研究和量化研究中都得到了不同程度的验证。量化研究结果表明，从总体上看，家庭背景对大学生学习投入具有正向影响，即家庭背景越好，学生学习表现越好，学习投入程度越高。质性研究则通过对不同家庭背景学生的访谈资料进行分类编码，验证了这种结构与行动"对应"现象的客观存在。

但我们的分析并不仅仅满足于此。正如前文所言，人的行动是非常复杂的，研究的乐趣便在于对复杂性的探索。因此，进一步深入分析量化研究结果，我们发现了这种"规律性"之下的"复杂性"。从家庭背景各要素对学习投入各因子的影响方向和作用大小来看，局部的影响与整体的影响并不完全一致，个别因子的作用方向甚至与整体影响相反。比如，父亲职业地位越高，学生的一般性学术表现反而越差，但其他的学习投入表现和行为却不受影响。再如，父亲受教育水平越高，学生的社会性投入表现越差，社会性投入程度反而越低，而学术性投入表现和程度却并不受此影响。这样的情况在质性资料中也得以印证。

在定量研究中，通过对相关理论和研究的梳理，确定了自我效能感作为家庭背景对学习投入影响中介变量的研究假设，并通过数据收集和统计分析验证了这一假设。在质性研究中，效能信念假设也得到了一定程度的印证。之所以说得到了一定程度的印证，是因为访谈与问卷调查的时间和空间参照有所不同，所以相较于问卷调查，访谈所获得的信息更为具体和复杂。可以从三个方面来理解这种复杂性。第一，问卷所调查的是学生当前的情况，而访谈中会夹杂学生对过去、现在和未来的记忆与想象，会因为不同情境下访谈对象对自己学习能力评价参照的标准有所不同而出现一些表达上的矛盾，在他们的话语中就包含了许多模糊与矛盾的信息需要去辨析和推理。比如，归于劣势家庭背景的 WCH 一开始提到对自己的学习能力还是有信心的，因为自己高考的分数高出了一本线，他认为自己的学习能力不错。但是，随后他又讲到在大学中对学习和考试没有信心，因为大一时曾经努力过，但成绩不太好，后来就不太想学了。因为高考时"理想与现实的差距"，优势家庭背景学生在刚入学时，自我效能感反而并不太高，但这种低自我效能感持续的时间极为短暂，他们很快就能调整学习状态并表现出极高的自我效能感。

第二，自我效能感是一种对自己能力的判断。与匿名填写问卷不同，面对面访谈时，访谈对象是完全暴露在访谈者面前的，因此在面对一些负性判断时，个体就可能产生自我防御从而出现归因偏差。防御性归因又称"自利偏误"，是在归因过程中表现得最普遍的一种动机性偏误，用来指那些能强化自我信念和保护自尊的利己性归因，或是对那些可能削弱和侵害自尊的事物的否定性归因。[①]比如，在访谈中，有些学生学习投入表现和程度都很低，但他们认为这不是能力问题，是自己"不想学，学不进去"。但是当笔者换一种表述方式对同一问题进行追问时，他们的回答与先前回答又有相互矛盾的地方。这种前后或逻辑上的矛盾可能就是源于个体的自我防御性归因。

第三，对于家庭背景位于中间的群体，由于分类较为笼统，群体内部差异比较大，他们的表述也参差不齐。主要体现为某个特定领域的自我效能感较高，但另一特定领域的自我效能感较低。因此，需要对访谈的话语动机、叙事情节和前后逻辑进行综合比较才能做出判断。总之，虽然存在一些话语矛盾，但是总体可以印证自我效能感在家庭背景对学习投入的影响过程中的确具有一定的中介作用。

（二）质性研究结果为量化研究结果提供了额外解释

量化研究结果表明，大学场域中，家庭背景对学生学习投入和教育收获的影响虽然始终存在，但是呈现出弱化趋势，即结构的强制力量在大学场域受到削弱。在对量化研究结果的讨论中，笔者就此进行了部分解释，质性研究结果使我们可以从更多的角度识读"结构对行动"作用效应发生变化的可能原因。

从分类比较来看，在质性研究中，笔者根据家庭背景各要素优劣一致和不一致的原则将访谈群体分为三类。其中，按照一致原则将家庭背景各要素均高者归为第一类，将家庭背景各要素均低者归为第二类；按不一致原则将家庭背景各要素高不一者归为第三类。与量化研究不同的是，这种分类方法规避了类别间因得分高低

---

① 车文博. 心理咨询大百科全书[M]. 杭州：浙江科学技术出版社，2001：176.

不同可能出现的中和现象，可以使我们按照更为严格的标准观察不同家庭背景学生学习投入状况及其机制的作用路向。具体来讲，按一致性原则所划分的第一类优势家庭背景和第二类劣势家庭背景学生基本遵循"结构与行动"的正向影响路径，表现出行动对结构的强大复制力；第三类中间家庭背景学生则并不完全依照正向影响路径呈现学习投入状态，家庭背景对学习投入的作用路径要复杂得多。比如，访谈中的 WCC 无论是客观家庭收入还是感知到家庭经济条件都不是很好，父母职业地位和家庭社会关系也不强，但父辈学历水平较高且父母给予其的指导很多，所以在这名学生身上体现出较高的学术性投入。但经济条件又限制了其部分学术性投入表现，且社会性投入表现和程度都不高。这些或高或低的影响正是各种家庭背景要素相互博弈的结果，既会促进学习投入，也会抑制学习投入，最终学生整体的学习投入表现和程度则视各方博弈的结果而定，可能表现为正向，也可能表现为负向。因此，在整个群体中，这种相对不稳定和不确切的影响效应就可能会对第一类和第二类学生表现出来的结构-行动的一致性秩序产生某种程度的"抵消"，部分地中和了这种一致性效应。但中间群体的表现还不至于完全地颠覆家庭背景对学习投入影响的作用方向，因此从总体上看最终结果是使家庭背景的"结构"的解释力下降。

从结构与行动的完整过程来看，在质性研究中笔者发现了被称为"努力"的个体能动性的存在，而这正是有研究假设的定量研究所忽略的现象。个体能动性的产生虽然也存在一定的结构限制，同时还会受其他外部力量的影响，但随着时间的推移，它可能会改变个体所掌握的资源和规则，从而使个体结构地位在新的时空发生变化。个体能动性不是一种静态的描述，而是一个动态的过程，通过一系列因素的连续性来体现。其核心在于通过"努力"和"偶然性"增加作为条件的资源与规则并加以利用，从而使行动结果逐渐脱离原初的结构制约发生改变。这也在一定程度上使得家庭背景对学习投入的解释力趋弱。

（三）质性研究补充了量化研究的不足

质性研究还发现了量化研究未论及的其他作用机制和过程，进一步充实研究结论，使之更具有说服力，主要体现在两方面。

第一，质性研究发现了家庭背景影响学习投入的其他中介机制。在量化研究中，笔者以家庭背景各要素和学习投入各二阶因子作为自变量与因变量，分别分析了学业自我效能感和社会自我效能感在其中的作用，两个中介变量的作用效应都得到了不同程度的证实。但仔细分析研究结果可以发现，自我效能感的中介作用存在一定的局限性。一方面，学业自我效能感和社会自我效能感只是在某些家庭背景要素和某些学习投入因子之间产生中介影响，并非每个家庭背景要素都可以通过影响学业自我效能感或社会自我效能感进而影响学生的学习投入；另一方面，在已经发生中介联系的路径中，学业自我效能感或社会自我效能感也并非完全中介，也就是说，在自变量对因变量的直接效应中，可能还存在其他潜在的间接效应而没有被发现。这两方面的不足也提示我们，在家庭背景与学习投入之间可能还存在其他中介因素。量化研究是以已有的假设为基础来设计问卷的，数据资料的搜集亦是围绕前提假设来进行的，因此已获得的调查数据很难弥补研究不足，但是质性研究为补充量化研究未能涉及的信息提供了有益的帮助。

在质性研究中，通过对研究对象的深度访谈以及对访谈资料的编码和分析，笔者发现了家庭背景对学习投入的影响过程中存在其他可能的中介机制，并从中进一步提炼出三种形式的中介变量——外部支持、动力支撑和规则理解，进一步拓展了对家庭背景与学习投入之间关系的理解，深化了关于"结构对行动"影响的发生过程的认知。

第二，前文已提及，量化研究考察的是某个时间点的静态画面，也是变量与变量之间关系的平面联结。质性研究则能通过话语分析，捕捉到量化研究中无法呈现的"结构与行动"过程中的个体能动性或被称为"努力"的东西，并发现了这种努力对结构形塑的过程，使"结构与行动"之间的作用过程变得更加立体、生动。学习投入可被视为构成努力的要素，但并不等同于努力。努力发生于限制性的社会现实之中，被理性过程所调控，限于原初的结构，在时空的延展中又可能会改变结构。访谈对象的言语已然超越了时空的限制，使笔者得以进一步追溯不同家庭背景学生的"努力"何以发生，"努力"的差别何以可能，"努力"的结果何以为用，并完成大学场域结构与行动的完整"对话"。因此，大学生学习投入不是简单地由社会结构决定的，而是在具体情境中，在与周遭的互动中生发出来的。它并非完全是结构强制性的，而是具有一定的建构性和不确定性。在社会结构与社会情境的共同作用中，个体形成了对学习投入不同的选择路径，前者体现了结构性、刚性的一面，后者体现了建构性、权变的一面。

二、结构强弱与主体能动性对结构效应的"缓释"

在定量研究中，笔者通过大样本调查发现了源于原初家庭背景的结构性差异依然在大学生接受高等教育的过程中延续的事实。在质性研究中，笔者从家庭经济条件、家庭文化氛围和家庭社会关系三个方面来衡量家庭背景的结构性位置，并根据是否一致的原则进行分类，由此将受访者家庭背景分为三类。

基于一致性原则的第一类优势家庭背景群体和第二类劣势家庭背景群体所体现出的结构秩序性特征最强，在他们的行动以及催生行动的各类中介因素中也体现出明显的与结构相对应的强弱秩序，显示了结构对行动强大的正向影响。主体能动性是限制因素与条件因素进行理性博弈的结果，故行动对结构的反向形塑空间相对较小，因此这两类家庭背景均体现出"强结构"的特征。基于不一致性原则的第三类中间家庭背景群体由于结构要素强弱不一，他们的行动及中介因素的强度或方向也难以一概而论，结构对行动的影响体现出的结构秩序性并不如前两类家庭背景学生那样一致和稳定，行动对结构的反向形塑的空间相对更大，因此第三类家庭背景群体体现出"弱结构"的特征。

强结构与弱结构的区别，除了表现为结构对行动影响更为强烈之外，还在于体现为努力的主体能动性影响结构改变的可能性的差异。结构的划分有一定的相对性，文本中归属于优势和劣势背景的学生被放置于更大的样本群体中时，对他们家庭背景的划分就可能会发生下移或上移的变化。尽管如此，我们可以推论，越是位于结构的顶端和底端，努力改变的可能性越小。对于位于结构顶端的群体而言，虽有足够的资源和条件，但其上升空间有限，努力的作用更在于维持现有结构地位而非改变；对于位于结构底端的群体而言，虽上升空间较大，但用于改变的资源和条件有限。因此，对于这两类群体而言，努力可能会使他们的结构地位有所上升，但上升的空间依然是极为有限的。对于中间群体而言，他们既有一定的上升空间，也有一定的资源和条件，因此通过努力改变原初结构地位的可能性就要大得多。

在大学场域，对中间部分的"弱结构"学生而言，通过努力缓释结构影响的可能性最大，因此他们表现出的努力意愿与行动可能并不低于家庭背景优势学生，在某些方面甚至还可能会超越家庭背景优势学生。但由于他们具有的条件和资源并不均衡，在目标设定或具体的行动表现上会根据家庭背景所能提供资源的具体情况而有所偏重，在个体权衡和偏好下体现出偏向性的学习投入而非面面俱到的兼顾发展，因此在行动结果上又表现出一定的结构制约性。对于强结构中位于底端的学生而言，无论是家庭经济条件、家庭文化氛围还是家庭社会关系都较弱，家庭背景能为他们提供的外部支持、内部支撑及规则理解并不足以使他们改变原初结构，因此他们在大学场域中的学习投入表现和程度也会受到结构限制。由此可见，在大学场域，优势家庭背景学生具有的优越条件，可以使他们获得优越的发展条件，因此他们更容易成为高等教育过程中的得利者。对于家庭背景为中间层次的学生和劣势家庭背景学生而言，他们不完全具备或不具备优越的家庭条件，因此他们或多或少更容易成为高等教育过程中的失利者。由此可见，教育者应该给予这两类学生更多的帮扶和关注。

本书以社会学理论为主要观照，对研究结果进行分析和解释，虽然角度不同，但直面的依然是高等教育问题，通过定量和定性研究揭示了大学场域中一些隐秘现象。由于大学教育对象的成年性、教育内容的多元性以及教育形式的相对自由性，大学生的学习投入必然与高等教育前各教育阶段有一定的区别。如前文所述，所有教育问题都可归于质量与公平的话语逻辑中，大学的学习自由以及关涉弱势群体的高等教育公平问题正是与本书主题紧密相关的具体话题。因此，在提出教育建议之前，还应该就本书关于大学生学习投入的初步研究结果来对大学场域中学生的学习自由和公平议题进行一些反思。

三、再谈高等教育场域学生的学习自由

在西方高等教育研究文献中，学习自由是与研究自由、教学自由相提并论的，都是属于学术自由的重要范畴。学习自由是学生在整个学习活动中自主思考和采取行动的内在思想与外在行为状态，以及与之相关并支持这种状态的权利。[①]布鲁贝克从认识论角度阐释了学习自由的内涵，认为学习自由包括学生选择学什么（选择课程）的自由、决定什么时间学和怎样学的自由，以及形成自己思想的自由。[②]在《什么是教育》一书中，雅斯贝尔斯指出，大学生要具有自我负责的观念，并带着批判的精神从事学习，因而拥有学习的自由。[③]雅斯贝尔斯进一步分

---

① 石中英. 论学生的学习自由[J]. 教育研究与实验，2002(4)：6-9.
② 约翰·S. 布鲁贝克. 高等教育哲学[M]. 王承绪，郑继伟，张维平，等，译. 杭州：浙江教育出版社，2001：115.
③ 雅斯贝尔斯. 什么是教育[M]. 邹进，译. 北京：生活·读书·新知三联书店，1991：139.

析了大学生的特点，并以此为观照阐述了学生的学习自由。他指出，他们（大学教师）所面对的不再是小学生，而是成熟、独立和精神已有所追求的年轻人。因此，原则上，学生有学习的自由，他们再不是高中生，而是成熟的、高等学府中的一分子。如果要培养出科学人才和独立人格，就要鼓励青年人勇于冒险，当然也允许他们有懒惰、散漫，并因此而脱离学术职业的自由。[①]罗素（Russell）将学习自由划分为3种："学与不学的自由""学什么的自由""（学生）观点的自由"[②]，并具体阐述了这三种自由的内涵和限度。

以这些观点为出发点，近年来，高等教育界对"自由"的讨论越来越多，占据主流的观点表达了大学生学习自由的必要性，也指出了学习自由的限度，批判了大学教育实践中抑制学生学习自由的做法，认为在知识经济、高等教育大众化的形势下，虽然高等教育促进科技繁荣、促进经济发展的功能日益彰显，但高等教育促进人的全面成长、关注人自身发展的功能却被忽视了[③]，这种忽视并非对学生的漠视和放任不管，相反是过多地控制。马廷奇、张应强认为，我国大学制度建设基本上奉行的是以管理者或教师为主导的制度建构模式，把学生限定在一定的秩序内学习和生活，有些时候学生没有自主发展和学习的空间。[④]李金奇认为，在某种程度上，大学生成了知识、技术的承载者、器具，学生被预设的专业、课程计划、各类专业知识限制和规定，从踏入大学校门的第一天起就开始盯着就业市场的需求。[⑤]这些批判的声音指出了我国高等教育界存在的学生学习自由的制度限制问题，而且就目前来看，松动的迹象并不明显，有时候学生依然被划归到学科和专业条框中无法挣脱，在某种程度上限制了学生"学什么的自由"，这在我们前面的研究中也得到了证实。

然而，就在学生"学什么的自由"受到抑制之时，在大学场域又出现了另一种极端，即"学与不学的自由"过于宽松。只要学生不违反学校制度，在学校中"学或不学"都是个人的事，学校和教师无须对此负责。因此，在这种"绝对自由"的

---

①　雅斯贝尔斯. 什么是教育[M]. 邹进，译. 北京：生活·读书·新知三联书店，1991：140.

②　罗素. 自由之路（上）[M]. 许峰，等，译. 北京：文化艺术出版社，1998：232.

③　李金奇. 解析雅斯贝尔斯的"学习自由"观：雅斯贝尔斯《什么是教育》解读[J]. 复旦教育论坛，2003(6)：69-72.

④　马廷奇，张应强. 学习自由的实现及其制度建构——兼论创新人才的培养[J]. 教育研究，2011(8)：50-54.

⑤　李金奇. 解析雅斯贝尔斯的"学习自由"观：雅斯贝尔斯《什么是教育》解读[J]. 复旦教育论坛，2003(6)：69-72.

理解下，很多教育实践者对大学生的学习是放任的，学生想干什么就干什么，想怎么干就怎么干，想不干就不干。或许在许多研究者看来，这原来就属于学习自由的应有之义，所以对此探讨得并不太多。就连雅斯贝尔斯也认为，"高等学府的本质在于，对学生的选择是以每个人对自己负责的行为为前提，他所负的责也包括了到头来一无所成、一无所能之冒险"①。但是根据前文研究结果，笔者对此有些许不同的看法。

笔者非常赞同大学生拥有学习自由的必要性的观点，也不反对学生应该为自己的行为负责，但我们对大学生学习自由的理解应该观照先贤们论述学习自由时的话语逻辑以及我国的教育现实。无论是雅斯贝尔斯还是罗素或是布鲁贝克，他们所提的学生学习自由，前提都是学生是理性、成熟的，他们有足够的知识形成关于学习的看法并做出适合自己的选择，因此这里所提的学习自由是一种"理性的自由""积极的自由"，这是一种理想的状态。但是在我国，初等教育和中等教育阶段学生学什么和怎么学都被安排妥当，学生已经习惯于这种受人安排的学习，突然被置于大学中，没有人再来管他们，于是学习自由很容易被片面地理解为一种"消极的自由"，即"不学的权利"。当然，并不是每一个学生都如此，正如我们在前述研究部分所发现的那样，家庭背景在很大程度上可能会产生调节作用。结构的力量就像一只看不见的"手"在引导着个体的走向。优势家庭背景为学生提供了获得"积极学习自由"的内外资源和规则，让他们能够最大限度地发挥潜能，在学术性学习和社会性学习中做到游刃有余；中间家庭背景的学生则可能会受到部分限制；劣势家庭背景学生由于缺乏有利的内外条件，在学习过程中可能会产生更多"不学的自由"，因此也会在"一无所成、一无所能"方面冒更大的风险。由此可见，在高等教育的现实中，学生并非具有平等一致的初始条件来实现理性自由，如果不对学生原本具有的条件进行充分考虑，让学生对自己去负责，那么对所谓的"学习自由"之风的推崇在某种程度上可能会强化家庭背景的结构效应。

因此，在谈论高等教育中的学习自由时，绝不能忽略影响学生理性自由的因素，而高等教育在维护学生学习自由的同时，有责任也有义务帮助学生充分获得理性自由，这正是教育的力量所在。作为教师同样如此，因为教师要去发展和培

---

① 雅斯贝尔斯. 什么是教育[M]. 邹进，译. 北京：生活·读书·新知三联书店，1991：147.

养学习者的"理性"，而且教师也要使学习者从其常识性认识的"陷阱"中解放出来。[①]正如哈钦斯（Hutchins）在《伟大的谈话》中所表述的："不认为这些人一定没有能力享受或者参加任何理性的谈话，或者怀有丰富的、高尚的和细腻的情感，或者对私人的和公共的生活事务做出正确的判断。如果他们就是这样，如果劳动分工将他们变成这样，那么，工业化和民主就是根本对立的；这种状况下的人群是没有资格管理好自己的。我并不认为工业化和民主的对立是固有的。但是，如果给予一切人的自由教育不能在两者之间的鸿沟上架起一座桥梁，那么两者在实践中必定对立。"[②]这一表述虽然有些抽象，但是哈钦斯表达了教育作为缓解结构影响的重要因素的思想，这种思想也表达了他对教育公平的期许。

四、大学生的学习投入与高等教育过程公平

我国学者杨东平指出，过程平等或参与平等是指个人或群体在教育的不同部门、领域内经历和参与的性质与质量。[③]对高等教育而言，过程公平性是贯穿高等教育始终的核心价值取向，也是考量高等教育成败的标准。[④]从教育起点、过程和结果的连续性来看，高等教育过程公平是指进入高校后学生在接受各种提升自身素质和能力的教育机会上的公平，它既是起点公平的延续，又是结果公平的必要前提。起点公平解决的是能否"上大学"的问题，过程公平解决的是能否"上好学"的问题。[⑤]

目前，学界关于高等教育过程公平概念内涵的界定很多，可以从内容和形式上对其内涵进行解析。从内容上看，大致有几种主要观点，如"资源公平分享说""适应个性发展说""弱势群体补偿说""发展机会平等说"。[⑥]从形式上看，可以归纳出两种：一是在高等教育过程中，教育者应公平对待每个教育对象，为不同教育对象提供符合其条件的教育机会和教育资源，使每个教育对象的潜能都得到最大程度

① Esland G M. 作为知识组织的讲授与学习//麦克·F. D. 扬. 知识与控制——教育社会学探新[C]. 谢维和，朱旭东，译. 上海：华东师范大学出版社，2002：97-98.
② 转引自：雅罗斯拉夫·帕利坎. 大学理念重审：与纽曼对话[M]. 杨德友，译. 北京：北京大学出版社，2008：202.
③ 杨东平. 中国教育公平的理想与现实[M]. 北京：北京大学出版社，2006：7.
④ 李娜. 中国高等教育过程公平研究[M]. 北京：社会科学文献出版社，2016：14.
⑤ 王卫东. 高等教育过程公平的社会学分析[D]. 华中师范大学博士学位论文，2012：2.
⑥ 王卫东. 高等教育过程公平的社会学分析[D]. 华中师范大学博士学位论文，2012：10.

的发挥；二是教育部门对教育活动的有形投入要公平，包括师资力量、教学设备、教育经费等。①也就是说，高等教育过程公平主要体现在人和物两个方面。人的方面表现为受教育主体在接受高等教育过程中受到平等对待，物的方面表现为各种教育资源公平分配的状况。②

　　大学生学习投入是高等教育参与过程的重要环节，是高等教育过程中关于"人"的重要活动。但人的主体权利与资源分配紧密相关，对大学生学习投入的分析离不开对其所享有的资源状况的分析，因此对大学生学习投入的研究就必然是高等教育过程公平的重要一环。在此前的分析中，笔者通过对家庭背景对大学生学习投入影响过程的研究已经阐明客观家庭背景和主观家庭背景如何通过资源与规则的中介影响大学生的学习投入，从某种程度而言，学习投入就是学生对学校所提供的学习资源的占有程度。这体现出了家庭背景最原初的结构性特征，尤其对于家庭背景优势与家庭背景劣势的群体而言，结构性特征尤其明显。因此，本书以家庭背景这一结构因素为出发点，对大学生的学习投入进行了研究，实质上也指明了高等教育过程中的一些不公平现象，在某种程度上揭示了教育过程不公平的发生机制。这种高等教育过程的不公平，并非教育者的刻意安排或教育资源差异的显性存在，而是受教育者原本就存在的差异和使这种差异在教育过程领域延续的机制，是难以觉察的，是隐性的。

　　基于对这种现象的分析，关注高等教育的过程公平，就必须看到受教育者先赋条件的差异。因此，高等教育的过程公平一方面应明确学生利用高等教育资源的机会均等这一基本原则③，另一方面应体现出对处于不利地位的受教育者实施"积极差别待遇"，以弥补其由于各种外部条件所造成的教育不利地位的补偿性原则④。更为重要的是，高等教育过程公平还应体现出对不同个体的尊重，尊重他们享有公共学习物资的基本权利，尊重他们在学校学习交往过程中的平等权利等。因此，可以发挥政策和教育的力量，去增进家庭背景不利的学生所掌握的资源和规则，促使

①　朱小蔓. 对策与建议——2006—2007 年度教育热点、难点问题分析[M]. 北京：教育科学出版社，2007：37-47.
②　王卫东. 高等教育过程公平的社会学分析[D]. 华中师范大学博士学位论文，2012：34.
③　张奎，祁泽平，楼晓悦. 高等教育公平、效率与制度改革[J]. 宁夏大学学报（人文社会科学版），2004(3)：109-115，122.
④　曾琴. 浅析我国高等教育发展过程中的公平问题[J]. 西南民族大学学报（人文社会科学版），2005(7)：321-324.

其努力，以帮助他们在学校中更好地投入到学习活动中，从而缓解结构的制约，进一步推进高等教育过程公平的实践进程。

第三节　相关教育建议

由以上分析可知，家庭背景对学习投入的影响，不仅涉及对学习自由的正确理解，也关乎高等教育公平问题。家庭背景对学习投入及教育收获的"再制"影响虽然存在，但也是通过一系列的中介变量和中间过程得以实现的，而这些中介变量和中间过程也会受到其他社会因素的影响，因此其并非不可改变。只有认清这一点并采取有针对性的措施，才能有效地降低高等教育场域的"水平分层"，更大程度地发挥高等教育的功能。在提升高等教育质量与公平的语境下，通过前文的分析，笔者提出建议如下。

一、以理性培养引领学习自由

如前文所述，高等教育赋予学生的学习自由并非绝对放任的自由，学生的学习自由应是理性的自由、积极的自由。要实现积极意义上的学习自由，就必须注重对学生理性的培养。那么，首先应该明确在高等教育的过程中我们所关注的"理性"的内涵到底是什么。

"理性"的词源学研究表明，其最早起源于希腊词语"逻各斯"（logos），是与"感性"相对的思维模式，是一种逻辑地认知世界，把握事物和深入进行独立探究并进行设疑、判断和选择的辩证思维能力。[①]"理性"也以韦伯所提出的"工具理性"或"价值理性"进行分类，并用来解释现代社会中人的行为与社会的形成和发展，均指行为主体做出决策的具体过程。

如果用理性去分析学生的学习自由进而探讨学习投入，那么在这里，理性就并不限于个人做出决策的具体过程，还包括合理决策产生的条件和对结果预知的经验。具体而言，包括对事物相对全面的认识以及对行为可能产生的后果的认识。这

---

① 杨建华. 理性的困境与理性精神的重塑[J]. 浙江社会科学，2014(1)：104-111，158.

对于促进学生理性自由的发展极为重要，也是不同家庭背景学生的差异所在。

经验不仅包括直接经验而且包括间接经验，不仅包括主动经验也包括被动经验。经验的积累对于个体全面、客观地认识事物具有重要意义，也对行为可能产生的后果具有先验的预知作用，因为判断经验价值的标准就在于能否认识到经验所引发的种种关系及其连续性。[①]就大学教育而言，直接经验来源于个体在学校学习与生活的亲身经历和体验。间接经验来源于他者，其中家庭成员以及朋友圈子是重要的间接经验来源。学生的家庭背景越优越，他从家庭中获得的关于大学教育的间接经验可能就越多，就越可能在学习中发挥真正的理性来实现行为的价值，劣势家庭背景学生则难以从家庭中获得更多关于大学教育的就学经验。

杜威曾说教育即经验的改造，教育哲学是属于经验的。[②]经验往往是事物的现象及事物之间的外在联系，对于同样的生活经验，不同的人可能会有不同的理解。因而教育者应引导学生摆脱和摒弃错误的理解，形成正确的理解，通过获得经验提升个体的理性能力。因此，高等教育应注重对学生经验的培养，通过多种方式引导学生养成理性的学习自由。具体而言，可从以下几个方面着手。

第一，重视新生入学教育。大学第一年是学生社会生活和学术生活的重要转折期。从高中到大学的转变是一个艰难的社会化过程，意味着一种文化的割裂、一种心理断乳、一次自我价值的消亡和新生。[③]对于家庭文化背景劣势学生来讲，更是自身文化与学校文化的交锋，以及对一个全新文化领域的介入与探寻。入学教育的功能不仅在于帮助学生更快地融入大学——不同文化调和与适应，更在于更好地识读大学——采用"识读"的策略，来认识、领会与理解大学作为组织而存在的理由、意义和价值[④]，进而更好地认识大学的人才培养目标。因此，在大学适应教育、成长发展教育、专业思想教育、校史校风教育等传统内容的基础上，新生入学教育更应重视为学生提供关于大学的价值性、规则性和策略性经验，注重学生文化的多元性，引导学生形成对大学价值的理解和认同，并在对大学对独特资源与平台有充分认识的基础上，实现个性化选择和自由发展。

第二，强化教育教学培养过程中的经验补偿。学校应通过不同方式增加学生获

① 约翰·杜威. 民主主义与教育[M]. 王承绪，译. 北京：人民教育出版社，2001：154.
② 约翰·杜威. 我们怎样思维·经验与教育[M]. 姜文闵，译. 北京：人民教育出版社，2005：251.
③ 夏坤，沈鹏. 新生头年计划：美国高校入学教育的有效途径——新泽西大学的个案分析[J]. 贵州教育学院学报，2008(11)：1-4.
④ 阎光才. 识读大学：组织文化的视角[D]. 华东师范大学博士学位论文，2001：1.

取知识和经验的途径，包括案例教学和合作学习、社团活动和社会实践、榜样树立与同辈引导、网络新媒体运用等，从而为学生提供多样化的直接和间接经验。尤其要重视在教育教学活动中为劣势家庭背景学生提供其家庭无法提供的间接经验，包括对自己、他人和学校的积极认识，对学习选择与未来发展之间关联的深刻洞察等，从而使他们更加客观和全面地看待大学的学习过程。同时，还要通过理性能力的培养促进其个体能动性的发挥，以确保他们在大学中对学习活动的选择是积极和理性的。

第三，鼓励有效的校园人际交流。良好的师生互动和交流可以促进学生习得更多有效的经验，从而避免走过多"弯路"。教师的职责不仅在于知识的传授与解惑，更需要通过与学生日常的交流，鼓励和引导学生树立正确的学习观，激发其动机，促进学生自主学习。对于家庭背景劣势学生而言，他们更需要师者的引导和关注。事实上，正是意识到了教师对学生影响的重要性，目前在中国，许多高校已经开展了促进师生交流的具体实践，包括引入了享誉教育界的"牛津导师制"，也包括师生共创、研学交流等许多本土化的探索。这对于培养学生理性的学习自由大有裨益。除此以外，生生之间的互动和交流也是校园人际交往中不可或缺的重要内容，良好的生生互动有利于学生获取更多的间接经验。从群体属性来看，生生互动包括不同年级、不同背景以及不同性别学生之间的互动与交往。学校应鼓励和强化多元化和良性发展的生生互动，规范和遏制互抑性互动，从而促进学生在良好的人际互动与交往中开阔视野、增长经验、增进理性，为其提供自主成长的动力。

二、以适当补偿促进教育公平

余秀兰教授在《社会弱势群体的教育支持》一书中谈到，对弱势群体的帮助应当从补偿性的社会救助政策转变到发展性的教育支持政策，以提供给其自我发展的源头活水。[①]在大学场域，通过经济、实物等物质资源的补偿促进弱势群体的教育公平也早已是老生常谈的话题。笔者认为，要真正促进弱势学生的学习投入，不仅要提供物质资源的补偿，还要提供非物质资源的补偿，这样才能使其形成持久的发展动力。具体而言，高校应注重从以下三个方面促进高等教育过程公平。

其一，注重对弱势学生的外部支持，包括经济上的帮扶和自主选择专业。近年

---

① 余秀兰. 社会弱势群体的教育支持[M]. 北京：中国劳动社会保障出版社，2007：6.

来，国家出台了一系列政策，加强了对贫困大学生的经济扶持，但这类经济支持更多体现于最基础的学习生活保障或竞争性的学习奖励。在学校内部依然存在设有显性或隐性经济门槛的活动项目，个别项目收费昂贵，这就在学校内部人为地制造了分界。此外，支持学生自主选择专业也极为重要，其目的是尊重学生的专业兴趣或为他们的兴趣培养提供一种"不期而至"的环境。2012年，《教育部关于全面提高高等教育质量的若干意见》中就已经明确提出，"改革教学管理，探索在教师指导下，学生自主选择专业、自主选择课程等自主学习模式"。但是，由于多方面因素的影响，这项改革进展缓慢。在很多高校，学生专业选择的不自由依然是困扰他们自主学习的因素之一。当然，从专业分配到完全自主选择专业的改进绝非易事，这是一个利益重新分配的过程，几乎涉及高等教育的所有利益主体。但是，在追求高等教育过程公平和提高教育质量的语境下，打破不合理的既定利益格局，科学地研究和制定高校学生自主选择专业的实施和执行方案，促进教育的良性发展，必然是未来高等教育研究者和政策制定者需要考虑的问题。

其二，通过教育教学的各个环节，增强学生的内部动力支撑等，以弥补家庭背景不足的缺憾。一方面，教育应持续性地给予学生期望，并提高他们的自我效能感。著名的皮格马利翁效应表明，他人期望和自我期望在教育教学中具有重要意义，这一理论在大学前各阶段教育实践中的应用较为广泛和普遍，但是在大学场域却面临着不一样的境遇。高等教育扩招后，高校生师比不断增大，教师的学术职业出现分化[①]，虽然近几年有所好转，但大学中持续增强的学术导向依然使教师难有足够的精力应对所有学生。而且，随着越来越多的学生进入大学场域以及其发展途径的多元化，大学中各类学术性活动和社会性活动往往更容易被具有先天性优势条件的学生驾驭，他们几乎能运用早已娴熟的"本领"得心应手地应付一切学习活动。在这个过程中，暗含一种看似合理的期望逻辑：家庭背景较好的学生前期所获得的各类经验使他们更容易胜任大学的各类学习活动，这样学校组织就能耗费更低的成本培养更优秀的学生。尽管这可能是一个集体无意识的决策过程，也并不会有谁特意去考察学生家庭背景如何，但事实往往就是，这种选拔过程本身所蕴含的期望效应难以发生在家庭背景不利学生身上，从而造成两极循环，即优者愈优，劣者恒劣。因此，高校教师或管理者应该对家庭背景劣势学生报以一致的期望，并给予他们一定的发展时间和成长空间来获得成功体验，提高其自我效能感。另一方

---

① 史静寰，李一飞，许甜. 高校教师学术职业分化中的生师互动模式研究[J]. 教育研究，2012(8)：47-55.

面，教师应帮助学生获得掌握高等教育"内部规则"的能力。与家庭背景优势（尤其是父母具有大学文凭）学生相比，家庭背景劣势（尤其是家族中的第一代大学生）学生对关于高等教育的经验显然是更为有限的，这就需要在教育过程中促进他们对"规则"的认识和理解。高等教育中的"规则"是指个人如何积极、有效地利用高等教育资源（包括知识、信息等）以实现个体成长的一套法则。知识是静态的，包括高等教育的资源与利用方式，以及他人的经验性知识。静态的知识必须与个人经验发生实质的联系才有意义。因此，教师应广泛且多次地通过各种形式的教育，如入学教育、班组教育、个别谈话等向学生传达如何合理利用大学的知识，并将其贯穿整个教育过程。信息则是动态的，通过正式或非正式途径公布，是对静态高等教育资源的有效补充，既包含即时的通知、公告，也包含长期例行的标准和要求，信息的有效获取主要依赖于畅通渠道和有效传达。因此，在高等教育过程中，教师应注意信息传递的有效性和畅通性，使每一个学生都能有效地获取信息。

其三，注意补偿措施的针对性。家庭背景中的不同要素对学生学习投入有不同程度的影响，因此对于家庭背景各要素并非"协同一致"的学生，应有所区分并采取更有针对性的补偿措施，为其提供可以促进自身发展的有利条件。

三、以家校沟通形成发展合力

与基础教育阶段相比，高等教育中，学校与学生家庭之间明显脱节，缺乏必要的沟通与联系。一方面是由于大学生身心发展日趋成熟、自主性日渐增强，他们开始承担更多自我教育的责任；另一方面则在于大多数家庭所秉持的传统观念，即进入大学就达成了"教育终极目标"，家庭在子女教育中的责任完结，从此便可"功成身退"。但事实表明，这种完全的脱节并不利于学生的发展。家庭和学校理应形成促进学生发展的合力，大学场域的家校联系应该得到加强。

实质上，无论何种家庭背景的学生，家庭与学校都是他们生活和学习的重要场所。一般情况下，家庭成员（父母）和高等学校（教师和管理者）在教育理念、知识层次、信息视野、价值观点等方面必然存在不同程度的差异，而此时学生的知识观和价值观并未完全成熟，如果家长与学校之间关于学生发展的观点差异过大，便会对学生在学校中的学习投入产生消极的影响。家庭与学校对学生输入的信息观点越一致，促进学生学习投入的作用就越明显，反之，若不一致则可能产生相互牵制的力量，从而影响学生的学习投入。因此，家长和高校应该认识到高等学校与家庭有效沟通和交流的必要性，学校应通过有效途径保持与学生家长适当的沟通和联系，对于整体劣势或个别劣势（如文化劣势）的学生家庭而言更应如此。

另外，家校联系的推动者也应对家校联系有更多的考虑与设计，认识到高等教育阶段的沟通并不代表"简单知会"，不是发放一份成绩单那么简单，其目的在于通过有效的沟通、联系和理解，使家庭、学校与学生本人在其发展路径上达成一定程度的共识，形成促进学生学习投入的合力。因此，高等教育阶段的家校联系应有别于基础教育阶段的家校联系，应在充分尊重学生主体性的前提下，保持家庭与学校的有效沟通，以引导替代"包办"，给予学生足够的自我主导的空间。只有学校教育适当将"触角"延伸到家庭并获其支持，通过教育改变原初结构影响的努力才可能更加有效。

第四节　本书的贡献与局限

一、本书的贡献

总体而言，本书的贡献主要体现在以下三个方面。

1）在过去研究的基础上，打破学科界限，尝试对学习投入概念进行整合的界定，提出学术性投入和社会性投入二阶七因子理论模型，编制信效度较高的学习投入测量问卷，丰富了学习投入概念的理论内涵。

2）以家庭背景与学习投入的关系为研究主线，以社会学理论为分析视角，从主观和客观两个层面对家庭背景概念进行操作化，同时采用混合研究方法，深入剖析了大学场域家庭背景（结构）与学习投入（行动）的影响和互动模式，明确了大学场域中"结构再制"和"反向影响"共存，澄清了以往研究的矛盾与不足，丰富了对家庭背景与学习投入关系的理论阐释。具体可细化为以下四点。

第一，主观家庭背景指标的意义。过去的研究对家庭背景的衡量多采用客观指标，且多以家庭经济收入作为衡量学生家庭背景条件的主要标准。仅采用客观指标存在一定的不足。一方面，我国城乡、区域发展差异显著，因此对不同生源地的对象以绝对相同的标准来衡量所获得研究结论就可能存在一定的矛盾和偏差，从而无法有效揭示变量之间的内部关系；另一方面，即使相同家庭背景的个体，置于不同环境中其主观感受也并不相同，而主观感受对个体行为的影响更为直接和强烈。鉴于此，本书不仅采用客观指标而且采用主观指标对学生家庭背景进行表征，这在一定程度上更适用于经济社会发展存在显著地域差异的中国国情，也更具有合理性。研究结果也表明，主观家庭背景对大学生学习投入和教育收获的影响大于客观家庭背景的影响。这也提示未来对大学生家庭背景的研究，适当考虑主观指标的影响很有必要。

第二，家庭背景对学生学习投入的影响具有独特的大学阶段特征。本书揭示家庭背景对大学生学习投入存在一定的"结构对应"关系，同时也发现影响效应呈现"渐弱化"和"内隐化"特征。"渐弱化"不仅在于进入大学前，不同教育阶段升学过程中的"教育过滤"对学生家庭背景的"去两端化"效应，还在于本书所揭示的家庭背景内在指标影响的方向和大小差异以及家庭背景影响下学生主体能动性的反作用，这在一定程度上弱化了家庭背景与学习投入的结构"复制"程度。"内隐化"则体现于两个方面：一是主观家庭背景指标比客观家庭背景指标的影响更加直接和强烈；二是家庭背景对学生学习投入的影响需要借助中间变量进行传递与转化。

第三，对家庭背景影响学生学习投入的中间变量的梳理及其作用过程的论证。本书梳理总结了家庭背景影响个体学习投入的三类中介变量，即"外部支持""内部支撑""规则理解"，论证了主观能动性的产生、过程与实质。同时也表明，无论是中介变量的顺向作用还是主观能动性的反向作用，其产生的源头和作用大小都与学生的家庭背景密切相关。中间变量的系统研究为学校教育进一步弱化家庭背景的结构效应提供了介入和干预的基础与依据。

第四，提出"强结构"与"弱结构"的概念进一步分析不同家庭背景学生的学习投入。从学生拥有家庭资本的差别来划分结构强弱，同时具备和同时不具备三类资本均为强结构，因此"强结构"又包括"强优势结构"与"强劣势结构"。结构强弱决定了个体限制性意识和可利用条件的差异，二者的博弈程度决定了主体能动性强度大小及其改变学习投入的"结构再制"的可能性。在大学场域，结构越强改变的可能性越小，结构越弱改变的可能性越大。

3）作为基础研究，本书的结论为推动高等教育过程公平和全面提升高等教育质量的实践提供了一定的理论支持与决策参考。

二、本书的局限

本书还存在一些局限和不足，可作为今后进一步努力的方向。

1）定量研究部分还有进一步深化的空间。一是限于研究设计和技术，量化部分对于中介变量的选择较少，仅通过理论与实证研究提出以自我效能感作为中介变量的假设。未来的研究可以进一步检验质性研究中所提出的三类变量的中介效应，同时可以进一步检验主体能动性的调节作用。二是定量研究部分也涉及学校变量，并将学校类型作为控制变量进行处理，目的是深入和细致地考察家庭背景对学生学习投入的影响，具有一定的合理性。但需要认识到学校对学生学习投入的外在影响效应不可能完全由学校类型来决定，设置控制变量的目的亦是为学校教育寻找更适切的介入点和干预依据。因此，未来研究可以在这一基础上，详细考察学校教育的具体环节和措施在家庭背景影响学生学习投入过程中的调节效应，通过"循证"反映教育的实效。

2）本书中，质性研究选择同一所大学的被试有其合理的依据，但是不同地区、层次、类型的学校不可能完全一致。未来的研究还应进一步扩展被试范围，以考察质性研究结果在不同类型学校中的适切性。

3）本书以高等教育水平分层、资本与惯习理论、新功能主义为理论基础，对实证研究结果进行了阐释，并提炼出家庭背景与学习投入关系的整合模型，细化了家庭背景对学习投入影响的内在机制，拓展了理论解释力。但是，如所有社会科学理论一般，社会学理论本身并非客观世界的物质性规律，它是一个理论丛，是对事物发展的一般性解释，而且其本身也是不断发展和修正的，不可能包罗所有现象。从这个意义上说，本书也存在一定的局限。

附　　录

附录一　大学生学习投入预测问卷

指　导　语

同学们：

您好！感谢您对我们问卷调查的支持。这是一项为了更好地了解大学生学习和生活的科学研究，您的认真回答对于我们的研究很有价值。本问卷的回答没有对错之分，希望您能如实作答。对于您的回答，我们承诺将严格保密。

请根据自己的真实情况，在相应的选项（数字）上画"√"，谢谢您的配合！

××大学大学生学习投入研究课题组

第一部分　个　人　情　况

1. 您的性别：　①男　②女

2. 您的民族：　①汉族　②少数民族

3. 您现在的年级是：①一年级　②二年级　③三年级　④四年级　⑤其他＿＿

4. 您所在的专业全称是＿＿＿＿＿＿＿＿＿＿

5. 您的专业属于以下哪个学科？

①人文学科　②社会学科　③自然科学　④工程技术　⑤医学　⑥农（林）学

⑦其他＿＿＿＿＿＿＿＿（请注明）

6. 您的家庭所在地是：

①农村　②乡镇　③县城或县级市　④地级市　⑤省会或直辖市

7. 在您看来，您的家庭收入在家乡属于哪个阶层？

①低收入阶层　②中低收入阶层　③中等阶层　④较富裕阶层　⑤富裕阶层

第二部分　投入表现问卷

1. **本学年，您参加以下学习活动的频率如何？**

项目	非常频繁	常常	有时	从不
B1. 无故缺课或旷课	4	3	2	1
B2. 运用网络技术（如电子邮件、BBS、QQ、网络学堂）进行学习交流	4	3	2	1
B3. 参与课堂讨论	4	3	2	1
B4. 关注老师或同学对自己学习方面的反馈意见（口头或书面）	4	3	2	1
B5. 按要求搜集老师布置的课程阅读材料	4	3	2	1
B6. 按要求完成课程论文或作业	4	3	2	1
B7. 聆听学术报告和讲座	4	3	2	1
B8. 阅读有助于学术学习的非指定书籍（拓宽知识面或休闲）	4	3	2	1
B9. 运用电子资源进行专业知识学习（如中国知网、谷歌学术、网络课程等）	4	3	2	1
B10. 与老师或同学进行课外合作学习、小组学习或交流	4	3	2	1
B11. 做好上课前的所有准备	4	3	2	1
B12. 向老师或同学寻求必要的学习帮助	4	3	2	1
B13. 规划自己的学习（如制订学习计划）	4	3	2	1
B14. 课堂外，每天花费大量时间用来上自习	4	3	2	1
B15. 课外做一些辅助练习以提高成绩	4	3	2	1
B16. 课堂上主动提问、发言或做汇报	4	3	2	1
B17. 在课业上帮助或辅导其他学生	4	3	2	1

2. **本学年，您参加以下社会性活动的频率如何？**

项目	非常频繁	常常	有时	从不
B18. 参加非学术目的的实习或社会实践	4	3	2	1
B19. 观看、体验各类文化娱乐体育活动（如音乐会、展览、演出、球赛、看电影等）	4	3	2	1
B20. 作为组织者或参演者参加各类文化娱乐活动	4	3	2	1
B21. 参加各种体育锻炼、健身等活动	4	3	2	1
B22. 参加以锻炼能力为主要目的的校内外兼职工作	4	3	2	1
B23. 参与学生俱乐部、社团的组织管理工作	4	3	2	1

续表

项目	非常频繁	常常	有时	从不
B24. 参与学生会/团委的竞选或管理工作	4	3	2	1
B25. 参与志愿者工作或社区服务	4	3	2	1
B26. 运用网络技术与同学、朋友进行交流	4	3	2	1
B27. 与和自己差异很大（如成长环境、兴趣爱好方面）的同学深入交流	4	3	2	1
B28. 与老师、同学讨论自己的职业计划和理想	4	3	2	1
B29. 与老师就某项活动的组织和开展进行交流	4	3	2	1
B30. 参加专业或非专业的职业培训	4	3	2	1

3. 在毕业前，您对下列活动有什么样的想法或决定？

项目	已经做了	打算做	还没决定	不打算做
B31. 考取通用型证书（如英语四六级、计算机等级）	4	3	2	1
B32. 考取职业资格证书（如会计、建造师、证券从业资格等）	4	3	2	1
B33. 参加各类学习、专业或设计竞赛（校级以上）	4	3	2	1
B34. 参加境外学习项目（如交换生项目、游学）	4	3	2	1
B35. 参加老师组织的课题、项目或小型学术研讨	4	3	2	1
B36. 参加学校组织、学生自己申报的课题、项目或学习小组	4	3	2	1
B37. 尝试为期刊/学术会议投稿	4	3	2	1
B38. 选择有挑战性的学习任务（如有难度的任务或高质量完成研究设计或社会调查）	4	3	2	1
B39. 参加课程要求以外的专业学习（如选修第二学位课程）	4	3	2	1
B40. 参加课程要求以外的语言学习（如选修第二外语，考雅思、托福等）	4	3	2	1
B41. 参加跨校的学习或专业交流	4	3	2	1
B42. 在校期间尝试自主创业	4	3	2	1
B43. 为获取政治身份（如入党）而做一些努力	4	3	2	1

第三部分　投入程度问卷

4. 对于下列情况，您的认同程度如何？

项目	非常同意	比较同意	有点同意	不同意
C1. 我在学习时常会思考别的无关事情*	4	3	2	1
C2. 学习新内容时，我总是昏昏欲睡*	4	3	2	1

续表

项目	非常同意	比较同意	有点同意	不同意
C3. 老师在课堂讲授新知识时，我会开小差*	4	3	2	1
C4. 我会牺牲其他时间确保在学习上投入更多精力	4	3	2	1
C5. 学习时，我常常忘了周围的一切	4	3	2	1
C6. 参与学习活动时，我心里只想着这一件事	4	3	2	1
C7. 我沉浸在与学习相关的事情中	4	3	2	1
C8. 在学习时，我很难被其他无关事情影响	4	3	2	1
C9. 参与某项社会性活动时，我心里只想着这一件事	4	3	2	1
C10. 我会牺牲其他时间确保在社会性活动上投入更多精力	4	3	2	1
C11. 参与社会性活动时，我很难被其他无关事情影响	4	3	2	1
C12. 参与社会性活动时，我常常忘了周围的一切	4	3	2	1
C13. 参与社会性活动时，我总是心不在焉*	4	3	2	1
C14. 学习上遇到困难时，我不会放弃	4	3	2	1
C15. 学习中遇到难题时，我会不断钻研它	4	3	2	1
C16. 学习中如果我不能一次就正确解答某个问题，我就会继续尝试	4	3	2	1
C17. 学习中遇到一个很难的问题时，我会更加努力	4	3	2	1
C18. 当我在学习中理解一个问题有困难时，我会反复尝试，直到能够理解	4	3	2	1
C19. 学习中即使不顺利，我也毫不气馁，能够坚持不懈	4	3	2	1
C20. 在参与社会性活动中遇到困难时，我会想办法克服	4	3	2	1
C21. 在社会性活动中遇到困难时，我不会轻易放弃	4	3	2	1
C22. 在社会性活动中，即使不顺利，我也不会气馁	4	3	2	1
C23. 即使是我认为很重要的社会性活动，只要不顺利，我就会很快退出*	4	3	2	1
C24. 我非常认可学习的价值和意义	4	3	2	1
C25. 我常常反思知识获取过程的价值、方法、内容、策略以获得提高	4	3	2	1
C26. 测验或考试之前，我会计划好如何进行复习	4	3	2	1
C27. 在课堂上建立学习目标对我来说很容易	4	3	2	1
C28. 学习时，我会记录哪些内容已经掌握了，哪些没有	4	3	2	1
C29. 我可以将学习时间组织得很好	4	3	2	1
C30. 我清楚地知道自己在学习中要实现哪些目标	4	3	2	1
C31. 学习时，我会总结整理出一些做题或回答问题的方法、技巧或公式	4	3	2	1

续表

项目	非常 同意	比较 同意	有点 同意	不同意
C32. 我认为在大学中参与社会性活动非常重要	4	3	2	1
C33. 在社会性活动中，我常常反思自己的表现	4	3	2	1
C34. 在社会性活动中，我清楚地知道自己要实现哪些目标	4	3	2	1
C35. 在社会性活动中，我会总结出一些好的方法或技巧	4	3	2	1
C36. 我会对参与社会性活动的时间进行统筹安排	4	3	2	1
C37. 我会就某项社会性活动的计划方案全面思考	4	3	2	1
C38. 我会主动记忆（或记录）学习到的事实、观点或方法	4	3	2	1
C39. 学习时，我会分析某个观点、经验或理论的基本要素，了解其构成	4	3	2	1
C40. 在学习中，我会判断所学信息、论点或方法的价值	4	3	2	1
C41. 学习时，我能融合不同课程所学的观点或概念	4	3	2	1
C42. 我能运用理论或概念解决实际问题，或将其运用于新的学习情境	4	3	2	1
C43. 在学习中，我会收集和综合不同观点、信息或经验，形成新的或更深入的解释	4	3	2	1
C44. 当不能理解一个概念时，我会寻找相关的资料来帮自己理解	4	3	2	1
C45. 在学习中，我会试图在学过的概念间建立联系	4	3	2	1
C46. 在社会性活动中，我会收集不同的观点或他人经验，设计更好的方案	4	3	2	1
C47. 在社会性活动中，我会留意一些好的想法，将其运用到活动和计划中	4	3	2	1
C48. 在社会性活动中，我常和同伴、指导者讨论遇到的一些难题	4	3	2	1
C49. 在社会性活动中，遇到问题时，我会认真分析，找到问题的症结所在	4	3	2	1
C50. 我觉得做某项练习题非常有趣	4	3	2	1
C51. 我对现在学习的内容充满了好奇	4	3	2	1
C52. 学习新知识的时候，我感觉很棒	4	3	2	1
C53. 我喜欢学习功课的过程	4	3	2	1
C54. 学校里的功课很无聊*	4	3	2	1
C55. 投入到学习中时，我感到精力充沛	4	3	2	1
C56. 在学习的过程中，我能持续很长时间，中间不需要休息	4	3	2	1
C57. 在学习的过程中，即使精神疲劳，我也能很快恢复	4	3	2	1
C58. 学习的大多数时候，我浑身有力而且干劲十足	4	3	2	1

续表

项目	非常 同意	比较 同意	有点 同意	不同意
C59. 学习激发了我的灵感	4	3	2	1
C60. 参与社会性活动时，我感到精力充沛	4	3	2	1
C61. 我感觉社会性活动很无聊*	4	3	2	1
C62. 在参与社会性活动的过程中，我能持续很长时间不需要休息	4	3	2	1
C63. 参与社会性活动激发了我的灵感	4	3	2	1
C64. 在参与社会性活动的过程中，我感觉很棒	4	3	2	1
C65. 我喜欢参与社会性活动的过程	4	3	2	1
C66. 专心致志学习时，我内心充满了快乐	4	3	2	1
C67. 学习的时候，我觉得时间过得很快	4	3	2	1
C68. 学习是我乐意去做的事情	4	3	2	1
C69. 我对学习充满热情	4	3	2	1
C70. 我因投入学习感到自豪	4	3	2	1
C71. 我专心于社会性活动时内心充满了快乐	4	3	2	1
C72. 参与社会性活动时，我觉得时间过得很快	4	3	2	1
C73. 参与社会性活动是我乐意去做的事情	4	3	2	1
C74. 我对社会性活动充满了热情	4	3	2	1
C75. 我因投入到社会性活动中感到自豪	4	3	2	1

注：*为反向计分

附录二　大学生学习投入正式问卷

指　导　语

同学们：

　　您好！感谢您对我们问卷调查的支持。这是一项为了更好地了解大学生学习和生活的科学研究，您的认真回答对于我们的研究很有价值。本问卷的回答没有对错之分，希望您能如实作答。对于您的回答，我们承诺将严格保密。

　　请根据自己的真实情况，在相应的选项（数字）上画"√"，谢谢您的配合！

××大学大学生学习投入研究课题组

第　一　部　分

1. 您的性别：①男　②女

2. 您的民族：①汉族　②少数民族

3. 您认为自己的性格属于：①内向　②外向　③介于两者之间

4. 您现在的年级是：①一年级　②二年级　③三年级　④四年级

5. 您所在的专业全称是＿＿＿＿＿＿＿＿＿＿＿＿＿＿＿＿＿

6. 您的专业属于以下哪个学科？

①人文学科　②社会学科　③自然科学　④工程技术　⑤医学　⑥农（林）学
⑦其他＿＿＿＿＿＿＿＿（请注明）

7. 您的家庭成员人均月收入位于下列哪个水平？请计算（如三口之家，父母月收入共计 3000 元，则人均月收入 1000 元）

①500 元以下　　②501～1000 元　　③1001～2000 元　　④2001～4000 元
⑤4001～6000 元　　⑥6001～8000 元　　⑦8001 元及以上

8. 您父母的受教育水平是（如果是单亲，只填写父亲或母亲）：

项目	不识字	小学毕业	初中毕业	高中/中专/中职/中技毕业	大专毕业	大学本科毕业	研究生及以上毕业
a. 父亲受教育水平	1	2	3	4	5	6	7
b. 母亲受教育水平	1	2	3	4	5	6	7

9. 您的父母对您的学业有什么期望？

①本科肄业也可以（即中途退学)　　　②获得学士学位

③获得硕士学位　　　　　　　　　　　④获得博士学位

10. 目前，您对自己大学教育的目标定位更倾向于：

①大学毕业后就工作　　　　　　　　　②大学毕业后继续深造

11. 目前，您父母的职业属于以下哪类？

项目	a. 父亲职业	b. 母亲职业
农民	1	1
个体商户	2	2
私营企业主	3	3
一般工人/商业服务人员	4	4
技术工人	5	5
高级专业技术人员（高级工程师、主任医师、大学教授、中教特级、研究员等）	6	6
中级专业技术人员	7	7
初级专业技术人员	8	8
企事业单位中层管理人员	9	9
企事业单位高层管理人员	10	10
机关干部（正科及以下）	11	11
机关干部（副处及以上）	12	12
一般办事人员	13	13
军队团职以上（包括团职）	14	14
军队团职以下（不包括团职）	15	15
无业	16	16
其他（请填写）		

12. 请您对下列题项的不同感受程度做出判断。

题项	非常同意	比较同意	有点同意	一般	不太同意	比较不同意	完全不同意
a. 我的家庭对于支付我在大学期间较好地学习和生活的费用非常轻松	7	6	5	4	3	2	1
b. 对于如何更好地把握大学时光，我的父母能给予有用的指导	7	6	5	4	3	2	1
c. 我的家庭社会关系对我目前的学习、未来继续深造或就业能发挥作用	7	6	5	4	3	2	1

第 二 部 分

1. 本学年，您参加以下学习活动的频率如何？

题项	非常 频繁	常常	有时	从不
Q1. 参与课堂讨论	4	3	2	1
Q2. 聆听学术报告	4	3	2	1
Q3. 阅读有助于学习的非指定书籍	4	3	2	1
Q4. 运用电子资源（如中国知网、谷歌学术、网络课程等）进行知识学习	4	3	2	1
Q5. 与老师或同学进行课外合作学习、小组学习或交流	4	3	2	1
Q6. 做好上课前的所有准备	4	3	2	1
Q7. 向老师或同学寻求必要的学习帮助	4	3	2	1
Q8. 课堂外，每天花费大量时间用来自习	4	3	2	1
Q9. 课外，做一些辅助练习以提高成绩	4	3	2	1
Q10. 课堂上，主动提问、发言或做汇报	4	3	2	1
Q11. 在学业上辅导其他学生	4	3	2	1

2. 在毕业前，您对下列活动有什么样的想法或决定？

题项	已经 做了	打算做	还没 决定	不打 算做
Q12. 参加各类学习、专业或设计竞赛（校级以上）	4	3	2	1
Q13. 参加境外学习项目（如交换生项目、游学）	4	3	2	1
Q14. 参加老师组织的课题、项目或小型学术研讨	4	3	2	1
Q15. 参加学校组织、学生自己申报的课题、项目或学习小组	4	3	2	1
Q16. 尝试为期刊/学术会议投稿	4	3	2	1
Q17. 选择有挑战性的学习任务（如有难度的任务或高质量完成研究设计或社会调查）	4	3	2	1
Q18. 参加课程要求以外的语言学习（选修第二外语，考雅思、托福等）	4	3	2	1
Q19. 参加跨校的学习或专业交流	4	3	2	1
Q20. 在校期间尝试自主创业	4	3	2	1

3. 下列关于学习的描述与您的情况在多大程度上符合？

题项	完全 符合	比较 符合	有点 符合	完全不 符合
Q21. 学习时，我常常忘了周围的一切	4	3	2	1

续表

题项	完全 符合	比较 符合	有点 符合	完全不 符合
Q22. 学习时，我很难被其他无关事情影响	4	3	2	1
Q23. 学习上遇到困难时，我不会放弃	4	3	2	1
Q24. 学习中遇到难题时，我会不断钻研	4	3	2	1
Q25. 在学习中，如果我不能一次正确解答某个问题，我会继续尝试	4	3	2	1
Q26. 学习中遇到一个很难的问题时，我会更加努力	4	3	2	1
Q27. 当我在学习中理解一个问题有困难时，我会反复尝试，直到自己能够理解	4	3	2	1
Q28. 学习中即使不顺利，我也毫不气馁，能够坚持不懈	4	3	2	1
Q29. 学习时，我会总结整理出一些做题或回答问题的方法、技巧或公式	4	3	2	1
Q30. 学习时，我会分析某个观点、经验或理论的基本要素，了解其构成	4	3	2	1
Q31. 在学习中，我会判断所学信息、论点或方法的价值	4	3	2	1
Q32. 学习时，我能融合不同课程所学的观点或概念	4	3	2	1
Q33. 我能运用理论或概念解决实际问题，或将其运用于新的学习情境	4	3	2	1
Q34. 在学习中，我会收集和综合不同观点、信息或经验，形成新的或更深入的解释	4	3	2	1
Q35. 在学习的过程中，我会试图在学过的概念之间建立联系	4	3	2	1
Q36. 投入到学习时，我感到精力充沛	4	3	2	1
Q37. 学习中我能持续很长时间，中间不需要休息	4	3	2	1
Q38. 在学习的过程中，即使精神疲劳，我也能很快恢复	4	3	2	1
Q39. 学习的大多数时候，我浑身有力而且干劲十足	4	3	2	1

4. 下列关于社会性活动的描述与您的情况在多大程度上符合？

题项	非常 频繁	常常	有时	从不
Q40. 参加非学术目的的实习或社会实践	4	3	2	1
Q41. 观看、体验各类文化娱乐体育活动（如音乐会、展览、演出、球赛、看电影等）	4	3	2	1
Q42. 作为组织者或参演者参加各类文化娱乐活动	4	3	2	1
Q43. 参与以锻炼能力为主要目的的校内外兼职工作	4	3	2	1
Q44. 参与学生俱乐部、社团的组织管理工作	4	3	2	1
Q45. 参与学生会、团委的竞选或管理工作	4	3	2	1
Q46. 参与志愿者工作或社区服务	4	3	2	1

续表

题项	非常频繁	常常	有时	从不
Q47. 与一些和自己差异很大（如成长环境、兴趣爱好方面）的同学深入交流	4	3	2	1
Q48. 与老师、同学讨论自己的职业计划和理想	4	3	2	1
Q49. 与老师就某项活动的组织和开展进行交流	4	3	2	1
Q50. 参加正式或非正式的职业培训	4	3	2	1

5. 下列关于社会性活动的描述与您的情况在多大程度上符合？

题项	完全符合	比较符合	有点符合	完全不符合
Q51. 参与某项社会性活动时，我心里只想着这一件事	4	3	2	1
Q52. 我会牺牲其他时间确保在社会性活动上投入更多精力	4	3	2	1
Q53. 参与社会性活动时，我很难被其他无关事情影响	4	3	2	1
Q54. 参与社会性活动时，我常常忘了周围的一切	4	3	2	1
Q55. 在参与社会性活动中遇到困难时，我会想办法克服	4	3	2	1
Q56. 在社会性活动中遇到困难时，我不会轻易放弃	4	3	2	1
Q57. 在社会性活动中即使不顺利，我也不会气馁	4	3	2	1
Q58. 我会就某项社会活动的计划方案全面思考	4	3	2	1
Q59. 在社会性活动中，我会收集不同的观点或他人经验，设计更好的方案	4	3	2	1
Q60. 在社会性活动中，我会留意一些好的想法，将其运用到活动和计划中	4	3	2	1
Q61. 在社会性活动中，我常和同伴、指导者讨论遇到的一些难题	4	3	2	1
Q62. 在社会性活动中，遇到问题我会认真分析，找到问题的症结所在	4	3	2	1
Q63. 我喜欢参与社会性活动的过程	4	3	2	1
Q64. 我专心于社会性活动时内心充满了快乐	4	3	2	1
Q65. 参与社会性活动时，我觉得时间过得很快	4	3	2	1
Q66. 参与社会性活动是我乐意去做的事情	4	3	2	1
Q67. 我对社会性活动充满了热情	4	3	2	1
Q68. 我因投入到社会性活动中感到自豪	4	3	2	1

第 三 部 分

1. 与同班级/专业的同学相比，您上学期的成绩属于：

排名前 5%（上游水平）	前 5.1%～30%（中上水平）	前 31%～60%（中等水平）	前 61%～79.9%（中下水平）	排名后 20%（下游水平）
5	4	3	2	1

2. 您是否获得了以下的证书或奖励？

项目	是	项目	是
英语四级证书		国际大奖（如各种赛事）	
英语六级证书		全国大奖	
托福、雅思等英语证书		省/市大奖	
全国计算机等级证书		校级奖励（如赛事、荣誉等）	
学业资格证书（如注册会计师、律师等）		国家奖学金	
		校级一般奖学金	

3. 大学生活经历是否使您在以下方面的发展得到了提高？

题项	有非常大的提高	有一定的提高	有一点提高	完全没有提高
1. 广泛涉猎各个知识领域	4	3	2	1
2. 深厚的专业知识基础和技能	4	3	2	1
3. 良好的表达能力	4	3	2	1
4. 创新的意识与能力	4	3	2	1
5. 时间管理	4	3	2	1
6. 自主学习	4	3	2	1
7. 认识自我	4	3	2	1
8. 个人人生观和价值观的确立	4	3	2	1
9. 与他人有效合作	4	3	2	1
10. 解决现实世界中的复杂问题	4	3	2	1
11. 审美品位/能力	4	3	2	1
12. 运用信息技术的能力	4	3	2	1

4. 对大学生活的整体满意度。

题项	非常满意	比较满意	一般	不太满意	非常不满意
1. 整体学习成绩	5	4	3	2	1
2. 整体的社交经历	5	4	3	2	1
3. 整体的学术经历	5	4	3	2	1
4. 相对于所交学费获得的收益	5	4	3	2	1

附录三 大学生学习投入正式问卷与预测问卷编号对应表

正式问卷编号 ←→ 预测问卷编号		正式问卷编号 ←→ 预测问卷编号	
Q1	B3	Q30	C39
Q2	B7	Q31	C40
Q3	B8	Q32	C41
Q4	B9	Q33	C42
Q5	B10	Q34	C43
Q6	B11	Q35	C45
Q7	B12	Q36	C55
Q8	B14	Q37	C56
Q9	B15	Q38	C57
Q10	B16	Q39	C58
Q11	B17	Q40	B18
Q12	B33	Q41	B19
Q13	B34	Q42	B20
Q14	B35	Q43	B22
Q15	B36	Q44	B23
Q16	B37	Q45	B24
Q17	B38	Q46	B25
Q18	B40	Q47	B27
Q19	B41	Q48	B28
Q20	B42	Q49	B29
Q21	C5	Q50	B30
Q22	C8	Q51	C9
Q23	C14	Q52	C10
Q24	C15	Q53	C11
Q25	C16	Q54	C12
Q26	C17	Q55	C20
Q27	C18	Q56	C21
Q28	C19	Q57	C22
Q29	C31	Q58	C37

续表

正式问卷编号 ←→	预测问卷编号	正式问卷编号 ←→	预测问卷编号
Q59	C46	Q64	C71
Q60	C47	Q65	C72
Q61	C48	Q66	C73
Q62	C49	Q67	C74
Q63	C65	Q68	C75

附录四　社会自我效能感量表

您有多大的信心能够做以下事情？

题项	完全有信心	比较有信心	有一点信心	几乎没有信心	完全没有信心
1. 主动与不太认识的人攀谈	5	4	3	2	1
2. 向一群正在讨论您感兴趣话题的人表明自己对这一话题的看法	5	4	3	2	1
3. 在学生组织（学生会、社团等）中与自己不熟悉的人一起协同执行一个项目或活动	5	4	3	2	1
4. 使（您）刚认识的人自在地融入您的朋友圈中	5	4	3	2	1
5. 找到与您共度周末闲暇的朋友	5	4	3	2	1
6. 将自己置于新的不同以往的社交场合	5	4	3	2	1
7. 主动并义务帮助别人组织一项活动	5	4	3	2	1
8. 主动并义务帮助别人领导一个团体或组织	5	4	3	2	1
9. 与一群人分享您以前的一次有趣经历	5	4	3	2	1
10. 找到能与您共进午餐的朋友	5	4	3	2	1
11. 加入一桌已经就座并在交谈的人	5	4	3	2	1
12. 出席您可能不认识任何人的聚会或社交活动	5	4	3	2	1
13. 在需要帮助时向别人求助	5	4	3	2	1
14. 与同龄人交朋友	5	4	3	2	1
15. 对您心仪的异性发出约会邀请	5	4	3	2	1
16. 到由相互认识的人组成的圈子里结交朋友	5	4	3	2	1
17. 再一次邀请某人外出，尽管您第一次相邀时他（她）因为太忙而没能成功	5	4	3	2	1
18. 主动打电话给您见过并想进一步交往的异性	5	4	3	2	1

附录五　学业自我效能感量表

请选择下列情况与您自身的符合程度。

题项	完全符合	比较符合	不确定	比较不符合	完全不符合
1. 相信自己有能力在学习上取得好成绩	5	4	3	2	1
2. 认为自己有能力解决学习中遇到的问题	5	4	3	2	1
3. 和班上其他同学相比，认为自己的学习能力是比较强的	5	4	3	2	1
4. 认为自己能够在课堂上及时掌握老师所讲授的内容	5	4	3	2	1
5. 认为自己能够学以致用	5	4	3	2	1
6. 和班上其他同学相比，自己对所学专业的了解更广泛一些	5	4	3	2	1
7. 喜欢选择富有挑战性的学习任务	5	4	3	2	1
8. 认为自己能够很好地理解书本上的知识及老师讲授的内容	5	4	3	2	1
9. 经常选择那些虽然很难却能够从中学到知识的学习任务，哪怕需要付出更多努力	5	4	3	2	1
10. 即使在某次考试中成绩很不理想，也能平静地分析自己在考试中所犯的错误	5	4	3	2	1
11. 不管学习成绩好与坏，从不怀疑自己的学习能力	5	4	3	2	1

附录六 质性研究访谈提纲

编号：_____

访谈时间_____；访谈员_____；记录员_____

访谈对象姓名（或代号）_____；职业及级别_____；学历_____；

年龄_____；访谈地点_____；访谈开始时间_____；

结束时间_____

首先，非常感谢您能在繁忙中抽出时间来接受我们的访谈。我们正在做一项调查研究，内容是有关大学生学习投入的。目前，我们的很多想法还比较模糊，相信您的经历及观点会对我们有很大的启发。

为了整理材料的方便，我们需要使用录音设备，您不介意吧？对于您的材料，我们会保密，研究成果的使用与发表都是匿名的，这一点请您放心。

1. 您现在读大几？讲讲您大学的学习经历，好吗？

2. 平常参与大学中学术性活动和社会性活动的程度如何？（重点关注参与不同学术性活动和社会性活动的经历以及在这些过程中的投入程度）

3. 整体来说，您对自己的大学经历有什么看法？是什么因素影响了您的大学经历或选择过程？

[如果涉及家庭背景的影响，接着追问：能否具体说明一下，家庭背景是如何影响您的呢？如果没有提到家庭背景的影响，加问：家庭背景对您的大学经历有没有影响呢？是如何影响您的呢？如果回答没有影响，转换角度问：如果您的家庭条件和现在不一样，比现在好（差）得多，您觉得自己的大学生活会是什么样呢？举个例子，您身边家庭条件优越（不好）的同学学校表现如何？说说具体情况，可以吗？]

4. 您在大学期间的花销如何？有没有遇到过经济方面的困难？这对您大学中的一些学术性或社会性活动有没有影响？有没有什么活动或决定因为考虑到经济原因而放弃？

5. 与父母的关系如何？家庭属于什么氛围（民主、专制、放任）？大学期间和父母交流多吗？您在大学中的学习生活会和父母分享吗？他们能不能为您提供一些有效的指导？（若回答能，进一步请访谈对象举例具体说明；若回答不能，主动追问）平常对您的督促多吗？

6. 父母对您有什么样的期待？您对自己有什么期待？未来有什么规划和打算？为什么会这样考虑？（若涉及家庭背景因素，主动追问；若不涉及，加问。）

7. 家庭社会关系如何？人际交往圈子范围如何？家庭的社会关系有没有为您在学校中的学习生活提供一些便利？（如果有，请受访者进一步说明；如果没有，主动追问）

8. 在大学中和老师交流多吗？会不会主动找老师交流？（追问原因）

9. 您对大学有什么看法（价值和意义）？对学术性学习和社会性学习有什么看法（价值和意义）？目前，您在大学中获得了什么成就吗？有没有最让您引以为傲的事情？目前有什么遗憾？（请访谈对象举例说明）

编号：_____

最后，还想请您填写一下基本情况，目的是用于不同调查对象之间的比较。

1. 您所学专业_____

2. 您上学前家庭所在地_____

A. 农村　　　　B. 乡镇　　　　C. 县城　　　　D. 地市　　　　E. 省会或直辖市

3. 您父亲和母亲的教育水平分别是_____和_____

A. 文盲及小学以下　　　B. 小学　　　C. 初中　　　D. 高中

E. 职高、技校　　　F. 中专　　　G. 大专　　　H. 本科　　　I. 研究生

4. 您父亲和母亲的工作单位是_____（最好写出具体名称），属于什么性质_____

A. 党政机关（　　）　　　B. 国有企业（　　）　　　C. 事业单位（　　）

D. 集体企业（　　）　　　E. 个体经营（　　）　　　F. 民营企业（　　）

G. 三资企业（　　）　　　H. 无工作　（　　）　　　I. 其他类型（　　）

5. 您父亲职业_____和母亲职业_____？

6. 您认为自己的家庭背景（家庭经济条件、家庭文化氛围、家庭社会关系）在当地属于_____

A. 非常差　　B. 较差　　C. 中等　　D. 较好　　E. 非常好